Lucro Contábil e Lucro Fiscal

Lucro Contábil e Lucro Fiscal

DIÁLOGOS LUSO-BRASILEIROS SOBRE O VALOR JUSTO

2023

Eduardo Flores
Diego Miguita
Alexandre Evaristo Pinto
Coordenadores

ALMEDINA

LUCRO CONTÁBIL E LUCRO FISCAL
DIÁLOGOS LUSO-BRASILEIROS SOBRE O VALOR JUSTO

COORDENADORES: Eduardo Flores, Diego Miguita e Alexandre Evaristo Pinto

DIRETOR ALMEDINA BRASIL: Rodrigo Mentz
EDITORA JURÍDICA: Manuella Santos de Castro
EDITOR DE DESENVOLVIMENTO: Aurélio Cesar Nogueira
ASSISTENTES EDITORIAIS: Isabela Leite e Larissa Nogueira
ESTAGIÁRIA DE PRODUÇÃO: Laura Roberti

DIAGRAMAÇÃO: Almedina
DESIGN DE CAPA: FBA

ISBN: 9786556277899
Março, 2023

Dados Internacionais de Catalogação na Publicação (CIP)
(Câmara Brasileira do Livro, SP, Brasil)

Lucro contábil e lucro fiscal : diálogos luso-
brasileiros sobre o valor justo / coordenadores
Eduardo Flores, Diego Miguita, Alexandre Evaristo
Pinto. – São Paulo : Almedina, 2023.

Bibliografia.
ISBN 978-65-5627-789-9

1. Contabilidade tributária – Brasil
2. Contabilidade tributária – Leis e legislação
3. Direito tributário 4. Direito tributário –
Legislação – Brasil 5. Impostos I. Flores, Eduardo.
II. Legislação · Brasil 5. Impostos I. Flores, Eduardo.

23-142174 CDU-34:336.2:657.46(81)

Índices para catálogo sistemático:

1. Brasil : Contabilidade e direito tributário
34:336.2:657.46(81)

Inajara Pires de Souza – Bibliotecária – CRB PR-001652/O

Este livro segue as regras do novo Acordo Ortográfico da Língua Portuguesa (1990).

EDITORA: Almedina Brasil
Rua José Maria Lisboa, 860, Conj.131 e 132, Jardim Paulista | 01423-001 São Paulo | Brasil
editora@almedina.com.br
www.almedina.com.br

SOBRE OS COORDENADORES

EDUARDO FLORES

Professor do Departamento de Contabilidade e Atuária da FEA/USP. Membro do *Advisory Council of IFRS Foundation* e do Comitê de Pronunciamentos Contábeis do Brasil. Contador e Atuário. Doutor e Pós-Doutor em Contabilidade (FEA/USP). Pós-Doutor em Finanças (EAESP). Consultor e Parecerista.

DIEGO MIGUITA

Professor da FIPECAFI. Certificado em International Financial Reporting (CertIFRS) pela *Association of Chartered Certified Accountants* – ACCA e em IFRS pelo *The Institute of Chartered Accountants in England and Wales* – ICAEW. Fundador e coordenador do Núcleo de Estudos sobre Práticas em IFRS – NEP/IFRS. Mestrado em Direito Tributário na Faculdade de Direito da Universidade da USP. MBA em gestão tributária pela FIPECAFI. Graduação em Direito na PUC/SP.

ALEXANDRE EVARISTO PINTO

Doutor em Direito Econômico, Financeiro e Tributário pela USP. Doutorando em Controladoria e Contabilidade pela USP. Mestre em Direito Comercial pela USP. Bacharel em Direito e em Contabilidade. Conselheiro Julgador da 1a Turma da Câmara Superior de Recursos Fiscais do Conselho Administrativo de Recursos Fiscais.

SOBRE OS AUTORES

ANA DINIS

Investigadora na área da Fiscalidade no Centro de Investigação em Contabilidade e Fiscalidade (CICF/IPCA). Professora do Instituto Politécnico do Cávado e do Ave no Departamento de Contabilidade e Fiscalidade. Doutorada em Gestão de Empresas pela Faculdade de Economia da Universidade de Coimbra. Mestre em Contabilidade e Fiscalidade Empresarial pelo ISCAC. Pós-Graduada em Contabilidade e Fiscalidade Empresarial e em Fiscalidade. Contabilista Certificada.

ANTÓNIO MARTINS

Licenciado em Economia e Doutor em Gestão pela Universidade de Coimbra. É Professor de Fiscalidade na FEUC e membro do CeBER. Foi Membro da Comissão de Reforma do IRC (2013) e de outras comissões que, no Ministério das Finanças, trataram de questões de reforma fiscal. Foi colaborador do IAPMEI em avaliação de projetos nos programas SEBR, SIBR e PEDIP, entre 1987 e 1991. Foi adjunto do Presidente da Assembleia da República, António Barbosa de Melo (1992-1993). É autor de vários livros e artigos sobre temas fiscais, contabilísticos e financeiros, publicados nacional e internacionalmente. É árbitro no CAAD.

DANIEL TABORDA

Professor do departamento de gestão da Faculdade de Economia da Universidade de Coimbra e membro do CeBER. Revisor Oficial de Contas e Árbitro no CAAD. Licenciado em economia, Mestre em contabilidade e auditoria e Doutor em gestão (área da fiscalidade).

EDISON CARLOS FERNANDES
Doutor em Direito pela PUC/SP. Professor da FGV Direito SP. Professor do Departamento de Contabilidade da FEA/USP.

ELIDIE PALMA BIFANO
Bacharel pela Faculdade de Direito da USP. Mestra e Doutora em Direito Tributário pela PUC/SP. Professora no Curso de Mestrado Profissional da Escola de Direito de São Paulo – FGV. Professora nos Cursos de Especialização da Faculdade de Direito da PUC/SP. Professora nos Cursos de Especialização do Instituto Brasileiro de Estudos Tributários – IBET. Professora nos Cursos de Especialização do Instituto Brasileiro de Direito Tributário – IBDT. Professora nos Cursos de Especialização da Escola de Direito do CEU – IICS. Advogada em São Paulo.

FABIO PEREIRA DA SILVA
Mestre e Doutorando em Controladoria e Contabilidade pela Faculdade de Economia, Administração, Contabilidade e Atuária da Universidade de São Paulo (FEA/USP). Especialista em Direito Tributário pela Fundação Getulio Vargas (FGV). Especialista em Direito Empresarial pela Universidade Presbiteriana Mackenzie. Pós-graduado em Business Management com ênfase em finanças na University of California, San Diego, Estados Unidos. Graduado em Direito e em Ciências Contábeis. Professor Convidado da Pós-graduação em Direito Tributário e Empresarial da Fundação Getulio Vargas (FGV). Professor Convidado da Pós-graduação em Direito Tributário do Insper. Professor Convidado dos MBAs IFRS e Gestão Tributária da FIPECAFI. Professor de Contabilidade Tributária na Graduação em Ciências Contábeis da FIPECAFI. Advogado em São Paulo. Sócio do escritório Weigand e Silva Sociedade de Advogados.

GUSTAVO GONÇALVES VETTORI
Professor da Faculdade de Economia, Administração e Contabilidade da Universidade de São Paulo (FEA/USP). Professor da Escola de Direito de São Paulo da Fundação Getulio Vargas (FGV Direito SP). Professor do mestrado profissional do Instituto Brasileiro de Direito Tributário (IBDT). Doutor em Direito Econômico, Financeiro e Tributário pela Faculdade de Direito da USP. Mestre (LL.M) pela University of Michigan Law School (EUA). Graduado pela Faculdade de Direito da USP. Advogado em São Paulo e sócio do escritório Vettori, Rubinstein & Foz Advogados.

GUSTAVO LIAN HADDAD
Doutorando pela Universidade de São Paulo. Professor dos Cursos de Especialização do Insper – Instituto de Ensino e Pesquisa. Professor dos Cursos de Especialização do IBDT – Instituto Brasileiro de Direito Tributário. Advogado em São Paulo.

HERON CHARNESKI
Doutorando e Mestre em Direito Tributário (USP). *Master of Laws* (LL.M.) em Direito Comercial Internacional (University of California, Davis). Advogado e Contador.

JOSÉ ALBINO PINTO NOGUEIRA
Revisor Oficial de Contas e Doutorando em Gestão pela Faculdade de Economia da Universidade do Porto.

JOSÉ CASALTA NABAIS
Professor catedrático jubilado da Faculdade de Direito da Universidade de Coimbra, onde lecionou, de 1977 a 2022, diversas unidades curriculares na licenciatura e mestrado e regeu seminários em cursos e programas de doutoramento.

LILIANA PEREIRA
Professora Adjunta do Instituto Politécnico do Cávado e do Ave no Departamento de Contabilidade e Fiscalidade. Doutorada em Fiscalidade pela Faculdade de Direito da Universidade de Santiago de Compostela. Membro colaborador do Centro de Investigação em Contabilidade e Fiscalidade (CICF/IPCA).

LUÍS EDUARDO SCHOUERI
Professor Titular de Direito Tributário na Faculdade de Direito da Universidade de São Paulo. Vice-presidente do IBDT – Instituto Brasileiro de Direito Tributário. Advogado em São Paulo.

MARIA MATILDE LAVOURAS
Professora Auxiliar da Faculdade de Direito da Universidade de Coimbra. Investigadora Integrada do Instituto Jurídico da Universidade de Coimbra. Licenciada, Mestre e Doutora em Direito, na área de especialização de Ciências Jurídico-Económicas (FDUC).

MARIA EUGÊNIA MARTINI MARIZ DE OLIVEIRA

Advogada em São Paulo, graduada em Direito pela Universidade de São Paulo 2019.

NINA AGUIAR

Professora coordenadora. Professora de Direito Tributário do Instituto Politécnico de Bragança. Advogada. Árbitro tributário.

RAFAEL PALMA BIFANO

Bacharel em direito pela Universidade Paulista. especialista em Direito Tributário pela PUC/SP. mestrando em Controladoria e Finanças pela FIPECAFI. Advogado em São Paulo.

RICARDO MARIZ DE OLIVEIRA

Graduado em Ciências Jurídicas e Sociais pela Faculdade de Direito da USP em 1963. Pós-graduação/Especialização em Direito Civil pela mesma faculdade. Presidente do Instituto Brasileiro de Direito Tributário – IBDT e membro das entidades ABDF, IET e FESDT, entre outras. Professor de pós-graduação – IBDT e em várias faculdades. Palestrante em congressos e autor de artigos e livros sobre Imposto de Renda.

SÓNIA MONTEIRO

Professora coordenadora da Escola Superior de Gestão do Instituto Politécnico do Cávado e do Ave. Membro integrado no Centro de Investigação em Contabilidade e Fiscalidade (CICF/IPCA), onde coordeno a área da Contabilidade e Responsabilidade social. Doutorada em Ciências Empresariais (área da Contabilidade) pela Universidade de Santiago de Compostela (Espanha). Mestre em Contabilidade e Auditoria e licenciada em Gestão pela Universidade do Minho.

NOTA DA COORDENAÇÃO

Todo livro é uma jornada, cuja qual, por mais bem definida que se tenha a rota de marcha, sempre é suscetível de enveredar por caminhos não pensados originalmente. Ainda bem!

A proposta original deste livro consistia no direcionamento de um conjunto de questões aos autores, portugueses e brasileiros, de modo que pudéssemos apresentar experiências comparadas com o conceito contábil de valor justo, tal como as suas possíveis implicações tributárias nesses países. Porém, recebemos relatos muito mais ricos do que meras respostas herméticas.

Os capítulos ora denominados diálogos, respectivamente apresentados nas seções que sucedem essa breve síntese introdutória, indicam uma ampla vontade por parte dos autores de demonstrarem os seus pontos de vista e as suas vastas experiências práticas conquanto ao conceito estudado.

Tais diálogos revelam que o valor justo, embora seja um avanço contábil imprescindível para consecução do registro e da mensuração de tópicos como, por exemplo, instrumentos financeiros, pagamentos baseados em ações, dentre outros, é também um remédio amargo que pode provocar severos efeitos colaterais quando se imiscui nas relações tributárias que permeiam os empreendimentos corporativos.

Precedente a maiores aprofundamentos sobre as implicações do valor justo nas relações corporativas, quando não devidamente bem compreendidas e anuladas, é mister recobrar que tal critério de mensuração surge no histórico do desenvolvimento dos relatórios financeiros como uma forma de tratar duas limitações do modelo contábil de representação patrimonial, quais sejam: *(i)* o anacronismo econômico de posições contábeis mensuradas pelo custo histórico; e *(ii)* a ampliação do espectro de relações contratuais suscetíveis de serem capturadas pelas lentes contábeis.

No tocante ao anacronismo econômico decorrente do custo histórico, cabe rememorar que sob o estudo sistematizado da Teoria do Lucro e da Avaliação Patrimonial[1], tem-se que esse critério de mensuração se encontra circunscrito ao conjunto de métricas contábeis de mensuração denominadas de 'Valores de Entrada'.

Os Valores de Entrada, por sua vez, são sumariados por meio de um conjunto de técnicas que visam apreçar as rubricas contábeis por meio dos montantes de referência histórica. A linha contábil de estoques, por exemplo, é usualmente representada pela soma dos valores de negociações iniciais dos itens por ela registrados, não sofrendo, portanto, ajustes posteriores espontâneos quando os seus componentes se valorizam comparativamente ao saldo de partida. Faz-se jus à expressão: "custo ou mercado, dos dois o menor[2]".

Nesse contexto, cabe rememorar que o conceito de valor justo se posiciona no extremo oposto do custo histórico, bem como do ramo taxonômico dos valores entrada. Em síntese apertada, apreçar ativos e passivos a valor justo rememora a ideia de mensurá-los pelos seus valores de negociação, isto é, pelos seus valores de mercado[3]. Todavia, nem todos os elementos contábeis possuem mercado para serem assim mensurados.

Marcação a Mercado versus Marcação a Modelo

Nem todos os ativos e passivos suscetíveis de mensuração a valor justo possuem cotação em mercados ativos, o que impede que se interprete literalmente que mensurar a valor justo um elemento contábil é necessariamente marcá-lo a mercado.

[1] Martins, E. Avaliação de Empresas: Da Mensuração Contábil à Econômica. Caderno de Estudos da FIPECAFI, n. 24, julho/dezembro 2000.

[2] A expressão "Custo ou Mercado, dos dois o menor", pode ser compreendida como um proto-conceito do amplamente difundido teste de *impaiment*.

[3] O IFRS 13, em seu item nono, define valor justo como: "*... como o preço que seria recebido pela venda de um ativo ou que seria pago pela transferência de um passivo em uma transação não forçada entre participantes do mercado na data de mensuração.*".

Nesse contexto, as distinções entre os conceitos de valor justo e de marcação a mercado tornam-se mais evidentes à medida que se amplia a compreensão de que, sob uma perspectiva taxonômica, o valor justo equivale ao gênero de uma categoria de mensuração, enquanto a marcação a mercado se equipara a um dos níveis dessa gama de critérios de metrificação contábil.

Convém rememorar que o IFRS 13 – *Fair Value*, no Brasil traduzido como o CPC 46 – Valor Justo, estabelece três níveis para determinação desse critério de mensuração. Outrossim, o item 72 deste normativo contábil indica aquilo que se chama de hierarquia do valor justo, confira-se adiante.

> *"72. Para aumentar a consistência e a comparabilidade nas mensurações do valor justo e nas divulgações correspondentes, este Pronunciamento* ***estabelece uma hierarquia de valor justo que classifica em três níveis*** *(vide itens 76 a 90) as informações (inputs) aplicadas nas técnicas de avaliação utilizadas na mensuração do valor justo.* ***A hierarquia de valor justo dá a mais alta prioridade a preços cotados (não ajustados) em mercados ativos para ativos ou passivos idênticos (informações de Nível 1) e a mais baixa prioridade a dados não observáveis (informações de Nível 3).*** *" (Marcas adicionadas).*

Referido item evidencia que o valor justo é na verdade um gentílico que abarca três diferentes possibilidades em seu rol classificatório. Cabe ressaltar que os níveis do valor justo não são meramente estabelecidos para compreensão de abordagens equivalentes entre si, antes pelo contrário. O item 72 indica de maneira clara e objetiva que o Nível 1 é superior aos demais porque sua implementação se dá com base em preços cotados, isto é, com base em referências de preços obtidas de forma objetiva em mercados ativos. Já o Nível 3 somente é obtenível por meio de informações não observáveis, alcançadas por premissas subjetivas em maior ou menor medida.

A respeito da distinção entre um conjunto de informações observáveis para fins da mensuração a valor justo *vis-à-vis* o seu oposto imediato, cumpre destacar, por exemplo, a mensuração de valores mobiliários cotados em uma bolsa de valores. Esse exemplo clássico revela que instrumentos patrimoniais ativamente negociados não possuem ampla margem de subjetivismo a respeito de sua mensuração, pois as condições necessárias para sua valoração se encontram exógenas aos preparadores das demonstrações financeiras – trata-se da efetiva filosofia da marcação a mercado.

Já no tocante às informações não observáveis relativas ao Nível 3, é necessário que as organizações empreguem as suas melhores estimativas para determinar o valor justo de um elemento patrimonial por meio de modelos de mensuração que simulem o valor desse item caso houvesse a existência de um mercado ativo. Trata-se, portanto, de uma marcação a modelo.

Posto isso, é fulcral que se compreenda que enquanto o Nível 1 remete ao conceito de marcação a mercado, justamente pela existência de um mercado ativo que permita a implementação desse formato de mensuração, o Nível 3 representa o formato de marcação a modelo, cujo *logos* é criar uma simulação de apreçamento, à espécie de uma proxy, de quais seriam os valores justos para determinados ativos e passivos caso houvesse um mercado para tais negociações.

Eis uma mudança fundamental, marcar a mercado é tomar a referência empírica de negociações existentes. Marcar a modelo é criar um simulacro, uma simulação de mercado para se estimar os preços de valoração de algo.

Em síntese: do mesmo modo que o 'o rótulo da garrafa não altera o líquido', convém ressaltar que a marcação a modelo não é mais crível do que uma mera estimativa de valores futuros simplesmente porque foi amalgamada no conceito de valor justo estabelecido pelas normas contábeis.

A compreensão acerca das distinções entre valores de mercado e valores de modelos ganha contornos expressivos para que se estabeleça um diálogo amadurecido entre a Contabilidade e o Direito, sobretudo nos seus matizes societário e tributário.

Se é garantido à Contabilidade a autonomia teórico-conceitual necessária para o alcance dos seus objetivos correlatos à fidedigna representação patrimonial, não lhe é conferida a posição de se estender e se sobrepor ao Direito Societário naquilo que convém aos sócios pactuarem a forma como a entidade distribuirá retornos, bem como aquilo que compete ao Direito Tributário no tocante às bases para apurações dos tributos.

A informação contábil útil e necessária para tomada de decisão não pressupõe que a escolha esteja nela contida. De fato, orientar é algo diferente de decidir, não podendo a Contabilidade posicionar-se simultaneamente como objeto de orientação e de autor da decisão, sob o risco de, ao invadir celeumas que não lhe são próprias, esvaziar-se do seu próprio sentido funcional.

Há ainda que se comentar que o Nível 2 do valor justo refere-se à marcação por semelhança. Considere-se para fins exemplificativos que uma organização contratou um derivativo junto a uma instituição financeira no ano de X0 com liquidação em X5. Três anos depois, isto é, em X3, a companhia tornou a contratar um derivativo similar ao primeiro, todavia com vencimento em X7.

Marcar por semelhança no esquema apresentado no parágrafo acima equivaleria a utilizar as taxas, índices e demais referências do segundo derivativo para apreçar o primeiro. Portanto, marcar por semelhança equivale a remontar à crença de que negociações mais atuais refletem atualizações comparativamente às mais antigas.

Contudo, é necessário ressaltar que a crença da semelhança propagada pelo Nível 2 não necessariamente se confirmaria caso houvessem negociações num mercado ativo de fato. Deste mesmo vício padece o Nível 1.

Suponha-se por extensão ao exemplo anterior que o primeiro derivativo negociado em X0 fosse um *swap* cambial com valor nocional de USD 15 milhões e o segundo derivativo fosse também um *swap* cambial, porém com um valor nocional de USD 1 milhão de dólares. Muito provavelmente, na iminência de uma negociação de mercado, os agentes apreçariam de forma diferente o primeiro do segundo produto tendo em vista a disparidade das grandezas.

Posto isso, torna-se imprescindível que os operadores do Direito compreendam as extensões e as delimitações do conceito de valor justo, de modo a não sub-rogarem instrumentos contratuais a números advindos das demonstrações financeiras, sem que sejam tomados os devidos cuidados em face da volatilidade e das simplificações adotadas pelo modelo contábil para cumprir o seu papel de bem informar.

A Meta Divergência Entre a Informação Contábil a Valor Justo e a Sua Utilização para Fins Tributários

O sumário dos diálogos que virão adiante indica que a meta divergência entre a informação contábil mensurada pelo valor justo e as disciplinas societária e tributária, reside justamente no distanciamento entre o regime de caixa e o regime de competência.

Flores e Braunbeck (2019)[4] buscaram sintetizar a questão sob comento por meio da exploração do elemento discricionário concernente ao regime de competência, o qual se torna mais acentuado à medida que mensurações a valor justo são reconhecidas no resultado contábil.

Inicialmente os autores recobram que o resultado contábil pode ser tomado de uma forma simplista como a mera diferença algébrica entre receitas e despesas. Desse modo, o lucro ou prejuízo contábil seria posto como o resto decorrente da subtração de despesas (subtraendo) das receitas (minuendo), ambas condicionadas ao mesmo lapso temporal – veja a Equação (1).

$$\textit{Resultado contábil} = \textit{Receitas} - \textit{Despesas} \quad (1)$$

Ato contínuo, recobram os autores que a contabilidade é formada por dois regimes distintos no tocante à habilitação do registro de eventos econômico-financeiros nas linhas do resultado, sendo (i) o regime de caixa e (ii) o regime de competência.

Conforme amplamente propagado pela literatura e pela prática contábil, o regime de competência cinge-se ao reconhecimento contábil de eventos por conta da sua ocorrência econômica, independentemente da

[4] Para maiores aprofundamentos dessa segregação entre regime de competência objetivo e subjetivo, sugerimos um trabalho de nossa autoria publicado no International Journal of Multivariate Data Analysis em 2017 – What is Better: to be roughly right or exactly wrong? The role of quantitative methods in financial accounting. Link: https://www.inderscienceonline.com/doi/abs/10.1504/IJMDA.2017.087621

Sugere-se também a consulta de; Flores, E. (2020) Contabilidade de Instrumentos Financeiros para Analistas: https://cfasociety.org.br/wp-content/uploads/2020/07/cfa_book_9_152x228mm_200511_v2.pdf

sua condição de realização financeira. É rico o ensinamento trazido pelo item 1.17 do *Framework* publicado pelo Iasb, cuja exposição se encontra adiante[5].

> *"1.17* ***O regime de competência reflete os efeitos de transações e outros eventos e circunstâncias sobre reivindicações e recursos econômicos da entidade que reporta nos períodos em que esses efeitos ocorrem, mesmo que os pagamentos e recebimentos à vista resultantes ocorram em período diferente.*** *Isso é importante porque informações sobre os recursos econômicos e reivindicações da entidade que reporta e mudanças em seus recursos econômicos e reivindicações durante o período fornecem uma base melhor para a avaliação do desempenho passado e futuro da entidade do que informações exclusivamente sobre recebimentos e pagamentos à vista durante esse período." (Marcas adicionadas).*

Note-se que a contabilidade elaborada sob a premissa do regime de competência não tem por finalidade desprezar o regime de caixa, antes pelo contrário. A contabilidade ao vencelhar-se a ideia da competência econômica dos fatos busca em última instância prever quais serão as potenciais incidências no caixa da entidade que reporta os seus números.

Nesse contexto, Flores e Braunbeck (2019) segregam a equação anterior isolando os componentes do regime de caixa do regime de competência que perfazem as receitas e despesas que culminam no resultado contábil – veja as Equações (2) e (3).

$$Receitas = Caixa + Competência \quad (2)$$
$$Despesas = Caixa + Competência \quad (3)$$

Ocorre, entretanto, que o regime de competência pode ser mais compreendido se for divido em ao menos dois grandes conjuntos, sendo: *(i)* competência objetiva; e (ii) competência subjetiva.

[5] No Brasil o Conceptual Framework foi traduzido como o CPC 00, cujo acesso se encontra disponível em: http://static.cpc.aatb.com.br/Documentos/573_CPC00(R2).pdf

No tocante ao primeiro conjunto, competência objetiva, tem-se que o acesso a esse grupo pode ser compreendido como relativo aos eventos que afetam a estrutura patrimonial das entidades e para os quais se conhece *(a)* o montante da afetação patrimonial e *(b)* o momento em que essa afetação patrimonial implicará efeitos no caixa da organização.

Dessa forma, a objetividade que adjetiva uma parcela dos eventos advindos do regime de competência remete à ideia de uma objetividade relacionada a realização do caixa. Variados exemplos podem ser tomados a este respeito, contudo, os mais usuais cingem-se às receitas e despesas que são registradas no resultado contábil em contrapartida as rubricas de 'Contas a Receber' e 'Contas a Pagar'.

No momento em que uma organização realiza uma venda a prazo é usual que se estabeleça os valores e as datas em que os pagamentos serão realizados pelos clientes; portanto, as receitas reconhecidas no resultado serão convertidas em caixa nos valores e nos prazos esperados. Pensamento análogo pode ser tomado para o caso das despesas que ensejaram reconhecimentos na linha de 'Contas a Pagar'.

Naturalmente que parte dos recebíveis podem não se converter em caixa de forma ortodoxa nas datas e montantes originalmente pactuados. Isso é tão verdadeiro que se tem a prática e a determinação normativa contábil de se registrar perdas esperadas com crédito e liquidação duvidosa (PECLD). Contudo, sob a racionalidade econômica, se uma organização não espera que a venda a prazo seja paga por um cliente, então não haveria motivos para que essa transação fosse concluída. Portanto, a PECLD deve ser vista como um ajustamento do saldo de recebíveis para os valores mais esperados de liquidação em caixa.

Já o segundo conjunto, respectivamente formado pelo conceito de competência subjetiva, refere-se aos eventos contabilmente reconhecidos, porém para os quais não se tem a previsibilidade do montante ou a previsibilidade do momento em que afetarão o caixa.

Exemplos práticos de elementos de competência subjetiva advêm aos montes quando são analisadas contas contábeis que representam estimativas e provisões. Uma perda esperada por imparidade (*impairment*), a já mencionada PECLD, as provisões de variada ordem, dentre outras linhas, são exemplos interessantes de como o reconhecimento por competência pode implicar aumentos ou diminuições no resultado do exercício por causa de itens que não se sabe ao certo se afetarão o resultado, bem como quando e por qual grandeza.

Convém mencionar que, sob o prisma da competência subjetiva, a contabilidade se aproxima muito mais do corpo teórico da Estatística do que da Álgebra, pois o resultado contábil é um número possível num intervalo e não o único número possível.

Posto isso, os autores propõem a Equação (4).

$$Competência = Objetiva + Subjetiva \quad (4)$$

Assim sendo, elementos que compõem o rol da competência objetiva facultam melhores condições para que se preveja as potenciais e entradas e saídas de caixa comparativamente aos elementos de competência subjetiva.

Posto isso, é compreensível que o valor justo incrementa diretamente o conjunto de registros contábeis relacionados à competência subjetiva, pois mensurar um item patrimonial por esse critério de mensuração não implica automaticamente que o caixa relativo a tal mensuração ocorrerá.

A compreensão de que o valor justo não é nada mais do que uma aproximação contábil do valor econômico de um elemento patrimonial é fundamental para que uma organização possa disciplinar as suas relações societárias, bem como para que os legisladores possam organizar as relações de tributação.

Ao fim e ao cabo, aquilo que se crê ser uma riqueza gerada ou destruída pela mensuração a valor justo pode não passar de uma 'ilusão de ótica' provida pela admissão contábil de se reconhecer na face dos seus livros números que nutrem em sua origem premissas advindas de exercícios de valoração, os quais não possuem nenhuma contraparte com terceiros de fato.

Nesse contexto, não seria exacerbado admitir que a contabilidade elaborada com base na mensuração a valor justo torna-se incompatível com os sistemas societário e tributário, competindo a anulação das mensurações a valor justo para tais fins.

Esperamos que o estudo deste livro possa estimular mais do que o debate acadêmico, mas ensejar ações práticas que visem a simplificação das relações jurídico-contábeis, bem como o tracejo de limites do que compete, ou não, a cada uma dessas áreas do conhecimento.

São Paulo, 05 de setembro de 2022.

EDUARDO FLORES
DIEGO MIGUITA
ALEXANDRE EVARISTO PINTO

PREFÁCIO

> "Viajar é fatal para o preconceito,
> a intolerância, e a falta de imaginação.
> Visões mais amplas e saudáveis sobre as coisas
> e as pessoas não são adquiridas vegetando-se
> em um canto durante toda a vida."
>
> Mark Twain, *The Innocents Abroad*[1]

O convite para prefaciar "Diálogos Luso-Brasileiros sobre o Lucro Contábil e o Lucro Fiscal – Reflexões sobre o Valor Justo", obra coletiva organizada por Eduardo Flores, Diego Miguita e Alexandre Evaristo Pinto, ensejou excelente oportunidade para, mais uma vez, pensar a respeito de alguns temas que instigam debates nos campos das finanças e da atividade empresarial, seja pelo prisma contábil, tributário ou societário.

Neste sentido, a citação acima me pareceu oportuna para destacar um aspecto importante da obra: a própria ideia dos organizadores indica que seus autores e autoras realizarão "viagens" de ida e volta não apenas entre o Brasil e Portugal, mas entre regimes de reconhecimento de resultados (caixa e competência), entre o lucro líquido e o lucro contábil e entre os conceitos societários, tributários e contábeis. E ao acompanhar essas ditas viagens, os leitores se beneficiarão de visões mais amplas a respeito desse tema de enorme relevância.

[1] Tradução livre.

O distanciamento entre tais conceitos não é matéria nova, como os próprios organizadores desta coletânea advertem em sua Nota. Muito pelo contrário – embora sejam, ao fim e ao cabo, ferramentas concebidas para auxiliar na identificação, mensuração e divulgação de informação econômica, e com isso fornecer indicações importantes aos administradores de companhias, ao público investidor e seus prestadores de serviços, e à autoridade tributária,

De modo a agregar complexidade a tema que pouco tem de simples, o Direito e a Contabilidade não têm caminhado juntos, malgrado esforços notáveis que surgem esporadicamente no campo acadêmico. A grande área de interseção entre as práticas jurídica e contábil implica em uso frequente de conceitos comuns a ambas, embora sem prévio alinhamento para evitar equívocos. É natural que, por se tratar de diferentes áreas do conhecimento, o Direito e a Contabilidade adotem enfoques distintos para tratarem de fenômenos idênticos. Não fosse assim, seriam visões redundantes e não complementares.

Aliás, tampouco a legislação pertinente tem sido precedida por reflexão sobre os impactos produzidos além de sua esfera particular. Por exemplo, há diversos casos de edição de normas tributárias que impactam de forma indesejada as esferas societária ou contábil, resultando em incerteza e insegurança para as empresas e o público investidor.

Seja como for, o fato é que a ideia de *valor justo* tem importância fundamental para a prática empresarial e para as autoridades reguladoras, uma vez que se destina a permitir que, por meio de consulta ao balanço de uma empresa, o público possa mensurar determinados ativos e passivos. O conceito de valor justo é singelo: o preço que seria recebido pela venda de um ativo ou que seria pago pela transferência de um passivo em uma transação não forçada entre participantes do mercado na data de mensuração[2].

Entretanto, há uma série de premissas e testes que precisam ser considerados para que se mensure um ativo ou passivo por seu valor justo, em observância ao padrão estabelecido. Quão ativo é o mercado em que se

[2] Conforme o IFRS 13 (no Brasil, o CPC 46).

daria a suposta negociação do ativo ou passivo? Quão observáveis são as informações que estão sendo consideradas?

Por suas características, o método do valor justo suscita questionamentos, e um dos mais interessantes diz respeito a seu caráter pró-cíclico, ou seja, que exacerba movimentos de mercado em um sentido ou em outro[3]. Porém, o detalhamento das regras para utilização do valor justo em cenários extremos não autoriza a conclusão de que seu caráter pró-cíclico é fator determinante para impulsionamento da alavancagem bancária em cenários de "boom" de mercado nem para alastramento – contágio – de efeitos de crise.

Recorri ao exemplo acima apenas para ilustrar a relevância do constante aprofundamento da pesquisa e da produção acadêmica em torno do conceito de valor justo, de forma a melhor conhecer suas limitações e aprimorar sua utilização.

Novamente recorro aos organizadores dessa obra, que observam, com pertinência, que "[a] compreensão de que o valor justo não é nada mais do que uma aproximação contábil do valor econômico de um elemento patrimonial é fundamental para que uma organização possa disciplinar as suas relações societárias, bem como para que os legisladores possam organizar as relações de tributação."

E a referida compreensão flui naturalmente da leitura dos capítulos desta obra coletiva que apresenta visões sob os enfoques de especialistas de Portugal e do Brasil, oferecendo perspectiva comparada bastante esclarecedora. Conhecer a abordagem utilizada nas respectivas legislações e conhecer as análises de seus respectivos estudiosos permite ao leitor melhor entendimento da matéria.

Conforme observado no início deste prefácio, outro interessante achado dos organizadores foi o de enquadrar as análises dos autores pelo prisma dos regimes de caixa e de competência, cujos traços distintivos explicitam o problema da mensuração a valor justo e seus impactos nas esferas contábil, societária e tributária.

Na medida em que se joga mais luz sobre a matéria, aumentam as condições de o mercado receber informações mais úteis, e de os administra-

[3] Neste sentido, confira-se Laux e Leuz, *Did Fair-Value Accounting Contribute to the Financial Crisis?*, The Journal of Economic Perspectives, vol. 24, 1 (2010).

dores de companhias atuarem com maior segurança, mesmo em cenários de litígios ou de crises econômicas. Afinal, não há bem mais precioso no mercado que a informação – é em torno dela que se estrutura a regulação de mercado financeiro e se realizam as atividades de supervisão.

Portanto, os organizadores, autores e autoras desta obra coletiva merecem o reconhecimento por esta obra de enorme importância para um público amplo. Não apenas dos profissionais e estudiosos da Contabilidade, mas igualmente do Direito, pois a aproximação é importante, e esta obra representa importante ponte entre os dois domínios.

MARCELO BARBOSA
Advogado.
Ex-Presidente da Comissão de Valores Mobiliários.

SUMÁRIO

1.
DO RESULTADO CONTABILÍSTICO AO RESULTADO TRIBUTÁVEL – BREVE ANÁLISE DA RELAÇÃO ENTRE O DIREITO FISCAL E A CONTABILIDADE EM PORTUGAL

JOSÉ ALBINO PINTO NOGUEIRA

Introdução

O debate sobre a relação entre o resultado contabilístico e o resultado tributável tem vindo a receber uma redobrada atenção nos últimos anos. Se de um lado encontramos autores – como Martinez (2019) – que defendem uma maior autonomia entre estas duas realidades (e jurisdições – como as de influência anglo-saxónica[1] – que se aproximam deste paradigma), do outro lado temos autores, como Ferreira (1997) e Whitaker (2006), a sustentarem uma maior integração (e jurisdições – como, as de influência continental[2], que promovem uma maior conexão entre estas realidades). Este debate assume cada vez maior relevância na medida em que se caminha no sentido de uma maior harmonização fiscal[3] e em que

[1] Seguindo a classificação proposta por Nobes (2002).
[2] Seguindo a classificação proposta por Nobes (2002).
[3] Nomeadamente propostas como a do "Business in Europe: Framework for Business Taxation (BEFIT)" – Communication from the Commission to the European Parliament and the Council – Business Taxation for the 21st Century, COM(2021) 251 final, de 18 de maio de 2021 (que substitui a proposta de Matéria Comum Consolidada do Imposto

se intensifica o debate relativo à definição de regras comuns de determinação da base tributável.

Em Portugal este debate não é recente e tem moldado a forma como o direito fiscal se relaciona com a contabilidade. Numa fase inicial, existia uma desconexão entre a estes dois domínios devido, nomeadamente, ao pouco avançado estádio de maturidade dos sistemas contabilísticos e, consequentemente, a falta de fiabilidade da informação financeira[4].

Entretanto, assistimos a uma progressiva abertura da economia portuguesa e a uma melhoria ao nível da fiabilidade e consistência da informação financeira empresarial[5] através de um esforço de normalização contabilística liderado pelo governo (Ferreira R. , 1984). Tal esforço culminou com a introdução do Plano Oficial de Contabilidade em 1977. Nas suas feições originais, este plano apresentava um "cunho patrimonialista" (Ferreira R. , 1984, p. 51) e alguma rigidez, dado assentar mais em regras e forma do que em princípios[6]. Isto permitia uma maior identificação e uso da contabilidade para efeitos de cálculo da matéria coletável.

Esta relação veio a sofrer um certo esbatimento na medida em que as exigências de harmonização contabilística internacional, motivadas pelo processo de integração europeia, começaram a influenciar o normativo contabilístico nacional. Na impossibilidade de exercer um controlo total sobre os normativos contabilísticos, o legislador passou a introduzir, no

sobre sociedades (MCCIS), 13024/18 de 5 de dezembro de 2018 ou a "Minimum Corporate Income Tax" – sobre esta proposta ver a comunicação da Comissão Europeia (2021).

[4] Até à década de 1960, a economia portuguesa apresentava uma reduzida abertura ao exterior, estando o controlo das principais empresas concentradas num pequeno número de famílias. Estas eram financiadas por um reduzido número de entidades bancárias que estavam geralmente envolvidas na gestão e representadas no conselho de administração dessas empresas. Tal reduzia a assimetria da informação entre os que preparavam da informação financeira e os seus principais utilizadores (Caria & Rodrigues, 2014). Razão pela qual, na prática, não existia uma grande necessidade de uniformizar práticas de reporte financeiro.

[5] A unificação das regras contabilísticas foi considerada essencial não só para garantir: (1) a consistência das informações financeiras, mas também; (2) para permitir o controle das contas públicas e evitar déficits fiscais (tanto em um período de crescimento económico como de guerra) bem como (3) para facilitar a integração das contas anuais dos empresários privados no sistema de contas nacional (Caria & Rodrigues, 2014).

[6] Definidos no nº1 do Capítulo XII do Decreto-Lei nº 47/77, de 7 de fevereiro.

sistema fiscal, normas que funcionavam como medidas de salvaguarda da aplicação automática destas regras contabilísticas, especialmente daquelas que introduzissem uma maior volatilidade ou subjetividade ou que fossem vistas como mais permeáveis a eventuais abusos. Esta prudência na adoção das regras contabilísticas para efeitos fiscais levou assim ao aumento das zonas de tensão e diferenças entre a contabilidade e o direito fiscal no apuramento do resultado tributável (as chamadas "*book-to-tax diferences*").

Este estudo visa analisar esta relação (dinâmica) entre a contabilidade e o direito fiscal, em Portugal tendo nomeadamente em conta os principais marcos históricos e diferenças que atualmente existem entre as regras de apuramento do resultado contabilístico e regras de apuramento do resultado tributável. O artigo encontra-se dividido em três partes. Na primeira parte analisaremos a evolução do normativo contabilístico em Portugal e a forma como o mesmo se foi relacionando com o direito fiscal. Na segunda parte, examinaremos os vários aspetos formais que marcam esta relação. Já na terceira parte, identificaremos principais áreas de divergência e apresentaremos algumas reflexões sobre a atual relação entre as regras contabilísticas e as regras fiscais.

1. A normalização contabilística em Portugal

1.1 O plano oficial de contabilidade

A introdução do primeiro normativo contabilístico português deu-se em 1977 com a promulgação do Decreto-Lei nº 47/77, de 7 de fevereiro, que aprovou o Plano Oficial de Contabilidade (doravante POC)[7]. A publicação deste Decreto-Lei representou o culminar de um longo processo de normalização em Portugal influenciado não apenas pelo ímpeto normalizador sentido a nível internacional após a Grande Depressão de 1929 (Gaffikin, 2005, p. 10), mas essencialmente pelas alterações estruturais observadas na economia portuguesa na segunda metade do século XX

[7] O POC de 1977 não se aplicava, conforme disposto no artigo 1ª do seu preâmbulo a entidades financeiras e de seguros. Tal situação foi plasmada no artigo 115º, nº 1 do Regime Geral das Instituições de Crédito e Sociedades Financeiras, aprovado pelo Decreto-Lei nº 298/92, de 31 de dezembro, e no artigo 242º do Decreto-Lei nº 94-B/98, de 17 de abril.

(Caria & Rodrigues, 2014) e pela reforma fiscal de 1963 que que reintroduziu[8] a tributação em função do lucro real e uma conexão entre o lucro tributável e o contabilístico[9].

As soluções adotadas pelo legislador no POC denotam a necessidade de introduzir um modelo consistente de apresentação da informação financeira[10] e foi marcadamente influenciado pelos planos vigentes nos países de influência europeia-continental[11] e, em especial, pelo plano

[8] De acordo com Freitas e Teles (1981) apesar de se encontrarem já referências à tributação pelo lucro real em preâmbulos de reformas fiscais anteriores (como na de 1860), a primeira tentativa de tributação pelo lucro real foi introduzida pela reforma fiscal de 1922 que previa, no artigo 12ª da Lei 1368/1922 de 21 de setembro, uma Contribuição Industrial apurada em dois níveis: (i) uma taxa anual paga antecipadamente (apurada através de métodos indiretos de acordo com as disposições do artigo 13º da Lei 1368/1922 de 21 de setembro), e; (ii) uma taxa complementar calculada tendo por base os lucros líquidos (sendo aplicada uma taxa de 10% de acordo com o artigo 14º da Lei 1368/1922 de 21 de setembro), à qual era deduzida o valor pago antecipadamente resultante da taxa anual. No entanto a dificuldade de determinar de forma fiável o lucro real das entidades levou a uma coleta irregular e insuficiente (Leitão, 1997) e consequentemente a défices públicos crónicos e crises orçamentais sistémicas (Azevedo, 2011). Desta forma a reforma fiscal de 1929, introduzida pelo Decreto-Lei nº 16731/1929 de 13 de abril, determinou o abandono da tributação pelo rendimento real tendo optado pela tributação baseada rendimento presumido ou normal (Azevedo, 2011).

[9] Na reforma fiscal de 1963, o no artigo 22º do Código de Contribuição Industrial (promulgado pelo Decreto-Lei 45103/1963, de 1 de junho) introduziu a tributação em função do lucro real e uma conexão entre o lucro tributável e o determinado de acordo com a contabilidade. Nos termos desse dispositivo "o lucro tributável reportar-se-á ao saldo relevado pela conta de resultados do exercício ou de ganhos e perdas, elaborada em obediência a sãos princípios de contabilidade, e consistirá na diferença entre todos os proveitos ou ganhos realizados no exercício anterior àquele a que o ano fiscal respeitar e os custos ou perdas imputáveis ao mesmo exercício, uns e outros eventualmente corrigidos nos termos deste Código".

[10] De acordo com o artigo 6º do preâmbulo do Decreto-Lei nº 47/77, de 7 de fevereiro.

[11] Seguindo a classificação proposta por Nobes (2002), os sistemas contabilísticos de influência continental são preponderantes em países europeus com um sistema jurídico com base no direito romano, onde é dada especial relevância aos credores como utilizadores da informação financeira e onde os governos assumem um papel preponderante na normalização contabilística que decorre essencialmente da lei e de disposições governamentais, as quais têm uma relação mais próxima com as regras fiscais. Conforme defendido por Nobes, Mueller, Geron e Meek (1997), na maioria dos países da Europa continental, a contabilidade estava de alguma forma sujeita à influência estatal (visto que era usada

contabilístico francês (Ferreira R. , 1984). Introduziu-se assim, entre nós, um normativo contabilístico "geral e uniforme"[12] com um forte enfoque nos credores e no Estado como utilizadores da informação financeira[13] (Caria & Rodrigues, 2014). Neste, nota-se a preocupação de considerar o Estado como o principal utilizador das demonstrações financeiras. Na ausência de uma estrutura conceptual[14] adequada, as regras fiscais passaram a ser usadas supletivamente na preparação da informação financeira (Caria & Rodrigues, 2014, p. 237)[15] utilização essa que, apesar de não decorrer de nenhuma norma[16], foi-se manifestando na prática contabilís-

como base para apuramento dos impostos a cobrar) e estava sujeita a uma abordagem mais prescritiva do que nos países de matriz anglo-saxónica.

[12] Conforme preâmbulo do Decreto-Lei nº 47/77, de 7 de fevereiro.

[13] Notada no artigo 6º do preâmbulo o do Decreto-Lei nº 47/77, de 7 de fevereiro em que o Estado aparece em primeiro lugar na listagem dos utilizadores dos dados contabilísticos. Este enfoque foi também notado no despacho do Secretário de Estado do Orçamento referente à criação da Comissão de Normalização Contabilística em 1975 que indicava como pilares principais do processo de normalização: (i) a necessidade de uniformizar o relato da posição patrimonial das empresas para garantir a relevância e comparabilidade da informação; (ii) a necessidade de aumentar a confiança dos utilizadores na informação preparada e incluída nas demonstrações financeiras, e; (iii) a necessidade de disponibilizar ao fisco informações que permitissem aumentar a eficiência do processo tributário, reduzir os conflitos e diminuir as disputas fiscais (Guimarães, 2011).

[14] Que não foi considerada pela Comissão de Normalização Contabilística como uma prioridade e tendo sido deixado para uma fase posterior do processo de normalização contabilística, como nos dá conta o artigo 10º do preâmbulo do Decreto-Lei nº 47/77, de 7 de fevereiro.

[15] Este tópico foi igualmente ressalvado por Ferreira que dando como exemplo áreas como vidas uteis (1997, p. 196) e provisões (1984) alertou para o facto de os contabilistas estarem a assumir as regras de determinação (para efeitos fiscais) de vidas úteis quase como regras contabilísticas o que em muitos casos levaria à utilização das taxas máximas para a determinação de gastos que, em muitos casos, poderiam não corresponder a gastos "reais". Assim, apesar da sua admissibilidade para efeitos fiscais, não deveriam ser registados pelas empresas (Ferreira, 1984, p. 196).

[16] Conforme destacado por Ferreira (1997) este recurso às regras de direito fiscal para a determinação de práticas contabilísticas não era apropriada. No entanto, e apesar de ser claro que esta aplicação supletiva das regras fiscais na contabilidade não estava prevista no normativo contabilístico nacional, tal aplicação acabava por ser prática comum o que colocava em questão a desejada imagem verdadeira e apropriada da performance financeira das entidades quer deveria ser dada pela contabilidade (Ferreira, 1997).

tica nacional. Isto conduziu a um certo domínio do direito fiscal sobre a contabilidade[17] e até mesmo a uma dependência inversa (Aguiar, 2008, p. 10) que marcou o ensino e formação dos contabilistas numa tradição que "dá preferência às necessidades de informação dos credores e do fisco" (Caria & Rodrigues, 2014, p. 245).

Esta ausência de uma estrutura conceptual clara ou de um corpo robusto de princípios foi sempre tido como o legislador como algo temporário a ser resolvido uma fase posterior do processo de normalização contabilística. No entanto, o POC permaneceu, durante algum tempo, sem sofrer grandes alterações[18].Em 1989, é aprovado um novo POC, o que representou apenas um dos passos da evolução do processo gradual de harmonização contabilística observado em Portugal decorrente da influência do processo de integração europeu, que será abordado na subsecção seguinte.

1.2 A influência do processo de integração europeu

A adesão de Portugal à União Europeia teve igualmente um impacto significativo no processo de normalização contabilística, influência esta que se manifesta até aos dias de hoje. A harmonização contabilística na União Europeia foi promovida numa fase inicial pelas Quarta[19] e Sétima[20] Diretivas do Conselho) que constituíram os "os principais instrumentos de harmonização no domínio contabilístico na União Europeia" (Comissão das Comunidades Europeias, 2003, p. 3). Considerando a coexistência, na União Europeia, de países com sistemas contabilísticos com diferentes características, nomeadamente, de influência continental e anglo saxó-

[17] Seguindo a classificação proposta por Lamb, Nobes and Roberts (1998).

[18] Com a exceção das alterações introduzidas pelos Decreto-Lei 74/85, que introduziu o Imposto sobre o Valor Acrescentado; pelo Decreto-Lei 476/85, relativo à valorimetria das existências; pelo Decreto-Lei 228/86, relativo à contabilização de diferenças cambiais; pelo Decreto-Lei 274/86, relativo à imputação de custos financeiros ao imobilizado em curso, e; pelo Decreto-Lei 27/87, relativo a aplicações de tesouraria e a investimentos financeiros. Da mesma forma, durante o período de vigência do POC de 1977 foram publicadas 12 normas interpretativas.

[19] Diretiva 78/660/CEE do Conselho, de 25 de Julho de 1978.

[20] Diretiva 83/349/CEE do Conselho, de 13 de Junho de 1983.

nica[21], "aquando das negociações que precederam a adoção das diretivas" foram incluídas 'inúmeras opções' e 'fórmulas suscetíveis de diferentes interpretações' " (Comissão das Comunidades Europeias, 1995, p. 2) que não permitiam uma "completa normalização das normas contabilísticas," mas apenas "a comparabilidade e equivalência das informações financeiras" (Comissão das Comunidades Europeias, 1995, p. 3).

A adesão de Portugal à União Europeia em 1986 exigiu a implementação destas diretivas no ordenamento nacional. Tal deu-se em 1989, com a reformulação do Plano Oficial de Contabilidade[22] que deu cumprimento às exigências da Quarta Diretiva. No entanto considerando as opções previstas na diretiva, tal alteração "não representou uma grande modificação em relação à versão anterior, a não ser no que se refere à informação que as empresas devem apresentar no anexo ao balanço e à demonstração dos resultados e quanto à ordenação das contas no balanço" (Ferreira & Regojo, 1996, p. 125). Posteriormente, o POC foi sujeito ajustamentos decorrentes da transposição de disposições europeias tendo o mais relevante ocorrido em 1991 (pelo Decreto-Lei 238/91 de 2 de julho) que procedeu à implementação da supracitada Sétima Diretiva sobre contas consolidadas[23].

No entanto, e apesar deste esforço de harmonização europeu, cedo ficou claro que o este processo teria que ser rapidamente aprofundado para tendo em conta que os principais mercados de capitais colocavam cada vez mais importância na harmonização da informação financeira

[21] Seguindo a classificação de Nobes (2002).

[22] Através do pelo Decreto-Lei 410/89 de 21 de novembro.

[23] Novamente, esta alteração não implicou uma mudança substancial das disposições do POC para as contas individuais, introduzindo, contudo, alterações relevantes no que concerne às contas consolidadas. Tais alterações foram materializadas no POC com a introdução dos capítulos 13 e 14 referentes às contas consolidadas e do método de equivalência patrimonial para a contabilização dos investimentos em empresas subsidiárias e associadas (Ferreira & Regojo, 1996, p. 126). Outras alterações relevantes ao POC de 1989 foram introduzidas pelo Decreto-Lei nº 44/99, de 12 de fevereiro, o qual acolheu o sistema de inventário permanente e a demonstração dos resultados por funções, pelo Decreto--Lei nº 79/2003, de 23 de abril, o qual introduziu a demonstração dos fluxos de caixa, e pelo Decreto-Lei nº 88/2004, de 20 de abril, que estabeleceu as condições de aplicação do justo valor, transpondo para a ordem jurídica nacional a Diretiva nº 2001/65/CE, do Parlamento Europeu e do Conselho, de 27 de setembro.

apresentada privilegiando aquela que era apresentada de acordo com as normas internacionais. Desta forma, a Comissão Europeia propôs a participação da União Europeia no processo de harmonização internacional em curso promovido pelo Comité Internacional das Normas Contabilísticas (IASC) de forma a iniciar um processo de convergência com as Normas Internacionais de Contabilidade existentes (NIC) garantido ao mesmo tempo que as mesmas se apresentam compatíveis com a legislação da União (Comissão das Comunidades Europeias, 1995, p. 2).

1.3 A adoção das Normas Internacionais de Contabilidade em Portugal

Este processo de aproximação da contabilidade na União Europeia às Normas Internacionais de Contabilidade (NIC) ocorreu de forma gradual. Em Portugal, e particularmente a partir da década de 1990, tal foi feito através da emissão de Diretrizes Contabilísticas (DC), adotadas com o objetivo de desenvolver e interpretar o POC[24]. Um elemento central desta aproximação do POC às normas internacionais encontra-se vertido na Diretriz Contabilística nº 18 aprovada em 1996 sob o título "Objetivos das demonstrações financeiras e princípios contabilísticos geralmente aceites", que estabeleceu pela primeira vez e de forma clara a aplicação supletiva das NIC para a resolução de matérias que não estivessem contempladas no POC e nas DC's emitidas.

No entanto, a adoção das NIC em Portugal ocorre apenas em 2005, com a transposição da Diretiva 2003/51/CE)[25] através do Decreto-Lei nº 35/2005, de 17 de fevereiro. De acordo com estes diplomas, as entidades cujos valores mobiliários estivessem admitidos à negociação num mercado regulamentado da União Europeia ficam obrigadas a elaborar as suas Demonstrações Financeiras Consolidadas de acordo com as NIC

[24] De acordo com Ferreira (Ferreira L. , 1998, p. 406) a influência francesa começou a perder importância, à medida que as normas internacionais, originárias eminentemente dos países anglo-saxónicos, se repercutiam cada vez mais nas diretrizes contabilísticas emitidas pela CNC.

[25] Aprovada na sequência da estratégia delineada no Regulamento (CE) nº 1606/2002 para assegurar a coerência entre a legislação contabilística comunitária e as NIC adotadas nos termos deste regulamento.

adotadas pela União Europeia a partir do exercício iniciado em 2005[26], sendo esta adoção opcional para as demonstrações financeiras consolidadas das demais entidades, desde que estas sejam objeto de Certificação Legal das Contas[27]. Caso não sejam enquadradas nestas exceções as entidades deverão apresentar a sua informação financeira de acordo com o normativo contabilístico local. Além disso, o artigo 11º do Decreto-Lei nº 35/2005, de 17 de fevereiro permite a preparação das contas consolidadas de acordo com as NIC. No entanto, as entidades que optassem por este regime teriam que manter a contabilidade organizada de acordo com o POC tendo em conta que, de acordo com o artigo 14º do Decreto-Lei nº 35/2005, a normalização contabilística nacional manteve-se como o normativo relevante para efeitos fiscais o que acabava por exigir uma dupla contabilidade.

Considerando o impacto desta, em 2006 constitui-se um grupo de trabalho destinado a analisar o impacto fiscal da adoção das NIC[28]. Este grupo de trabalho recomendou a adaptação do Código de Imposto sobre o Rendimento das Pessoas Coletivas (CIRC) de forma a permitir a adoção das NIC para efeitos fiscais, mantendo ao mesmo tempo uma clausula de salvaguarda que permitisse a receção seletiva de tais normas para efeitos fiscais. Da mesma forma, foi ainda recomendada a aproximação

[26] Artigo 11ª e 12ª do Decreto-Lei nº 35/2005, de 17 de fevereiro.

[27] No que concerne aos Bancos e Entidades Seguradoras o artigo 13 do Decreto-Lei nº 35/2005, de 17 de fevereiro, procedeu à definição do âmbito subjetivo de aplicação das Normas Internacionais de Contabilidade, bem como à definição das normas contabilísticas aplicáveis às contas consolidadas, relativamente às entidades sujeitas à respetiva supervisão. Neste âmbito, o Aviso do Banco de Portugal nº 1/2005, publicado no Diário da República, I Série-B, nº 41, de 28 de fevereiro de 2005 continha as normas de contabilidade ajustadas a observar na elaboração das demonstrações financeiras em base individual das instituições sujeitas à supervisão do Banco de Portugal. Da mesma forma o Instituto de Seguros de Portugal, emitiu o Plano de Contas para as Empresas de Seguros aprovado através da Norma Regulamentar nº 4/2007-R, de 27 de abril. Da mesma forma, foi dada à Comissão de Mercados e Valores Mobiliários a responsabilidade de determinar as normas a serem adotadas pelas entidades sobre a sua supervisão que não elaborassem contas consolidadas (Regulamento CMVM 11/2005).

[28] Este grupo de trabalho foi criado pelo Despacho nº 2575/2006 do Secretário de Estado dos Assuntos Fiscais (SEAF), publicado no Diário da República, II Série, nº 24, de 2 de fevereiro de 2006.

do normativo contabilístico Português às NIC contribuindo desta forma igualmente para a eliminação desta exigência de dupla contabilidade para efeitos fiscais[29].

Na sequência das conclusões deste grupo de trabalho e dos trabalhos iniciados em 2003 para a definição de um novo modelo de normalização contabilística, foi aprovado em 2009 o Decreto-Lei nº 159/2009, de 13 de julho que (i) revogou o POC e aprovou o novo normativo contabilístico português – Sistema de Normalização Contabilística (SNC) – convergente com as NIC[30], e que; (ii) alterou e republicou o CIRC na sequência da adaptação das regras de determinação do lucro tributável ao enquadramento contabilístico resultante da adoção das NIC e da adoção do SNC.

Desta forma, e a partir de 1 de janeiro de 2010, passam a coexistir em Portugal dois normativos contabilísticos: o SNC[31] e as NIC[32] que assegu-

[29] Tendo sido dado um primeiro sinal no orçamento de estado de 2007 (Lei nº53-A/2006, 29 Dezembro) cujo artigo 55º dispensa da obrigação de manter contabilidade separada (de acordo com a normalização contabilística nacional) as entidades sujeitas à supervisão do Banco de Portugal, obrigadas a elaborar as suas contas individuais em conformidade com as normas de contabilidade ajustadas (NCA). De igual forma o artigo 56ª da Lei nº53-A/2006, 29 dezembro continha uma autorização legislativa para a adaptação das regras de determinação do lucro tributável às NIC.

[30] De acordo com a alínea 1.2 do Decreto-Lei nº 159/2009, de 13 de julho, o SNC consiste num "modelo de normalização assente mais em princípios do que em regras explícitas e que se pretende em sintonia com as normas internacionais de contabilidade emitidas pelo *International Accounting Standards Board* (IASB) e adotadas na União Europeia (UE), bem como coerente com a Directiva nº 78/660/CEE do Conselho, de 25 de julho de 1978 (Quarta Directiva), e a Directiva nº 83/349/CEE do Conselho, de 13 de junho de 1983 (Sétima Directiva), que constituem os principais instrumentos de harmonização no domínio contabilístico na UE".

[31] Que, de acordo com o artigo 3ª do Decreto-Lei nº 159/2009, de 13 de julho, era obrigatoriamente aplicável às seguintes entidades: a) Sociedades abrangidas pelo Código das Sociedades Comerciais; b) Empresas individuais reguladas pelo Código Comercial; c) Estabelecimentos individuais de responsabilidade limitada; d) Empresas públicas; e) Cooperativas; f) Agrupamentos complementares de empresas e agrupamentos europeus de interesse económico

[32] Adotadas nos termos do artigo 3º do Regulamento (CE) nº 1606/2002, do Parlamento Europeu e do Conselho, de 19 de julho. De acordo com o artigo 4ª do Decreto-Lei nº 159/2009, de 13 de julho, seriam aplicadas de forma obrigatória nas contas consolidadas

ravam a compatibilidade do ordenamento contabilístico nacional com as normas internacionais de contabilidade. Se por um lado o a lei nacional prevê e permite uma remissão direta, para os casos indicados, para as NIC conforme adotadas nos termos do artigo 3º do Regulamento (CE) nº 1606/2002, do Parlamento Europeu e do Conselho, de 19 de julho, nos demais casos é aplicado o normativo contabilístico português, nomeadamente as normas incluídas no SNC que resultam da adaptação das NIC, vigentes antes da data de aprovação do SNC[33], às características e necessidades específicas do tecido empresarial português e que se materializaram nas normas contabilísticas e de relato financeiro (NCRF).

2. A relação entre a tributação do rendimento das empresas e a contabilidade em portugal

2.1 Relação entre o resultado contabilístico e o lucro tributável

A existência de uma relação clara entre tributação e contabilidade é hoje pacificamente aceite pela doutrina. No entanto, não existe um consenso sobre o nível ótimo de relação entre estas duas realidades.

Conforme referimos anteriormente, de um dos lados do espectro encontramos autores que defendem que a determinação da base tributável deve assentar em "regras e não em princípios como as previstas pelo IAS/IFRS, para proporcionar a segurança jurídica que é crucial para as questões fiscais" e que as normas fiscais devem ser "mais estáveis do que as normas IFRS para que a base fiscal possa ser de alguma forma mais previsível e o governo possa ter uma previsão do que será a receita fiscal" (Martinez, 2019, p. 134). Esta corrente doutrinal assenta em larga medida na tradição iniciada com a decisão do Supremo Tribunal dos

das entidades cujos valores mobiliários estejam admitidos à negociação num mercado regulamentado (e nas contas individuais e opcionalmente nas contas consolidadas das entidades Portuguesas que exerçam essa opção, desde que as suas demonstrações financeiras sejam objeto de certificação legal das contas. Da mesma forma as entidades incluídas em grupos que apresentem as suas contas consolidadas de acordo com este artigo 4ª do Decreto-Lei nº 159/2009, de 13 de julho poderão igualmente optar por apresentar as suas contas individuais de acordo com as NIC ficando as suas demonstrações financeiras sujeitas a certificação legal das contas.

[33] E posteriormente atualizadas em 2015 pelo Decreto-Lei 98/2015, de 2 de junho.

Estados Unidos no caso *Thor Power Tool Company v Commissioner* 439 U.S. 52 (1979) que defende que "o objetivo principal da contabilidade financeira é o de fornecer informações úteis à administração, acionistas, credores e outros interessados" e "o objetivo principal do sistema do imposto sobre o rendimento, em contraste, é a cobrança equitativa de impostos (...) Dada esta diversidade, mesmo contrária, de objetivos, qualquer equivalência presumida entre a fiscalidade e a contabilidade financeira seria inaceitável". Consequentemente, a contabilidade financeira não poderia ser utilizada para fins fiscais, tendo assim de ser adotado um modelo de autonomia[34] ou *monorail*[35].

Embora esta visão ainda esteja presente em algumas jurisdições, não é a mais prevalente na atualidade. Analisando a relação de custo-benefício da convergência entre a as regras de apuramento do resultado tributável e a contabilidade, os ordenamentos foram notando que a dissociação entre a contabilidade (utilizada para prestação de contas e geralmente sujeita a controlo externo sobre a sua fiabilidade) e a base tributável implicava um aumento significativo de custos de *compliance* fiscal e aumentava a incerteza sobre a qualidade da informação usada pela Administração Tributária para apurar o lucro tributável[36]. Tal como referido por Aguiar, "se, para certificar os factos económicos apresentados na declaração fiscal, a administração fiscal tivesse de examinar todos os documentos comprovativos contabilísticos, isso transformar-se-ia numa tarefa tão pesada que tornaria praticamente impossível a tributação das empresas" (Aguiar, Do commercial accounts and the tax base have to be aligned?, 2011, p. 4) tornando esta tarefa numa atividade "inviável, onerosa e de complexidade excessiva" (Tavares, 1999, p. 50). Da mesma forma esta dissocia-

[34] Seguindo a classificação proposta por Tavares (1999, p. 50).

[35] Seguindo a classificação de Mastellone (2011, p. 241).

[36] Esta ligação formal permite às empresas reduzir os custos de *compliance* decorrentes da necessidade de preparar um conjunto separado de contas e permite às autoridades fiscais uma base mais fiável e objetiva para a determinação do rendimento tributável (tendo em conta os requisitos de fiabilidade da informação financeira anual preparada para efeitos de prestação de contas as quais, em diversos casos, são ainda sujeitas a auditoria externa por um Revisor Oficial de Contas) do que a verificação autónoma de toda a documentação comprovativa (que seria exigida num sistema autónomo de cálculo do rendimento tributável).

ção completa poderia levar a um aumento dos casos de *tax sheltering*, com os contribuintes a maximizarem os rendimentos contabilísticos (para melhorarem a sua imagem perante os acionistas e terceiros) e reduzirem os rendimentos para efeitos de apuramento da sua base tributável (Whitaker, 2006). Para além destes aspetos práticos, a doutrina começou igualmente a questionar as bases sobre as quais assentavam as propostas de separação (Ferreira, 1997). Desta forma os países e decisores políticos foram gradualmente considerando vantajoso promover esta ligação formal entre a contabilidade e as regras de apuramento do resultado tributável[37]. Desta forma, os modelos de dependência[38] ou de *single track*[39] foram assumindo algum protagonismo em vários ordenamentos jurídicos.

Apesar da preponderância do modelo da dependência, muitos legisladores foram sensíveis aos alertas que lançados por alguma doutrinam que considerava existirem áreas[40] em que se deveriam incluir cláusulas de salvaguarda na legislação fiscal (a qual não aceitaria, de forma imediata, a normas contabilística[41]). Isto deveria ocorrer particularmente nas áreas "em que os interesses fiscais estabelecessem uma descolagem face aos suportes contabilísticos (...) na justa medida dessas divergências" (Tavares, 1999, p. 52). Esta preocupação levou à identificação de uma terceira tipologia de relação entre o resultado contabilístico e o lucro tributável de acordo com o qual o lucro tributável é baseado no resultado apurado nos

[37] Como referido por Aguiar, "quando falamos de uma ligação formal entre o rendimento tributável e as contas anuais, referimo-nos a uma norma fiscal legal, através da qual a qualificação e os juízos de valor feitos nas contas aprovadas para fins de prestação de contas são relevantes para fins fiscais, a menos que se decida em contrário por uma disposição de direito fiscal" (Aguiar, Do commercial accounts and the tax base have to be aligned?, 2011, p. 3).

[38] Seguindo a classificação proposta por Tavares (1999, p. 51).

[39] Seguindo a classificação de Mastellone (2011, p. 241).

[40] Nomeadamente áreas de maior subjetividade, complexidade ou incerteza na aplicação das normas contabilísticas que, sendo baseadas em princípios (em oposição à abordagem normativa e prescritiva tradicionalmente seguida no direito fiscal) poderiam introduzir uma volatilidade indesejada nos processos de avaliação fiscal.

[41] Conforme defendido pelo Relatório do Grupo de Trabalho criado por despacho de 23 de janeiro de 2006 do Secretário de Estado dos Assuntos Fiscais sobre o "Impacto Fiscal da Adoção das Normas Internacionais de Contabilidade", (Centro de Estudos Fiscais, 2006, p. 99).

termos das regras contabilísticas, sendo depois sujeito a correções extracontabilísticas determinadas pela legislação fiscal. Esta terceira tipologia é usualmente denominada de modelo de dependência parcial[42].

2.2 Delimitação constitucional da tributação das empresas em Portugal

O artigo 103ª da Constituição da República Portuguesa[43] requer a implementação de um sistema fiscal que vise "a satisfação das necessidades financeiras do Estado e de outras entidades públicas e uma repartição justa dos rendimentos e da riqueza"[44]. No entanto, para além de definir os moldes gerais do sistema de tributação, o artigo 104º da Constituição introduz ainda linhas orientadoras específicas para a tributação o rendimento pessoal, tributação das empresas, tributação do património e tributação do consumo.

No que concerne à tributação das empresas estas linhas orientadoras requerem uma ligação próxima entre a tributação das empresas e o seu rendimento real. Esta ligação está explicitamente prevista no nº2 do artigo 104º da Constituição da República Portuguesa que dispõe que, no que concerne aos impostos sobre o rendimento das empresas[45], este "incide fundamentalmente sobre o seu rendimento real"[46]. Esta tributa-

[42] Seguindo a classificação proposta por Tavares (1999, p. 51).

[43] Publicado no Diário da República nº 86/1976, Série I de 10 de abril 1976.

[44] Estando ainda previsto, neste artigo, que os impostos devem ser criados por lei e de acordo com esta (princípio da legalidade tributária) e não poderão ter natureza retroativa.

[45] De acordo com Basto (2001, p. 7) o conceito de empresa pode ser entendido em sentido lato, abarcando "tanto a tributação das empresas individuais como a das empresas societárias (e outras pessoas coletivas que exerçam atividade económica".

[46] Esta redação introduzida pela constituição de 1976 representa uma evolução face à Constituição de 1933 que, no que concerne a impostos, dado que esta última apenas introduzia uma obrigação de "contribuir, conforme os seus haveres, para os encargos públicos". Tal redação tem vindo a influenciar a interpretação que a doutrina tem feito do alcance da imposição constitucional da tributação de acordo com o rendimento real uma vez que, de acordo com Basto "o conceito de tributação do rendimento real só se alcança bem quando confrontado com o conceito e o princípio que lhe é oposto, o da tributação do rendimento normal" (Basto, 2001, p. 9). Esta interpretação também é acolhida por Nabais que nos indica que esta imposição, introduzida na "constituição fiscal" mostra uma clara intenção de marcar uma rotura com o sistema fiscal anterior e excluir "a regra

ção pelo lucro real representa assim uma "explicitação constitucional dos princípios da capacidade contributiva e da igualdade fiscal, os quais, como é fácil de ver, serão observados ao seu mais elevado nível se a tributação do rendimento empresarial incidir sobre o seu rendimento real" (Nabais, 2015, p. 144). Desta forma, a regra geral da tributação do rendimento das empresas passou a ser, "por exigência constitucional o seu rendimento real, isto é, o rendimento relevado pela contabilidade" (Nabais, 2015, p. 147). Isto porque a contabilidade "constitui o melhor instrumento ao serviço dos ordenamentos tributários para colocar a Administração Fiscal em contacto com a realidade económica".

Esta exigência constitucional não implicou, contudo, uma automática e total obrigação da legislação fiscal em acolher irrestritamente o rendimento apurado pela contabilidade. Na verdade, e como defende Nabais este princípio pretende "recortar e estabelecer os contornos do sistema fiscal" e apresentar "um programa que não tem de se concretizar de uma só vez" mas gradualmente (Nabais, 2015, p. 145), ainda para mais tendo em consideração a realidade económica nacional (com um tecido muito marcado por pequenas e médias empresas) e o estádio de desenvolvimento da economia nacional. Este facto apresenta-se claro na própria letra da Constituição tendo em consideração a expressão inclusão do advérbio de modo "fundamentalmente" o qual permite alguma flexibilidade ao legislador para introduzir exceções a esta regra desde que devidamente justificadas (Nabais, 2015, p. 147)[47]. É nesta flexibilidade que se ancoram também as normalizações ou desvios ao modelo que são introduzidos pelo legislador fiscal "destinadas a uniformizar os procedimentos de apuramento e a prevenir evasões", sendo a sua admissibilidade suportada no objetivo de "moderar o alcance da garantia da tributação do

da tributação pelo rendimento normal, um modelo com grande tradição no direito fiscal português" (Nabais, 2015, p. 146).

[47] No entanto, estes desvios não podem assumir uma magnitude tal que implique que as "empresas que tenham todas as condições para revelarem o seu rendimento real, mormente porque estão sujeitas ou porque optaram pela contabilidade organizada e disponham desta em termos aceitáveis para a administração fiscal, venham a ser tributadas não por essa medida do rendimento, mas pela medida apurada pela administração a partir de outras realidades e outros elementos" sem "nenhum motivo ou fundamento se vislumbra que possa suportar essa exceção" (Nabais, 2015, p. 147).

rendimento real, em operações particulares, onde podem ser postos em causa o cumprimento do espírito do sistema fiscal, através de manobras de elisão fiscal interna e internacional" (Basto, 2001, p. 12).

2.3 Modelo de dependência parcial em Portugal

Em Portugal a tributação pelo rendimento real esteve sempre ancorada à contabilidade (Aguiar & Tormenta, 2016, p. 169). No entanto, a definição de rendimento acolhida pelo CIRC assenta no rendimento-acréscimo, assentando não apenas no resultado líquido contabilístico, mas igualmente nas demais variações patrimoniais[48] excluindo, contudo, algumas variações patrimoniais ocorridas com detentores dos capitais próprios[49]. O conceito fiscal de rendimento (tal como acolhido pelo CIRC) aproxima-se assim do conceito de rendimento integral determinado pelas normas contabilísticas[50] e representa o acolhimento pelo legislador da teoria do incremento patrimonial (Sanches, 2007, p. 217).

Para efeitos fiscais, e nos termos do nº1 artigo 17º do CIRC "o lucro tributável das pessoas coletivas (...) é constituído pela soma algébrica do resultado líquido do período e das variações patrimoniais positivas e negativas verificadas no mesmo período e não refletidas naquele resultado, determinados com base na contabilidade e eventualmente corrigi-

[48] De acordo com o artigo 3º do CIRC.

[49] De acordo com o a alínea b), do nº1, do artigo 21º do CIRC devem ser excluídos do resultado tributável "as entradas de capital, incluindo os prémios de emissão de ações ou quotas, as coberturas de prejuízos, a qualquer título, feitas pelos titulares do capital, bem como outras variações patrimoniais positivas que decorram de operações sobre ações, quotas e outros instrumentos de capital próprio da entidade emitente, incluindo as que resultem da atribuição de instrumentos financeiros derivados que devam ser reconhecidos como instrumentos de capital próprio". Da mesma forma, a alínea c) do nº1 do artigo 24ª do CIRC considera que devem ser excluídos do resultado tributável "as saídas, em dinheiro ou em espécie, em favor dos titulares do capital, a título de remuneração ou de redução do mesmo, ou de partilha do património, bem como outras variações patrimoniais negativas que decorram de operações sobre ações, quotas e outros instrumentos de capital próprio da entidade emitente ou da sua reclassificação".

[50] Que, de acordo o parágrafo 7 da Norma Internacional de Contabilidade 1, incorpora "a alteração no capital próprio durante um período resultante de transações e outros acontecimentos, que não sejam alterações resultantes de transações com proprietários na sua qualidade de proprietários".

dos nos termos deste Código". Esta relação foi reafirmada no Decreto-Lei 159/2009, de 13 de julho onde se reconheceu a relevância da manutenção de uma "estreita ligação entre contabilidade e fiscalidade, que se afigura como um elemento essencial para a minimização dos custos de contexto que impendem sobre os agentes económicos". Desta forma, a manutenção do modelo de dependência parcial "determina, desde logo, que, sempre que não estejam estabelecidas regras fiscais próprias, se verifica o acolhimento do tratamento contabilístico decorrente das novas normas"[51]. Assim, e apesar da proximidade de conceitos, o acolhimento das regras contabilísticas na determinação do lucro tributável não é total.

A primeira componente desta relação de dependência parcial é então a consideração do resultado líquido do período e das variações patrimoniais negativas e positivas determinadas pela contabilidade. Este resultado e variações patrimoniais contabilísticas é apurado com base nas "declarações do contribuinte nos termos previstos da lei"[52], bem como nos dados e nos apuramentos inscritos na sua contabilidade ou escrita, quando estas estiverem organizadas de acordo com a legislação comercial e fiscal, sem prejuízo dos demais requisitos de que depende a dedutibilidade de gastos"[53].

Esta relação de dependência vincula não só o legislador, mas também o contribuinte. Se do lado do legislador esta dependência significa que, não poderão ser impostos desvios discricionários à determinação da base tributável sempre que o contribuinte possua contabilidade organizada e a mesma seja fiável,[54] do lado do contribuinte tal implica que as opções

[51] De acordo com o preâmbulo do Decreto-Lei 159/2009.

[52] Nomeadamente as determinadas no nº3 do artigo 17º do CIRC e no artigo 127º do CIRC.

[53] Nº 1 do artigo 75º da Lei Geral Tributária, aprovada pelo Decreto-Lei nº 398/98, de 12 de dezembro.

[54] Sendo a tributação por métodos indiciários ou pelo rendimento normal uma exceção a esta regra que só poderá ser aplicada em caso de opção expressa do contribuinte (no caso do regime simplificado de IRC proposto para as mico-entidades de acordo com o artigo 81ª A e Bª do CIRC) ou em caso de impossibilidade de determinação direta e exata da matéria tributável conforme disposto no artigo 88º da Lei Geral Tributária (nomeadamente nos casos e inexistência, insuficiência ou irregularidade dos elementos de contabilidade, recusa de exibição de contabilidade e dos demais documentos de suporte, existência de diversas

efetuadas ao abrigo do normativo contabilístico são, caso não sejam derrogados por regra fiscal, vinculativas para efeitos fiscais.

Não obstante esta relação de dependência, o legislador fiscal decidiu repetir e precisar alguns conceitos centrais do apuramento do resultado tributável no CIRC. Desta forma, no nº 1 artigo 20º do CIRC, o legislador apresenta o conceito de rendimentos e ganhos acolhido pelo CIRC[55] adjuvado por uma lista (não extensiva) de exemplos. Por seu turno, no nº 1 do artigo 23º o legislador apresenta o conceito de gastos e perdas ganhos acolhido pelo CIRC[56] adjuvado por uma lista (não extensiva) de exemplos[57].

A segunda componente desta relação é a inclusão de correções extracontabilísticas, as quais têm de decorrer de uma norma fiscal que o determine de modo explícito, e ser restrito a áreas em áreas em que o legislador entenda que o interesse fiscal não é devidamente salvaguardado pelas regras contabilísticas (Tavares, 1999, p. 58). Estas áreas são as resultantes das "divergências entre o património gerador de resultado contabilístico e o que molda o resultado tributável (pela influência das regras de territorialidade do imposto, da transparência fiscal), a exigência de certeza e simplicidade da norma tributária, e por fim a prevenção e repressão da fuga e evasão fiscal" assim como pelo "prisma extrafiscal" de "encaminhamento da economia por submissão a vetores de política geral" (Tavares, 1999, p. 58).

De forma a melhor compreender o enquadramento das diferenças promovidas pelo CIRC iremos brevemente analisar no próximo capítulo os principais desvios entre o resultado contabilístico e o lucro tributável em Portugal.

contabilidades e existência de discrepâncias relevantes entre a capacidade contributiva identificada e a declarada).

[55] Consideram-se rendimentos e ganhos os resultantes de operações de qualquer natureza, em consequência de uma ação normal ou ocasional, básica ou meramente acessória.

[56] São dedutíveis todos os gastos e perdas incorridos ou suportados pelo sujeito passivo para obter ou garantir os rendimentos sujeitos a IR

[57] Sendo elencadas nos artigos 21º e 24º do CIRC, as variações patrimoniais positivas e negativas que concorrem para a determinação do lucro tributável.

3. Do resultado contabilístico ao resultado tributável – principais divergências

De acordo com o artigo 16º do CIRC "a matéria coletável é, em regra, determinada com base em declaração do sujeito passivo, sem prejuízo do seu controlo pela administração fiscal" e, na falta desta declaração, pela Direção-Geral dos Impostos.

A declaração a que se refere o supracitado artigo 16º CIRC é a declaração anual de rendimentos (Modelo 22), a qual compreende tanto o resultado contabilístico como as correções extracontabilísticas realizadas, de acordo com a lei fiscal, para o apuramento do resultado tributável. Tais correções são operacionalizadas através do "quadro 07".

Não obstante a diversidade de ajustamentos propostos ao resultado contabilístico pela lei fiscal[58] as mesmas estão concentradas num número mais reduzido de ajustamentos relacionados com áreas de maior subjetividade ou onde são percecionados maior risco de abuso.

Para melhor compreender a natureza das principais diferenças, extraímos – a partir da informação estatística publicada pela Administração Tributária – os dados relativos apuramento do resultado tributável das pessoas que tenham apresentado declarações de rendimentos (Modelo 22) entre os anos de 2017 e 2019 que agrupamos nos seguintes grandes grupos:

TABELA 1 – Apuramento do Lucro Tributável
(Quadro 07 da D.R. Modelo 22) como reportado pela Administração Tributária[59]

Milhões de Euros

Descrição	Secção	Legislação Relevante	2017	2018	2019
Resultado Contabilístico	3.1.		22 868	24 821	23 400
Impostos sobre o rendimento		artº 23º-A, nº 1, al. a) do CIRC	5 232	6 634	6 307

[58] A título ilustrativo, a tabela de apuramento do lucro tributável constante do Modelo 22 possui 78 linhas, a quase totalidade das mesmas resultante de correções ao lucro contabilístico previstas pelo CIRC e legislação conexa.

[59] Compilação efetuada tendo por base os dados disponibilizados pela AT retirados, em

Descrição	Secção	Legislação Relevante	2017	2018	2019
Resultados antes de impostos			28 100	31 455	29 707
Outras variações patrimoniais (que não decorrem do resultado)	3.1.	artº 24º, artº 21º e artº 22º nº 1, al. b) a al. d)	-669	-1 372	-460
Dupla Tributação	4.1.	artºs 51º e 51º-D do CIRC	-8 246	-8 987	-8 474
Método de equivalência patrimonial	4.2.1	artº 18º, nº 8 do CIRC	-3 787	-5 098	-3 357
Justo Valor	4.2.2	artº 18º, nº 9 do CIRC	-708	-877	261
Provisões	4.3.1	artºs 19º, nº 4 e 39º do CIRC	1 923	1 677	1 277
Imparidades/Reversões não aceites e imparidades tributadas em exercícios anteriores	4.3.2	artº 28º, 28º-A e 28º-C do CIRC	-555	-2 082	-1 005
Depreciações, Amortizações e Imparidades de ativos não correntes não aceites como gastos	4.3.3	artº 20º. do D.R. 25/2009, artº 31º-B e artº 34 do CIRC	1 831	1 893	1 875
Mais ou menos valias	4.4	artº 46 e artº 48º, nº 1) do CIRC	-2 267	-2 392	-2 460
Gastos de Financiamento Líquidos	4.5	artº 67º do CIRC	1 143	1 126	1 102
Outros			1 149	797	607
Resultado Tributável	**4.6**		**17 914**	**16 140**	**19 073**

Para melhor compreender a natureza das principais correções identificadas[60] iremos, de seguida, analisar brevemente o seu enquadramento

30 de agosto de 2021 na seguinte página: https://info.portaldasfinancas.gov.pt/pt/dgci/divulgacao/estatisticas/estatisticas_ir/Pages/Estatisticas_IRC.aspx.

[60] Para além da incorporação das variações patrimoniais (3.1) e da natural não-dedutibilidade para efeitos fiscais das variações patrimoniais decorrentes do próprio imposto sobre o rendimento (alínea d) do nº1 do artigo 21º do CIRC e alínea e) do nº1 do artigo 24º do CIRC).

das mesmas ao abrigo do CIRC. A análise apresentada não pretende ser exaustiva enfocar-se-á nas principais áreas geradoras de diferença entre a contabilidade e as regras de apuramento do resultado tributável. Analisaremos as seguintes categorias: (i) eliminação da dupla tributação; (ii) periodização do resultado tributável; (iii) limites à dedutibilidade de gastos para efeitos fiscais; (iv) mais e menos valias e (v) reporte de prejuízos fiscais.

3.1 Eliminação da dupla tributação

A distribuição de resultados e das reservas por parte das empresas aos seus acionistas pode gerar, na ausência de um mecanismo adequado de reporte, uma dupla tributação do rendimento. Na verdade, o lucro distribuído em forma de dividendos apresenta-se já tributado, em sede de IRC, incidente sobre o rendimento gerado na esfera da sociedade que distribui esses lucros[61]. Tal lucro, será posteriormente e novamente tributado, destarte no seio da entidade que os recebe.

Dadas as consequências negativas geradas pela dupla tributação, o legislador considerou adequada a introdução de um mecanismo que permitisse a sua eliminação ou mitigação[62]. O artigo 51º do CIRC introduz

[61] No caso dos investimentos mensurados de acordo com o método de equivalência patrimonial.

[62] Nomeadamente caso "a) [o] sujeito passivo detenha direta ou direta e indiretamente, nos termos do nº 6 do artigo 69º, uma participação não inferior a 10 % do capital social ou dos direitos de voto da entidade que distribui os lucros ou reservas; b) A participação referida no número anterior tenha sido detida, de modo ininterrupto, durante o ano anterior à distribuição ou, se detida há menos tempo, seja mantida durante o tempo necessário para completar aquele período; c) O sujeito passivo não seja abrangido pelo regime da transparência fiscal previsto no artigo 6º; d) A entidade que distribui os lucros ou reservas esteja sujeita e não isenta de IRC, do imposto referido no artigo 7º, de um imposto referido no artigo 2º da Diretiva nº 2011/96/UE, do Conselho, de 30 de novembro, ou de um imposto de natureza idêntica ou similar ao IRC e a taxa legal aplicável à entidade não seja inferior a 60 % da taxa do IRC prevista no nº 1 do artigo 87º; e) A entidade que distribui os lucros ou reservas não tenha residência ou domicílio em país, território ou região sujeito a um regime fiscal claramente mais favorável constante de lista aprovada por portaria do membro do Governo responsável pela área das finanças."

assim um regime de *participation exemption* de cariz universal, isentando de imposto os lucros recebidos, verificadas algumas condições[63].

Por outro lado, o nº1 do artigo 51º-C do CIRC[64], dispõe igualmente que as mais-valias e menos-valias realizadas mediante transmissão onerosa de partes sociais detidas ininterruptamente por um período não inferior a um ano (mais e menos-valias realizadas com a transmissão de outros instrumentos de capital próprio associados às partes sociais aí referidas, designadamente prestações suplementares)[65], não concorrem para a determinação do resultado tributável dos sujeitos passivos de IRC com sede ou direção efetiva em território português. Esta regra fiscal apresenta-se assim como um desvio das regras contabilísticas tenho em conta que existirá neste caso uma variação patrimonial da contabilidade que não será considerada como resultado tributável da mesma.

3.2 Periodização do resultado tributável

De acordo com o nº1 do artigo 18º do CIRC os rendimentos e gastos para efeitos fiscais aderem, de uma forma geral, ao princípio contabilístico da especialização de exercícios sendo "imputáveis ao período de tributação em que sejam obtidos ou suportados, independentemente do seu recebimento ou pagamento, de acordo com o regime de periodização económica". Desta forma apenas serão aceitáveis as componentes positivas ou negativas respeitantes a período de tributação anteriores quando, na data de encerramento de contas, as mesmas fossem imprevisíveis ou desconhecidas. Desta forma e considerando a regra geral, não deveriam existir desvios relevantes neste âmbito entre a determinação do resultado contabilístico e a determinação do resultado tributável. No entanto, como verificamos na Tabela 1, existem vários desvios a este princípio geral, pre-

[63] Em alternativa ao método de crédito de imposto, em que os lucros distribuídos são imputados ao lucro tributável da sociedade que deles beneficia permitindo-se à coleta do imposto que incidiu sobre o mesmo rendimento a montante (Pires, 1984). Caso os sujeitos passivos não reúnam os requisitos para beneficiar deste regime no que concerne aos lucros e reservas de rendimentos provenientes do estrangeiro, poderão ainda, nas condições indicadas no artigo 91º e 91º-A do CIRC, aceder a um crédito de imposto por dupla tributação económica internacional.

[64] Com as excepções previstas no artigo 51º-C do CIRC.

[65] E que cumpram os requisitos das alíneas a), c) e e) do nº1 do artigo 51 do CIRC.

vistos essencialmente no artigo 18º do CIRC, que levam à identificação de alguns ajustamentos para efeitos fiscais ao resultado apurado de acordo com as regras contabilísticas. Pela sua relevância analisaremos os dois mais relevantes (conforme análise da Tabela 1) em que as regras fiscais introduzem desvios a este princípio da especialização dos exercícios.

a) Método de equivalência patrimonial

De acordo com o normativo contabilístico português (SNC) a empresa deve mensurar o investimento numa associada[66] (NCRF 13[67]), numa subsidiária[68] (NCRF 15[69]) e num empreendimento conjuntamente controlado (NCRF 13[70]) de acordo com o método de equivalência patrimonial[71]. Desta forma, as demonstrações financeiras do investidor são ajustadas em função das alterações verificadas, após a aquisição, na sua quota-parte nos ativos líquidos da investida ou da entidade conjuntamente controlada que, de uma forma geral, se vai apropriando dos resultados e variações patrimoniais da sua participada independentemente da existência de dividendos ou outros fluxos monetários associados com a participação.

[66] Que, de acordo com a NCRF 13 é uma entidade sobre a qual o investidor exerce influência significativa.

[67] Interesses em empreendimentos conjuntos e investimentos em associadas. Em alguns casos (descritos na NCRF 13) os interesses em empreendimentos conjuntos poderão ser mensurados, nas contas individuais do investidor, de acordo com o método de equivalência patrimonial.

[68] Que, de acordo com a NCRF 13 é uma entidade sobre a qual o investidor exerce o controlo. O interesse em subsidiárias é mensurado nas contas individuais do investidor de acordo com o método de equivalência patrimonial.

[69] Investimentos em subsidiárias e consolidação.

[70] De acordo com os casos descritos na NCRF 13 os interesses em empreendimentos conjuntos poderão ser mensurados de acordo com o método de equivalência patrimonial.

[71] De acordo com a NCRF 13, o método de equivalência patrimonial "é um método de contabilização pelo qual o investimento ou interesse é inicialmente reconhecido pelo custo e posteriormente ajustado em função das alterações verificadas, após a aquisição, na quota-parte do investidor ou do empreendedor nos ativos líquidos da investida ou da entidade conjuntamente controlada". Os resultados do investidor ou empreendedor incluem a parte que lhe corresponda nos resultados da investida ou da entidade conjuntamente controlada.

No que concerne ao tratamento fiscal, o nº 8 do artigo 18º do CIRC indica que as variações patrimoniais (resultados e outras variações nos capitais próprios) decorrentes da aplicação do método de equivalência proporcional ou método de consolidação proporcional, "não concorrem para a determinação do lucro tributável, devendo os rendimentos provenientes dos lucros distribuídos ser imputados ao período de tributação em que se adquire o direito aos mesmos". Desta forma existe neste âmbito um desvio ao princípio da especialização dos exercícios para efeitos fiscais uma vez que as variações patrimoniais observadas apenas serão relevadas para efeitos fiscais quando forem realizadas[72].

b) Variações decorrentes da aplicação do justo valor

De acordo com as NCRF[73] justo valor é definido como "a quantia pela qual um ativo pode ser trocado ou um passivo liquidado, entre partes conhecedoras e dispostas a isso, numa transação em que não exista relacionamento entre elas". Esta definição é em tudo similar à aplicada pelas IFRS que nos indica na IFRS 13 que o justo valor é "o preço que seria recebido pela venda de um ativo ou pago para transferir um passivo numa transação ordenada entre participantes no mercado à data da mensuração". Apesar do papel central que o custo histórico ainda assume no

[72] Apesar de estar enquadrado num artigo denominado como periodização do lucro tributável, este ajustamento pode não levar necessariamente à existência de tributação quando estes lucros sejam colocados à disposição da empresa, considerando a existência da isenção prevista no artigo 51ª do CIRC. Desta forma é comum em Portugal a não consideração desta correção como uma diferença temporária geradora de impostos diferidos. De notar que este diferimento da apropriação dos resultados para o momento da sua realização não eleva apenas para efeitos fiscais tendo sido também introduzidas restrições na legislação comercial relativamente à eventual distribuição das variações patrimoniais positivas decorrentes da aplicação do método de equivalência patrimonial aos acionistas. Esta restrição está prevista no artigo 32º do Código das Sociedades Comerciais (aprovado pelo Decreto-Lei 262/86 de 2 de setembro de 1986) que dispõe que "os rendimentos e outras variações patrimoniais positivas reconhecidos em consequência da utilização do método da equivalência patrimonial, nos termos das normas contabilísticas e de relato financeiro, apenas relevam para poderem ser distribuídos aos sócios, nos termos a que se refere o nº 1, quando sejam realizados

[73] Estando esta definição prevista em várias NCRF, conforme aviso 15655/2009 e aviso 8256/2015.

sistema contabilístico português[74] o justo valor assume uma relevância transversal e crescente no SNC estando presente em várias NCRC[75], afetando assim a situação patrimonial de muitas das empresas portuguesas.

Em termos do direito fiscal, o nº9 artigo 18º do CIRC, determina não serem aceites na determinação do resultado tributável as variações decorrentes da consideração do justo valor, que são apenas considerados para efeitos fiscais quando os bens em questão sejam "alienados, exercidos, extintos ou liquidados"[76]. Em nosso entender, esta regra justifica-se com a precaução do legislador fiscal a potencial volatilidade decorrente da adoção do justo valor para a receita fiscal (ainda para mais quando esta decorresse de mensuração com maior subjetividade[77])

A esta regra geral, foram incluídas duas exceções (decorrentes do esforço de aproximação do direito fiscal e das regras de apuramento do

[74] De acordo com o § 99 da estrutura conceptual do SNC "a base de mensuração geralmente adotada pelas entidades ao preparar as suas demonstrações financeiras é o custo histórico".

[75] Estando presente, entre outras, na NCRF 5 ("Partes Relacionadas"), NCRF 6 ("Ativos Intangíveis"), NCRF 7 ("Ativos Tangíveis"), NCRF 8 ("Ativos não Correntes detidos para Venda"), NCRF 11 ("Propriedades de Investimento"), NCRF 14 ("Concentração de Atividades Empresariais"), NCRF 17 ("Agricultura"), NCRF 18 ("Inventários"), NCRF 20 ("Rédito"), NCRF 21 ("Provisões, Ativos e Passivos Contingentes"), NCRF 23 ("Efeitos da Alteração de Taxas de Câmbio"), NCRF 27 ("Instrumentos Financeiros"), e na NCRF 28 ("Benefícios de Empregados").

[76] De acordo com o nº 9 do artigo 18 do CIRC, "os ajustamentos decorrentes da aplicação do justo valor não concorrem para a formação do lucro tributável, sendo imputados como rendimentos ou gastos no período de tributação em que os elementos ou direitos que lhes deram origem sejam alienados, exercidos". Da mesma forma e no que concerne as variações patrimoniais decorrentes das mais e menos-valias potenciais ou latentes, a alínea b) do nº1 do artigo 21º e alínea c) do nº1 do artigo 24º dispõe que as mesmas serão excluídas do lucro tributável ainda que expressas na contabilidade. Nestas mais e menos valias estão incluídas as reservas de reavaliação que, ao abrigo de legislação fiscal, que apenas se materialização no momento da sua realização.

[77] Conforme recomendado pelo grupo de trabalho formado em 2006 para analisar "Impacto Fiscal da Adoção das Normas Internacionais de Contabilidade criado pelo Despacho nº 2575/2006 do Secretário de Estado dos Assuntos Fiscais (SEAF), publicado no Diário da República, II Série, nº 24, de 2 de fevereiro de 2006.

resultado tributável contabilidade).[78] Ambas, em áreas em que as variações de justo valor afetem resultados e em que a subjetividade seja menor.

A primeira encontra-se na alínea a) do nº 9 do artigo 18º do CIRC e refere-se aos instrumentos financeiros reconhecidos pelo justo valor através de resultados na contabilidade. De acordo com esta exceção, as variações patrimoniais contabilísticas relacionadas com estes instrumentos serão aceites para efeitos fiscais. No entanto, e no caso dos instrumentos financeiros reconhecidos pelo justo valor através de resultados relacionados com instrumentos de capital próprio, os mesmos só serão aceites para efeitos fiscais se: (i) corresponderem a participações no capital igual ou inferior a 5% do respetivo capital social, e; (ii) tiverem preço formado num mercado regulamentado. Os demais instrumentos financeiros, que não cumpram com estes requisitos, vêm a admissibilidade das variações patrimoniais para efeitos fiscais remetidos para o momento da sua realização.

A segunda exceção, prevista na alínea b) do número 9º do artigo 18º do CIRC, é uma exceção mais generalista que remete para todas as outras situações em que a admissibilidade das variações patrimoniais relacionadas com a aplicação do justo valor seja prevista no código de onde se destacam, entre outros, alguns casos de aplicação do modelo de justo valor: (i) a ativos biológicos (artigo 45-A CIRC); (ii) a instrumentos financeiros derivados (artigo 49º CIRC), ou; (iii) a ativos que estejam a representar provisões técnicas do seguro de vida com participação nos resultados, ou afetos a contratos em que o risco de seguro é suportado pelo tomador de seguro (artigo 50ª CIRC)[79].

[78] Preâmbulo do Decreto-Lei 158/2009 de 13 de junho.

[79] No que concerne à legislação comercial foram igualmente introduzidas restrições à eventual distribuição das variações patrimoniais positivas decorrentes da aplicação do justo valor aos acionistas. Esta restrição está prevista no artigo 32º do CSC que dispõe que "os incrementos decorrentes da aplicação do justo valor através de componentes do capital próprio, incluindo os da sua aplicação através do resultado líquido do exercício, apenas relevam para poderem ser distribuídos aos sócios bens da sociedade (...) quando os elementos ou direitos que lhes deram origem sejam alienados, exercidos, extintos, liquidados ou, também quando se verifique o seu uso, no caso de ativos fixos tangíveis e intangíveis".

3.3 Limites à dedutibilidade de gastos contabilísticos para efeitos fiscais

Como ilustraremos nas seguintes subsecções, algumas deduções de gastos contabilísticos não são aceites para efeitos fiscais. Tal é justificado com uma prevenção de potenciais situações de abuso. Isto porque "a dedução indevida de gastos, pela inerente redução de imposto a pagar (a montante daquela) configura uma situação de abuso de direito, que não pode ser tolerada" (Marques, 2016).

De forma a melhor enquadrar estes ajustamentos iremos analisar de seguida as principais limitações à dedutibilidade de gastos destacados na tabela 1. Notamos que esta lista não é exaustiva, existindo outros ajustamentos promovidos pelo CIRC à dedutibilidade de gastos[80].

a) Provisões

As provisões são reguladas, no normativo contabilístico português pela NCRF 21[81]. De acordo com o §13 da NCRF 21 uma provisão deve ser reconhecida quando uma entidade tenha uma obrigação presente (legal ou construtiva) como resultado de um acontecimento passado, que seja provável que vá gerar um efluxo de recursos na sua liquidação e que possa ser fiavelmente mensurada. Esta é, portanto, uma área em sujeita a diversos julgamentos, os quais podem ter diferentes níveis de subjetividade consoante a natureza da obrigação e/ou a forma de mensuração da mesma. Considerando esta subjetividade na mensuração destes efluxos prováveis ou mesmo na avaliação da sua potencial ocorrência, a área das provisões poderia levar a manipulações ao nível fiscal.

[80] De entre os quais se destacam a não-dedutibilidade de despesas não incorridas para obter ou garantir os rendimentos sujeitos a IRC (nº1 do artigo 23º do CIRC), de despesas não documentadas ou não devidamente documentadas [alínea b) e c) do nº1 do artigo 23º-A do CIRC], despesas ilícitas e multas ou coimas [alíneas d) e e) do nº1 do artigo 23º-A do CIRC], despesas que excedam um determinado limiar de razoabilidade ou cuja ligação com a atividade ou necessidade não esteja devidamente demonstrada [alíneas g) a o) do nº1 do artigo 23º-A do CIRC], os gastos com IRC assim como contribuições extraordinárias e impostos ou taxas que a empresa não esteja obrigada a suportar [alíneas a), p), q) e s) do nº1 do artigo 23º-A do CIRC] e os montantes pagos a entidades residentes em jurisdições com regimes fiscais favoráveis [alínea r) do nº1 do artigo 23º-A do CIRC].

[81] Provisões, passivos contingentes e ativos contingentes.

Na legislação fiscal portuguesa as provisões são essencialmente tratadas no artigo 39º do CIRC o qual elenca as provisões que serão consideradas como aceites (nomeadamente as que decorram de processos judiciais, garantias de vendas ou serviços[82], impostas por reguladores ou associadas com obrigações legais de restauro ambiental). Para as demais perdas decorrentes de provisões, e de modo a proteção a receita fiscal, difere-se a admissibilidade das mesmas até ao momento em que estas efetivamente se materializem.

b) Imparidades em ativos correntes

Imparidade de Inventários

De acordo com a NCRF 18[83], os inventários são ativos detidos para venda no decurso ordinário da atividade da empresa, ou para consumo ou incorporação no processo de produção para venda ou prestação de serviços. De acordo com o §34 da NCRF 18 os inventários serão reconhecidos como gasto quando forem vendidos. No entanto, e de acordo com o §28 da NRCR 18, os inventários deverão ser reduzidos para o valor realizável líquido não devendo ser por isso escriturados por quantias superiores àquelas que previsivelmente resultariam da sua venda ou uso, sendo o ajustamento para o valor realizável líquido reconhecido como um gasto do período em que este ocorra.

Do ponto de vista fiscal, o nº 1 do artigo 28º do CIRC admite apenas a dedutibilidade das perdas por imparidade resultantes da redução do valor dos inventários do seu valor de custo ou de produção ao seu valor realizável líquido, que é determinado pelo preço de venda estimado no decurso normal da atividade[84] deduzido dos custos necessários de acabamento e venda. A leitura do artigo não evidencia grandes diferenças

[82] O montante anual da provisão para garantias a clientes aceite fiscalmente é determinado pela aplicação às vendas e prestações de serviços sujeitas a garantia, efetuadas no período de tributação, de uma percentagem que não pode ser superior à que resulta da proporção entre a soma dos encargos derivados de garantias a clientes efetivamente suportados nos últimos três períodos de tributação e a soma das vendas e prestações de serviços sujeitas a garantia efetuadas nos mesmos períodos.

[83] Inventários.

[84] O CIRC considera como preços de venda os preços constantes de elementos oficiais ou os últimos que, em condições normais, tenham sido praticados pelo sujeito passivo ou

entre as regras contabilísticas de registo de imparidade de inventários e as regras fiscais de admissibilidade destes gastos. No entanto, considerando a necessidade de formalizar e documentar a perda de forma idónea e suscetível de controlo inequívoco, muitas vezes os contribuintes adotam uma perspectiva de prudência deduzindo apenas estas perdas no momento em a perda é efetivamente materializada, dado ser o momento em que a mesma pode ser adequadamente demonstrada.

c) Imparidade de créditos a receber

De acordo com o § 23 da NCRF 27, e à data de cada período de relato financeiro, uma entidade deve avaliar a imparidade de todos os ativos financeiros que não sejam mensurados ao justo valor através de resultados e deve reconhecer uma perda por imparidade na demonstração de resultados caso exista uma evidência objetiva de imparidade[85].

Já para o direito fiscal, e nos termos do artigo 28º-A CIRC, podem ser deduzidas as perdas por imparidade desde que relacionadas com créditos resultantes da atividade normal que possam ser considerados de cobrança duvidosa que sejam evidenciados como tal na contabilidade[86].

ainda os que, no termo do período de tributação, forem correntes no mercado, desde que sejam considerados idóneos ou passiveis de controlo inequívoco.

[85] Nomeadamente, entre outro, a dificuldade financeira do devedor, quebra ou incumprimento contratual, desaparecimento de um mercado ativo para o ativo financeiro, a existência de risco de falência, a necessidade de uma reorganização financeira relevante ou existência de informação observável que leve à identificação de uma perspetiva de diminuição da estimativa dos fluxos futuros esperados de um ativo ou grupo de ativos financeiros.

[86] Assim como as perdas relativas a recibos por cobrar reconhecidas pelas empresas de seguros, e as perdas por imparidade para risco de crédito, em títulos e em outras aplicações, contabilizadas de acordo com as normas contabilísticas e regulamentares aplicáveis, no mesmo período de tributação ou em períodos de tributação anteriores, pelas entidades sujeitas à supervisão do Banco de Portugal e pelas sucursais em Portugal de instituições de crédito e outras instituições financeiras com sede noutro Estado-Membro da União Europeia ou do Espaço Económico Europeu, determinadas de acordo com as normas contabilísticas e regulamentares em vigor. Tais perdas não podem ultrapassar o montante que corresponder ao total da diferença entre a quantia escriturada das aplicações decorrentes da recuperação de créditos resultantes da atividade normal do sujeito passivo e a respetiva quantia recuperável, quando esta for inferior àquela.

Apesar de esta regra geral estar alinhada com as disposições do normativo contabilístico, o artigo 28º-B do CIRC introduz uma restrição a esta dedutibilidade através de uma delimitação fiscal do conceito de "cobrança duvidosa". Neste conceito apenas estão enquadrados os casos em que o devedor tenha um processo de execução, insolvência ou especial de revitalização em curso ou os créditos tenham sido reclamados judicialmente. Adicionalmente, e ainda que nenhuma das condições anteriores se verifique, são ainda considerados créditos de cobrança duvidosa os créditos em mora há mais de seis meses e para os quais exista evidência de esforços de cobrança. No entanto nestes casos a admissibilidade fiscal da dedutibilidade está limitada por um teto máximo de 25% do valor do crédito em mora por cada semestre de antiguidade dos respetivos créditos[87].

d) Depreciações, amortizações e imparidades de ativos não correntes

As regras contabilísticas relativas ao tratamento contabilístico de ativos fixos tangíveis encontram-se previstas na NCRF 7[88], as referentes aos ativos intangíveis previstos na NCRF 6[89] e as referentes às propriedades de investimento na NCRF 11[90]. De acordo com estas normas. estes ativos são inicialmente registados pelo seu custo[91].

[87] Sendo por isso aplicados aos créditos em mora 25 % para créditos em mora há mais de 6 meses e até 12 meses, 50 % para créditos em mora há mais de 12 meses e até 18 meses, 75 % para créditos em mora há mais de 18 meses e até 24 meses e 100 % para créditos em mora há mais de 24 meses. Esta fixação de intervalos de admissibilidade de perdas por imparidade leva geralmente à identificação de diferenças temporárias uma vez que, contabilisticamente, quando são identificados riscos relevantes de recuperabilidade dos saldos devedores ainda em aberto, a perda tende a ser registada pela totalidade do valor considerado não recuperável que não estará, necessariamente, alinhado com os intervalos fiscalmente aceites.

[88] Ativos fixos tangíveis

[89] Ativos intangíveis.

[90] Propriedades de Investimento.

[91] Que inclui, de acordo com o § 17 a NCRF 7, o preço de compra (incluindo direitos de importação e impostos de compra não reembolsáveis), custos diretamente atribuíveis para colocar o ativo no local e em condições de funcionamento assim como a estimativa inicial dos custos de desmantelamento e remoção do item assim como de restauração

Posteriormente os ativos fixos tangíveis poderão ser, de acordo com o §30 da NCRF 7 mensurados pelo modelo do custo (registados pelo custo menos qualquer depreciação[92] ou perda por imparidade acumulada[93]) ou pelo modelo de revalorização (mensurados pelo justo valor à data da revalorização menos qualquer depreciação e perdas por imparidade acumuladas). No que concerne às propriedades de investimento aplica-se um regime similar devendo a entidade selecionar uma política contabilística entre a mensuração subsequente ao custo (registados pelo custo menos qualquer depreciação[94] ou perda por imparidade acumulada) ou do justo valor[95]. Da mesma forma as disposições da NCRF 7 dispõem, no que concerne à mensuração subsequente dos intangíveis, que estes devem ser mensurados pelo modelo de custo[96] ou o modelo de revalorização[97]. No caso dos ativos intangíveis, o adquirente deve avaliar se os ativos adquiridos têm uma vida útil finita (e neste caso deve alocar o montante depreciável de um ativo intangível numa base sistemática ao longo da sua vida útil, desde o momento em que o ativo está disponível para uso[98]) ou indefinida. No caso dos ativos de vida útil indefinida as

do local). No que concerne aos intangíveis os elementos do custo, estes encontram-se previstos no § 24 da NCRF 6.

92 Devendo esta depreciação ser reconhecida em resultados e iniciar a partir do momento em que os bens se encontram disponíveis para uso, sendo reconhecida numa base sistemática que melhor represente o modelo por que se espera que os benefícios económicos do ativo sejam consumidos pela entidade (podendo ser usados métodos como o da linha reta, do saldo decrescente ou das unidades de produção) durante o período de utilidade esperada do ativo para a entidade (vida útil). No valor depreciável dos ativos não são incluídos eventuais valores residuais que se esperam realizar no final da vida útil dos bens. Existem, contudo, alguns ativos (como é o caso da generalidade dos terrenos) que apresentam uma vida útil ilimitada não sendo assim sujeitos a depreciação (NCRF 7 § 59).

93 A registar tendo em conta as disposições da NCRF 12 – Imparidade de ativos.

94 §58 e ss. da NCRF 11.

95 §35 e ss. da NCRF 11.

96 Em que os ativos devem ser mensurados pelo seu custo deduzido de qualquer amortização acumulada e de quaisquer perdas por imparidade acumuladas.

97 Sendo mensurado pelo seu justo valor na data da reavaliação deduzido de qualquer amortização acumulada subsequente e de qualquer perda por imparidade acumulada subsequente.

98 Esta vida útil pode ser influenciada por fatores económicos (que determinam o período durante o qual os benefícios económicos futuros serão recebidos pela entidade) e por

NCRF eram, até 2015, alinhadas com as NIC não sendo assim estes ativos intangíveis amortizados, mas sim sujeitos a testes de imparidade. Desde 2015, e num esforço de simplificação, as NCRF passaram a prever a amortização destes intangíveis numa base sistemática num período máximo de 10 anos[99].

Todos estes bens são, contudo, sujeitos a testes de imparidade de ativos sempre que existam indicadores que existe uma perda de valor associada com o ativo subjacente. A NCRF 12 ("Imparidade de ativos") dispõe assim no seu § 5 que uma entidade deve analisar à data de cada relato se existe uma qualquer indicação de que um ativo possa estar com imparidade[100] e, caso exista, estimar a quantia recuperável do ativo[101]. Desta forma, sempre que a quantia recuperável de um ativo for menor do que a sua quantia escriturada, esta deve ser reduzida para a sua quantia recuperável.

O enquadramento fiscal dos ativos não correntes apresenta-se condensado nos artigos 29º a 34ª do CIRC. Estes artigos têm que, no entanto, ser conjugados com as disposições do Decreto Regulamentar 25/2009, de 14 de setembro, alterado pelo Decreto Regulamentar 4/2015, de 22 de abril conforme remissão prevista no nº 1 do artigo 31º do CIRC. O CIRC restringe não apenas a admissibilidade de determinados métodos de depreciação para efeitos fiscais, sendo desta forma apenas aceites, de acordo com o artigo 30º do CIRC o método da linha reta (método regra) e para alguns ativos o método das quotas decrescentes, mas tam-

eventuais fatores legais que possam restringir o período durante o qual a entidade controla o acesso a esses benefícios (NCRF 6 § 95). Este período de amortização e o método de amortização de um ativo intangível com uma vida útil finita deve ser revisto pelo menos no final de cada exercício financeiro.

[99] No caso de ativos intangíveis com vida útil indefinida até 2015 não era registada qualquer amortização anual sendo, contudo, necessária a realização de testes anuais de imparidade. No entanto, o Decreto-lei 98/2015, de 2 de junho introduziu uma alteração a este nível materializada no § 105 da NCRF 6 uma nova regra que dispõe que um ativo intangível com uma vida útil indefinida deve ser amortizado num período máximo de 10 anos.

[100] Devendo esta análise considerar não apenas fontes externas e de mercado, mas também fontes internas, relacionadas com a atividade da empresa.

[101] Independentemente de existir ou não uma qualquer indicação de imparidade, uma entidade deve também testar anualmente a imparidade de um ativo intangível ainda que não disponível para uso, comparando a sua quantia escriturada com a sua quantia recuperável.

bém a vida útil aceite (que não é a vida útil determinada de acordo com as regras contabilísticas, mas também limita a determinação da vida útil para efeitos fiscais (que fica limitada à aplicação das taxas determinadas pelo Decreto-Regulamentar 25/2009 de 14 de Setembro)[102]. Podem, contudo, ser aplicados métodos de depreciação e amortização diferentes desde que os mesmos sejam justificados e previamente aprovados pela Administração Tributária.

Esta fixação de taxas presumidas de depreciação para efeitos fiscais representa, novamente, a preocupação do legislador fiscal em reduzir áreas de maior subjetividade na determinação de estimativas contabilísticas. No entanto, decorrente desta fixação administrativa de taxas, poderão ocorrer diferenças relevantes entre o resultado tributável e o resultado contabilístico considerando que o intervalo de aceitabilidade fiscal se poderá situar fora da vida útil económica dos ativos subjacentes. Esta diferença poderá mesmo gerar uma não aceitabilidade permanente de parte das amortizações ou depreciações ("quotas perdidas") tendo em conta as disposições do nº3 do atrigo 31ª-A do CIRC e o nº 1 do artigo 18º do Decreto Regulamentar 25/2009 de 14 de Setembro que prevê que "as quotas mínimas de depreciação ou amortização que não tiverem sido contabilizadas como gastos do período de tributação a que respeitam, não podem ser deduzidas dos rendimentos de qualquer outro período de tributação".

No que concerne à imparidade dos ativos existe igualmente uma preocupação com o controlo dos gastos de imparidade considerados como gastos aceites para a determinação do resultado tributável. A regra geral prevista no artigo 31º-B do CIRC prevê que estes gastos apenas serão aceites para efeitos fiscais quando esta desvalorização extraordinária seja

[102] O artigo 31º-A do CIRC permite, contudo, alguma flexibilidade relativamente a estas vidas úteis decorrentes da tabela do Decreto-Regulamentar. O seu nº2 fixa um intervalo para a variação das quotas de depreciação que se situa entre a quota determinada pelo Decreto-Regulamentar (quota máxima) e metade dessa quota (quota mínima). Desta forma, vidas úteis ou métodos de depreciação fora destes intervalos ou das regras do CIRC não podem ser aceites fiscalmente salvo se for obtida autorização expressa por parte da Administração tributária. Existe ainda a possibilidade de aplicação do regime intensivo de utilização, que possibilita a majoração das taxas normais de depreciação em 25% no caso de a empresa operar em dois turnos, e em 50% no caso de trabalhar em mais de dois turnos.

passível de ser comprovada e sujeita a aprovação prévia pela Administração Tributária ou quando se verificar o abate físico, o desmantelamento, o abandono, a inutilização ou a transmissão do mesmo[103]. Nos demais casos a sua dedutibilidade para efeitos fiscais poderá ser apenas efetuada em partes iguais durante o período de vida útil restante desse ativo. Novamente aqui o legislador fiscal coloca em primeiro plano o cuidado com o reconhecimento de perdas estimadas. Se por um lado não pode deixar de aceitar as perdas associadas com os ativos se estas efetivamente forem incorridas pelo sujeito passivo, por outro lado difere a sua incorporação no resultado tributável para o momento em que esta perda seja materializada ou comprovada. Este impacto pode ser relevante para as entidades tendo em conta que "o controlo efetivo , por parte da AT, das causas das perdas expensas n nº 1 do artigo 31º-B do CIRC não é tarefa fácil e requer capacidades de avaliação que, em especial nas questões tecnológicas poderão originar perspectivas muito diversas entre a AT e os contribuintes" (Martins, Sá, & Taborda, 2020, p. 193) o que leva muitas vezes à não consideração destes gastos como dedutíveis para efeitos fiscais nos momentos em que os mesmos são incorridos levando a um esforço fiscal muito significativo dos contribuintes em momentos especialmente desafiantes para os contribuintes como aqueles que geral usualmente a identificação de indicadores de imparidade em ativos não correntes.

No que concerne aos ativos intangíveis com vida útil indefinida foi introduzido, em 2014, um novo regime que introduz diferenças entre a contabilidade e as regras de apuramento dos resultados tributáveis uma vez que passou a permitir a amortização para efeitos fiscais em 20 anos dos intangíveis com vida útil indefinida[104] que cumprissem com os cri-

[103] Podendo, contudo, perdas por imparidade em ativos não correntes provenientes de causas anormais comprovadas ser aceites se devidamente aprovadas pela Administração Tributária.

[104] Nomeadamente (i) elementos da propriedade industrial tais como marcas, alvarás, processos de produção, modelos ou outros direitos assimilados, adquiridos a título oneroso e que não tenham vigência temporal limitada e (ii) o *goodwill* adquirido numa concentração de atividades empresariais quando reconhecidos autonomamente, nostermosda normalização contabilística, nas contas individuais do sujeito passivo. Estão, contudo, fora deste regime (i) os ativos intangíveis adquiridos no âmbito de operações de fusão, cisão ou entrada de ativos, quando seja aplicado o regime especial previsto de neutralidade fiscal

térios do artigo 45º-A do CIRC. Mais uma vez o regime não se encontra alinhado com as regras contabilísticas existindo aqui um elemento que poderá gerar diferenças relevantes entre a o resultado contabilístico e o resultado tributável.

e) Dedutibilidade dos gastos de financiamento

No decorrer da sua atividade as empresas têm necessidade de obter capital para a prossecução dos seus fins e para sustentar os seus planos de investimento. Este acesso a capital pode ser feito através do recurso a capitais próprios ou capitais alheios, sendo que o recurso a financiamento tem geralmente associados encargos financeiros.

Na determinação da estrutura de capitais das empresas os acionistas avaliam qual a melhor forma de dotar as sociedades dos capitais necessários para a prossecução dos seus planos. Adicionalmente nem sempre é possível à sociedade recorrer a meios próprios, o que faz com que seja frequente o recurso a capitais externos ou a financiamento por entidades com as quais mantêm relações especiais, sociedades do grupo ou mesmo por novas entradas de capital por parte dos sócios.

Tendo em conta o tratamento fiscal dos gastos de financiamento (considerados regra geral como gastos dedutíveis da entidade) esta decisão poderia ser motivada por razões fiscais o que levava a casos de subcapitalização a qual gera consequências negativas não só ao nível fiscal, mas também ao nível societário. Desta forma é comum a introdução por parte do legislador fiscal de mecanismos de mitigação desta subcapitalização e as potenciais situações de abuso associadas com o uso abusivo destas estruturas de financiamento.

Assim o artigo 67º do CIRC introduz limites à dedutibilidade dos gastos de financiamentos indicado que apenas concorrerão para a determinação do resultado tributável o maior de 2 limites: 1 milhão de euros ou 30% do resultado antes de amortizações, gastos de financiamento líqui-

previsto no artigo 74º CIRC, (ii) o *goodwill* respeitante a participações sociais, (iii) os ativos intangíveis adquiridos a entidades residentes em país, território ou região sujeito a um regime fiscal claramente mais favorável (iv) os ativos intangíveis adquiridos a entidades com as quais existam relações especiais.

dos e impostos[105]. Caso, em algum exercício, este limite não seja atingido, a parte não utilizada deste limite acresce ao montante máximo dedutível, até ao quinto período de tributação posterior. Da mesma forma gastos que eventualmente excedam este intervalo podem ser reportados e deduzido a uma eventual folga que seja identificada até ao quinto período de tributação posterior.

3.4 Mais ou menos-valias

a) Regime geral

No momento da transmissão onerosa ou da desafetação da atividade de ativos não correntes[106] ou de instrumentos financeiros (que não estejam incluídos nos instrumentos financeiros reconhecidos ao justo valor aceite fiscalmente conforme analisado na secção 4.2.2) são geradas contabilisticamente mais ou menos-valias consoante a confrontação entre o valor líquido contabilístico e o montante realizado desses bens.

A admissibilidade fiscal destas mais ou menos-valias está, contudo, condicionada às disposições do artigo 46º do CIRC que determina que as mesmas sejam apuradas pela diferença entre o valor de realização, líquido dos encargos que lhe sejam inerentes, e o valor de aquisição, deduzido das depreciações e amortizações aceites fiscalmente, das perdas por imparidade e outras correções de valor previstas no CIRC (nº1 do artigo 46º CIRC). Este ancoramento das mais e menos valias no CIRC nas regras fiscais (nomeadamente tendo em consideração as depreciações, imparidades e outras correções aceites fiscalmente) e não no valor líquido e valor de realização contabilístico levam a que esta seja uma área onde poderão ser identificadas diferenças relevantes entre as regras de apuramento do resultado contabilístico e as regras de apuramento do resultado tributável. Outra área geradora de diferenças entre a contabilidade e as regras

[105] Para efeitos do presente artigo, o resultado antes de depreciações, amortizações, gastos de financiamento líquidos e impostos corresponde ao lucro tributável ou prejuízo fiscal sujeito e não isento, adicionado dos gastos de financiamento líquidos e das depreciações e amortizações que sejam fiscalmente dedutíveis.

[106] Nomeadamente ativos fixos tangíveis, ativos intangíveis, ativos biológicos não consumíveis e propriedades de investimento.

de apuramento das mais e menos valias do CIRC está relacionada com o efeito da correção da desvalorização monetária. De acordo com o CIRC, as mais e menos-valias fiscais deverão ser corrigidas, nos termos do artigo 47º do CIRC, mediante aplicação dos coeficientes de desvalorização da moeda ao valor de aquisição (com exceção dos instrumentos financeiros que não sejam respeitantes a partes de capital). Tal não ocorre no apuramento das mais e menos valias contabilísticas.

Existem ainda regimes específicos no que concerne ao apuramento de mais e menos valias que iremos analisar brevemente de seguida. Trata-se dos regimes de reinvestimento das mais-valias e de operações de fusão, cisão, entrada de ativos ou permuta de partes sociais.

b) Reinvestimento das mais-valias

O artigo 48º do CIRC prevê um regime favorável ao reinvestimento das mais-valias fiscais. Desta forma, o rendimento decorrente das mais-valias não será tributado em 50% caso o valor total da mais valia seja reinvestido, caso o investimento seja feito em ativos fixos tangíveis, ativos intangíveis ou ativos biológicos não consumíveis, caso reinvestimento seja feito num período de 4 anos (compreendendo o período de tributação anterior ao da realização, no próprio período de tributação ou até ao fim do 2º período de tributação seguinte) e caso o investimento seja mantido por mais de um ano e não seja adquirido em estado de uso a entidade com as quais existam relações especiais.

c) Operações de fusão, cisão, entrada de ativos ou permuta de partes sociais

As operações de fusão, cisão, entrada de ativos ou permuta de partes sociais são considerados, para efeitos fiscais, transmissões onerosas (alínea c) do número 5 do artigo 46º do CIRC). Desta forma, e seguindo a regra geral prevista na alínea d) do número 3 do artigo 46º CIRC, nos casos de fusão, cisão, entrada de ativos ou permuta de partes sociais, o valor de mercado dos elementos transmitidos em consequência daquelas operações é considerado como o valor de realização. No entanto, de forma a facilitar a reorganização e o fortalecimento do tecido empresariam e no seguimento da transposição das diretivas 90/434/CEE e 90/435/CEE ambas de 23 de junho, os artigos 73º e 74ª do CIRC instituíram um regime de neutralidade fiscal. Estre regime assenta na continuidade do exercício de uma atividade económica, que passa para a entidade beneficiária, com o consequente diferimento da tributação dos elementos transferidos até à sua realização[107]. Da mesma forma o legislador permite a transmissibilidade de prejuízos[108] ou benefícios fiscais e gastos de financiamento[109] no âmbito destas operações de reestruturação desde que as mesmas sejam enquadráveis no regime de neutralidade fiscal.

[107] O regime especial estatuído no artigo 73ª do CIRC aplica-se às operações de fusão e cisão de sociedades e de entrada de ativos, tal como definidas nos nº 1 a 3, em que intervenham (i) sociedades com sede ou direção efetiva em território português sujeitas e não isentas de IRC (ii) sociedade ou sociedades de outros Estados-Membros da União Europeia, desde que todas as sociedades se encontrem nas condições estabelecidas no artigo 3º da Diretiva nº 2009/133/CE, do Conselho, de 19 de outubro. Desta forma, e para aceder a este regime, a sociedade beneficiária da operação que resida noutro Estado-Membro deverá afetar os elementos recebidos a um estabelecimento estável situado em Portugal, os elementos patrimoniais objeto da transferência devem ser registados na contabilidade da sociedade beneficiária com os mesmos valores com que estavam refletidos na sociedade fundida, cindida ou contribuidora e as reintegrações e amortizações assim como as provisões relativas aos bens transferidos devem seguir os mesmos métodos seguidos na sociedade fundida, cindida ou contribuidora. Já no caso da operação de entrada de ativos as mais ou menos valias realizadas respeitantes às participações sociais recebidas em contrapartida da operação calculadas considerando como valor de aquisição destas partes de capital o valor líquido contabilístico aceite, para efeitos fiscais, que os elementos do ativo e do passivo transferidos tinham nessa sociedade antes da realização da operação. Este regime não se aplica, total ou parcialmente, quando se conclua que as operações abrangidas pelo mesmo tiveram como principal objetivo ou como um dos principais objetivos a evasão fiscal, o que pode considerar-se verificado, nomeadamente, nos casos em que as sociedades intervenientes não tenham a totalidade dos seus rendimentos sujeitos ao mesmo regime de tributação em IRC ou quando as operações não tenham sido realizadas por razões económicas válidas.

[108] Nas operações de fusão, de cisão-dissolução (transmitindo-se os prejuízos fiscais na proporção do valor de mercado dos patrimónios destacados para cada uma sociedade), nas operações de fusão, cisão, entrada de ativos em que se transfere um estabelecimento estável de uma entidade residente noutro Estado-Membro para uma entidade residente em território nacional assim como na transferência de estabelecimentos estáveis em Portugal de entidades residentes noutro Estado-membro a favor de entidades residentes também noutro estado membro desde que o estabelecimento estável continue em Portugal.

[109] Nas operações a que seja aplicável o regime especial do artigo 74ª da CIRC.

3.5 Reporte de prejuízos fiscais

Como analisamos anteriormente a tributação do rendimento das empresas deverá incidir essencialmente sobre o seu lucro real, o qual é o verdadeiro indicador da riqueza global gerada pela organização.

No entanto, e dado que tal avaliação é feita com periodicidade anual, gera-se uma tensão entre a anualidade da tributação e a solidariedade dos exercícios. Desta forma e apesar de a regra ser a da periodização do resultado acompanhada da correspondente anualidade do imposto, os efeitos fiscais desta periodização tendem a ser minimizados através de algumas medidas, entre as quais se integra o reporte de prejuízos. O CIRC propõe no seu artigo 52º o reporte de prejuízos fiscais por um período que, regra geral, se fixa em 5 anos[110] sendo, contudo este reporte limitado a períodos futuros e a 70% do respetivo lucro tributável de cada ano.

Conclusões

A análise da relação entre a contabilidade e o direito fiscal tem sido um dos temas mais debatidos pela doutrina contabilística e fiscal. Este debate recuperou recentemente algum ímpeto, devido nomeadamente: (i) à globalização da economia; (ii) à gradual harmonização das regras contabilísticas, e; (iii) à necessidade sentida pelos legisladores de manter o controlo (e soberania nacional) sobre as principais variáveis relacionadas com o cálculo da matéria coletável e com o combate ao planeamento fiscal agressivo, à elisão e à evasão. Este último fator tem conduzido à complexificação da relação entre contabilidade e direito fiscal, e à identificação de várias áreas de tensão.

Este nosso estudo visou examinar principais marcos históricos que marcaram a relação entre as regras de apuramento do resultado tributável e a contabilidade em Portugal, assim como o *rationale* subjacente ao nosso atual ordenamento que norteia esta relação entre o direito fiscal e a contabilidade e as principais diferenças atualmente existentes.

[110] Existindo algumas atividades e empresas (nomeadamente pequenas e médias empresas) que beneficiam de um prazo alargado de 12 anos. O prazo geral de reporte tem sido alterado, ao longo dos anos, dentro de um intervalo que se situa entre 4 a 12 anos. Em 2020 e 2021, decorrente das medidas de apoio à economia para minimizar os impactos da pandemia esse prazo foi alargado para 12 anos.

O impacto das regras fiscais na contabilidade é ainda hoje visível. Apesar da recente mudança paradigmática devido à adoção das NIC ou de normas baseadas nas NIC (SNC), as regras fiscais continuam a ter impacto tanto na prática contabilística como na informação financeira produzida (Nascimento & Gois, 2014) decorrente de um processo histórico "estreitamente ligado ao Estado, restringindo a autonomia da profissão" (Caria & Rodrigues, 2014, p. 245) e que colocou a ótica fiscal no centro da contabilidade em Portugal. Contudo, e após a adoção de um normativo baseado nas NIC, Portugal parece estar a caminhar para uma mudança a longo prazo que deveria ter como corolário a desejada depuração das normas contabilísticas de todos os preconceitos fiscais (Hanlon & Heitzman, 2010) o que, contudo, tem levado a uma maior resistência do direito fiscal no acolhimento pleno das disposições das normas contabilísticas.

Podem surgir, desta forma, dúvidas sobre a forma como o caminho de longo prazo acima mencionado poderia ser optimizador. Será preferível ou mesmo imperativo assumir que estamos perante mundos paralelos e optar por uma maior separação entre o direito fiscal e a contabilidade, assegurando que não existe contaminação cruzada, mas aumentando a complexidade do sistema tributário, os custos de conformidade e introduzindo potenciais novas áreas de *tax sheltering* (Whitaker, 2006)? Ou será que estamos apenas perante abordagens distintas a uma mesma realidade sendo por isso possível e preferível que ambos os sistemas cresceram em conjunto para assegurar uma linguagem comum para os operadores económicos e garantir que o resultado contabilístico e o resultado tributável refletem a expressão verdadeira e apropriada do rendimento e capacidade contributiva das entidades (permitindo a determinação dos rendimentos de uma entidade sem normas demasiado intrusivas e sem sujeitar a contabilidade à tributação)?

Como indica Ferreira, a convergência entre a contabilidade e o direito fiscal, que muitos até afirmam não ser possível "porque divergentes são os fins dos respetivos apuramentos" não é hoje necessariamente justificada por razões de ciência mas sim pela "necessidade de acautelar a receita fiscal perante arbítrios do seu apuramento, quer por vícios, quer por desacertos de natureza conceptual na fixação das regras ou na interpretação dos textos legais e princípios técnicos adotados trouxe afastamentos e desfasamentos inconvenientes que devem ser combatidos" (Ferreira, 1997, p. 83). Apesar das vantagens que esta separação entre as regras de apuramento do resultado contabilístico e as regras de apuramento do resultado tributável podem trazer ao nível das receitas tributárias a verdade é que estes podem também levar a um aumento dos constrangimentos das empresas no seu relacionamento com a administração tributária decorrente da complexificação das regras e um afastamento crescente entre o resultado tributável e a realidade económica das empresas. Isto pode ainda conduzir a um afastamento progressivo do princípio da capacidade contributiva. Nesses termos, as correções extracontabilísticas que têm que ser devidamente justificadas e proporcionais aos fins que visam atingir uma vez que "se a fiscalidade pretende apurar e tributar o resultado real, esse é igualmente o objetivo da contabilidade" (Ferreira, 1997, p. 83) e, desta forma, desvios não necessários entre estas realidades perdem a sua base ontológica de justificação.

Referências

Aguiar, N. (2008). Lucro tributável e contabilidade na jurisprudência dos tribunais tributários superiores. *Revista Fiscal*, 7-17.

Aguiar, N. (2011). Do commercial accounts and the tax base have to be aligned? *Max Planck European Postdoctoral Conference on Tax Law. Munich* (pp. 1-25). Munich: Max Planck Institute for Tax Law and Public Finance. Obtido de http://hdl.handle.net/10198/6348

Aguiar, N., & Tormenta, J. (2016). Accounting and Taxation: Portugal. Em M. Grandinetti, *Corporate Tax Base in the Light of IAS/IFRS and EU Directive 2013/34* (pp. 163-179). Alphen aan den Rijn: Wolter Kluwer.

Azevedo, M. (2011). As reformas fiscais portuguesas do século XX. *Lusíada Direito*, 161-236.

Basto, X. (2001). O Princípio da Tributação do Rendimento Real e a Lei Geral Tributária. *Fiscalidade – Revista de Direito e Gestão Fisca*, 5-21.

Caria, A., & Rodrigues, L. (2014). The evolution of financial accounting in Portugal since the 1960s: A new institutional economics perspective. *Accounting History*, *19*(1-2), 227-254.

Centro de Estudos Fiscais. (2006). Impacto Fiscal da Adopção das Normas Internacionais de Contabilidade. Lisboa: Cadernos de Ciência e Técnica Fiscal, nº 200.

Comissão das Comunidades Europeias. (1995). *Harmonização Contabilística – Uma nova estratégia relativamente à Harmonização Internacional.* Bruxelas: Comissão das Comunidades Europeias.

Comissão das Comunidades Europeias. (2003). *Observações relativas a certas disposições do Regulamento (CE) nº 1606/2002 do Parlamento Europeu e do Conselho, de 19 de Julho de 2002, relativo à aplicação das normas internacionais de contabilidade.* Brussels: Comissão das Comunidades Europeias.

Comissão Europeia. (2021). *Global Agreement on Corporate Taxation: Frequently asked questions.* Brussels: European Union.

Ferreira. (1984). *Normalização Contabilística.* Lisboa: Livraria Arnaldo.

Ferreira. (1997). Busca de conciliação entre direito da contabilidade e direito da fiscalidade. *Gestão, Contabilidade e Fiscalidade.*

Ferreira. (1997). *Temas de gestão, contabilidade e fiscalidade.* Lisboa: Editorial Notícias.

Ferreira, L. (1998). Portugal. Em D. Alexander, & S. Archer, *European Accounting Guide* (pp. 728–823). London: Harcourt Brace Professional Publishing.

Ferreira, P., & Regojo, L. (1996). A regulamentação contabilística em Portugal. *Jornal de Contrabilidade – APOTEC., 230,* 119-128.

Ferreira, R. (1984). *Normalização Contabilística.* Lisboa: Livraria Arnaldo.

Freitas, J., & Teles, J. (1981). *Código da Contribuição Industrial Anotado: Volume I, 5ª edição.* Coimbra: Coimbra Editora.

Gaffikin, M. (2005). Creating a Science of Accounting: accounting theory to 1970. *Faculty of Commerce – Acconting and Finance Workpapers,* 1-23.

Guimarães, J. (2011). *Estudos sobre a Normalização Contabilística em Portugal.* Porto: Vida Económica.

Hanlon, M., & Heitzman, S. (2010). A review of tax research. *Journal of Accounting and Economics, 50,* 127–178. doi:https://doi.org/10.1016/j.jacceco.2010.09.002

Lamb, C., Nobes, C., & Roberts , A. (1998). International Variations in the Connections Between Tax and Financial Reporting. *Accounting and Business Research, 28*(3), 173-188. doi:10.1080/00014788.1998.9728908

Leitão, L. (1997). Evolução e Situação da Reforma Fiscal. *Ciência e Técnica Fiscal, 387,* 7-47.

Mahoney, J., & Thelen, K. (2009). A Theory of Gradual Institutional Change. (2009). Em J. Mahoney, & K. Thelen, *Explaining Institutional Change: Ambigu-*

ity, Agency, and Power (pp. 1-37). Cambridge: Cambridge University Press. doi:doi:10.1017/CBO9780511806414.003

Marques, R. (2016). *As realizações de utilidade social em IRC e IRS.* Lisboa: Wolter Kluwer.

Martinez, A. (2019). Are IFRS Standards a Good Starting Point for a Corporate Tax Base? Tax Principles for a CCCTB. *Revista Electrónica de Direito,* 114-137. doi:10.24840/2182-9845_2019-0003_0006

Martins, A., Sá, C., & Taborda, D. (2020). *A dedutibilidade dos gastos no IRC – Uma análise economico-fiscal.* Coimbra: Almedina.

Mastellone, P. (2011). Corporate Tax and International Accounting Standards: Recent Developments in Italy. *Tax Notes International, 61*(3), 241-251.

Nabais, J. (2015). *Por um Estado Fiscal Suportável – Estudos de Direito Fiscal Volime IV.* Coimbra: Almedina.

Nobes, C. (2002). Towards a General Model of the Reasons for International Differences in Financial Reporting. *ABACUS, 34*(2), 162-187. doi:https://doi.org/10.1111/1467-6281.00028

Nobes, C., Mueller, G., Geron, H., & Meek, G. (1997). *Accounting – an International Perspective, 4th edition.* Chicago: Irwin.

Pires, M. (1984). *Da Dupla Tributação Jurídica Internacional sobre o Rendimento.* Lisboa: Imprensa Nacional Casa da Moeda.

Sanches, J. (2007). *Manual de Direito Fiscal.* Coimbra: Coimbra Editora.

Tavares, T. (1999). *Da relação de dependência parcial entre a contabilidade e o direito fiscal na determinação do rendimento tributável das pessoas colectivas.* Lisboa: Ciência e Técnica Fiscal.

Thor Power Tool Co. V. Commissioner, No. 77-920 (United States Supreme Court 16 de 1 de 1979). Obtido de https://caselaw.findlaw.com/us-supreme-court/439/522.html

Whitaker, C. (2006). Bridging the Book-Tax Accounting Gap. *The Yale Law Journal,* 680-726.

2.
A RELAÇÃO ENTRE A CONTABILIDADE COMERCIAL E O LUCRO TRIBUTÁVEL EM PORTUGAL NA ATUALIDADE

NINA AGUIAR

Introdução

Em Portugal existe um sistema de dependência entre o cálculo do lucro tributável e o resultado contábil. O sistema evoluiu a partir de um sistema pristino, em que a regulação contabilística era incipiente, o desenvolvimento da prática contabilista ocorria sob a égide do direito tributário e, na prática, a contabilidade comercial era totalmente moldada para se conformar com as orientações definidas pela administração tributária. No sistema atual a contabilidade comercial tem total autonomia, tendo esta sido fortalecida com a adoção, ao nível europeu, das Normas Internacionais de Contabilidade (NIC). As NIC permearam, a partir de 2009, a regulação contabilística nacional, embora não se encontre neste uma remissão formal para esse corpo de normas. O direito fiscal estabelece regras próprias de conteúdo contábil, que podem colidir com os critérios adotados nas contas comerciais. Neste caso, a conciliação faz-se através de ajustes extracontábeis. Contudo, é possível que ainda ocorram situações de dependência inversa, em grande parte por via da ambiguidade do texto legal. As variações de valor resultantes do critério do valor justo, na contabilidade comercial, são expurgadas do lucro contábil através de ajustamentos extracontábeis. Existem, no entanto, algumas exceções, em que as valorações pelo valor justo relevam para efeitos fiscais. Os acréscimos patrimoniais resultantes da aplicação do valor justo são também retirados do lucro comercial para efeitos de distribuição de dividendos.

1. O Processo de adoção das normas internacionais de contabilidade em Portugal

O processo de incorporação das normas internacionais de contabilidade no sistema jurídico-contábil português ocorreu no quadro da adaptação do direito nacional ao direito europeu, nomeadamente ao Regulamento nº 1606/2002, que incorporou no direito da União aquelas normas internacionais.

Antes, porém, de descrevermos como se desenrolou esse processo, daremos uma breve visão da evolução global da regulação contabilística em Portugal.

Até 1977 não existiu em Portugal uma verdadeira regulação contabilística.

O Código Comercial de 1833[1] continha, para a época, um extenso corpo de normas de cariz contabilístico. E, ao contrário da maioria das leis comerciais suas congéneres e coevas, não se limitava aos aspetos formais da contabilidade, mas continha algumas normas relativas à mensuração contabilística, sendo por isso um caso excecional no contexto europeu.

Assim, o parágrafo 654 do Artigo CXXIX dispunha:

> *Não havendo no contracto estipulação diversa, as mercadorias e objectos em ser, fundo social, serão avaliados no inventario pelo preço da compra ou acquisição, ou por menos, se ao tempo do inventário se achar ser menor. Nos objectos, que sofrem diminuição natural ou estrago pelo uso, far-se-há uma dedução proporcional por arbitramento de expertos.*

O parágrafo 655 do Artigo CXXX, por sua vez, dizia:

> Não entrarão no inventário as dívidas activas da sociedade incobráveis. Os creditos duvidosos devem ser lançados com uma deducção proporcionada à sua fallibilidade pela quantia em que se acordar á pluralidade dos sócios.

[1] *Código Commercial Portuguez*, aprovado por decreto de 18 de setembro de 1833.

Curiosamente, no novo Código Comercial de Veiga Beirão de 1888,[2] estas escassas regras sobre mensuração contabilística viriam a ser suprimidas. O Código Comercial de Veiga Beirão regula detalhadamente as obrigações "da escrituração" dos comerciantes, mas restringindo-se aos aspetos formais da escrita contabilística. Dispõe que são obrigatórios o livro de inventário e balanço, o diário, o rasão e o copiador e ainda os livros de atas no caso das sociedades; impõe rígidas formalidades para a abertura dos livros de inventários e balanço; postula regras detalhadas para a escrituração desses livros; e enumera as funções de cada livro e os factos que neles se devem registar.

O primeiro imposto sobre o rendimento empresarial a ser criado em Portugal foi a Contribuição Industrial, aprovada já em 1963.[3] O Código da Contribuição Industrial de 1963 previa três grupos de contribuintes, diferenciados basicamente pela sua dimensão e pelo método de apuramento da base tributável. Eram eles o grupo A, tributado pelos lucros efetivamente obtidos; o grupo B, tributado pelos lucros presumidos; e o grupo C, tributado pelo lucro normal.

Em relação aos contribuintes do grupo A, cujo lucro deveria ser determinado com base na respetiva contabilidade, o artº 22º dispunha: "O lucro tributável reportar-se-á ao saldo revelado pela conta de resultados do exercício ou de ganhos e perdas, elaborada em obediência a sãos princípios de contabilidade, e consistirá na diferença entre todos os proveitos ou ganhos realizados no exercício anterior àquele a que o ano fiscal respeitar e os custos ou perdas imputáveis ao mesmo exercício, uns e outros eventualmente corrigidos nos termos deste código".

Adiante voltaremos a referir-nos a este preceito legal, a propósito da relação que no direito português se estabelece entre lucro contabilístico e lucro tributável. De momento, contudo, cabe chamar a atenção para o apelo aos "são princípios da contabilidade". Não existindo na lei tributária ou comercial qualquer definição do que sejam tais princípios, certamente

[2] *Codigo Commercial*, aprovado por Carta de Lei de 28 de junho de 1888, determinando que o mesmo vigorasse a partir de 1 de janeiro de 1889.

[3] Código da Contribuição Industrial, aprovado pelo Decreto-lei 45103, de 1 de Julho.

a expressão remetia para a doutrina contábil,[4] bastante à semelhança do que, na mesma época, se verificava no direito alemão (onde o § 238 do Código Comercial remetia, como ainda hoje faz, para os *Grundsätze ordnungsmäßiger Buchführung*), ou no direito inglês (onde o direito jurisprudencial remetia para os *ordinary principles of commercial accounting*). Não existia, porém, ao contrário do que ocorria neste último sistema, uma organização publicamente encarregue de definir normas contabilísticas de cariz técnico.

Ao chegar-se ao final do regime do Estado Novo, no início da década de setenta do séc. XX, a maior parte das empresas eram tributadas, através da Contribuição Industrial, ou pelo lucro presumido ou pelo "lucro normal." Muito poucas o eram pelo lucro efetivo, o que constituía causa de forte insatisfação.[5] Por outro lado, era comumente aceite que a prática contabilística não oferecia uma garantia mínima de uniformidade e de credibilidade das contas para fins tributários. A situação levou a que, no período imediatamente sequente à revolução de 1974, o problema da necessidade de uma normalização contabilística se tornasse uma questão candente e viesse a ter importante desenvolvimento nos anos seguintes.

O legislador da época aderiu sem reservas ao modelo francês de regulação contabilística, tendo em 1977 sido aprovado o primeiro Plano Oficial de Contas (POC 77).[6]

A aprovação deste instrumento normativo foi orientada sobretudo pela preocupação de combate à evasão fiscal. À semelhança do que acontecia no direito francês, o plano oficial de contas tinha uma natureza jurídica ambígua. Não se apresentava como um corpo de normas jurídicas, mas como um documento técnico, não tendo as suas estatuições a estrutura de normas jurídicas. Outra característica em comum com o congénere francês era o facto de ser igualmente ambígua a inserção do

[4] Pereira, R., Estevam, M. & Almeida, R. (2009). Harmonização contabilística internacional: análise das suas implicações em Portugal. Lisboa: Bnomic, p. 93.

[5] A animosidade existente entre os contribuintes sujeitos à Contribuição Industrial contra a tributação das empresas pelo seu lucro presumido e "normal" adquiriu em Portugal uma dimensão tal que levou o legislador constituinte, na Constituição Portuguesa de 1976, a consagrar expressamente o princípio da tributação das empresas pelo lucro real, no que é hoje o artº 104º, nº 2.

[6] Decreto-Lei nº 47/77, de 7 de fevereiro.

POC no direito comercial ou no direito fiscal, o que fez com que até ao fim da existência dos "planos de contas" fosse questão debatida a e saber se as suas normas eram ou não obrigatórias no plano da determinação do lucro tributável.

O Plano Oficial de Contas de 1977 era baseado nos "princípios contabilísticos geralmente aceites" na prática contabilística interna, embora a remissão para tais princípios não fosse ainda formalmente consagrada.

Entretanto, após se tornar membro das então Comunidades Europeias em 1986, Portugal ficou obrigado a transpor para o seu direito nacional a chamada "IV Diretiva" europeia em matéria de contas das empresas.[7] Em resultado dessa obrigação, foi aprovado em 1989 um novo "Plano Oficial de Contabilidade" em substituição do anterior. O novo POC de 1989 consagra o princípio de que as contas empresariais devem dar uma "imagem verdadeira e apropriada" da situação financeira e dos resultados da empresa, mas em substância não difere significativamente do seu antecessor.

Apenas alguns anos depois, em 2002, viria a ser aprovado o Regulamento nº 1606/2002 do Parlamento Europeu e do Conselho,[8] pelo qual as normas internacionais de contabilidade seriam incorporadas no direito da União.

De acordo com o artº 2º do Regulamento, as "normas internacionais de contabilidade" que o mesmo incorpora no direito da União são as *International Accounting Standards* (IAS), normas internacionais de contabilidade (NIC), as *International Financial Reporting Standards* (IFRS), normas internacionais de informação financeira (NIIF) e interpretações conexas (interpretações do SIC-IFRIC), as alterações subsequentes a essas normas e interpretações conexas e as futuras normas e interpretações conexas emitidas ou adoptadas pelo *International Accounting Standards Board* (IASB).

É importante referir ainda que o Regulamento não contém uma remissão formal para as normas aprovadas pelo *International Accounting*

[7] Quarta Diretiva 78/660/CEE do Conselho, de 25 de Julho de 1978, baseada no artigo 54º, nº 3, alínea g), do Tratado e relativa às contas anuais de certas formas de sociedades.

[8] Regulamento (CE) n.º 1606/2002 do Parlamento Europeu e do Conselho, de 19 de Julho de 2002, relativo à aplicação das normas internacionais de contabilidade.

Standards Board, sendo estas adotadas, uma por uma, através de um ato legislativo da União. No artº 6º do Regulamento é regulado o procedimento de adoção das normas, dispondo-se que a "Comissão decide (...) da aplicabilidade na Comunidade das normas internacionais de contabilidade." Uma norma só pode ser adotada se, simultaneamente: não for contrária ao princípio da "true anda fair view" (estabelecido no nº 3 do artigo 2º da Diretiva 78/660/CEE e no nº 3 do artigo 16º da Diretiva 83/349/CEE); corresponder ao interesse público europeu; e satisfizer os critérios de inteligibilidade, relevância, fiabilidade e comparabilidade requeridos das informações financeiras necessárias para a tomada de decisões económicas e a apreciação da eficácia da gestão.

Por força do artº 4º do Regulamento, as normas internacionais de contabilidade são de aplicação obrigatória nas contas consolidadas das sociedades regidas pela legislação de um Estado-Membro, se, à data do balanço e contas, os seus valores mobiliários estiverem admitidos à negociação num mercado regulamentado de qualquer Estado-Membro, e isto em cada exercício financeiro com início em ou depois de 1 de Janeiro de 2005.

É, portanto, apenas para as contas consolidadas das sociedades cotadas que o Regulamento torna obrigatória a aplicação das NIC. Contudo, o Regulamento prevê, no seu artº 5º, que os Estados-Membros, internamente, permitam ou imponham, às sociedades cotadas, a adoção das NIC nas suas contas individuais; e às sociedades não cotadas a adoção das NIC nas suas contas consolidadas ou individuais.

Foi neste quadro que os Estados-Membros da União Europeia se viram confrontados com a questão da incorporação, que lhes cabe decidir, das NIC nos seus ordenamentos internos.

Foi igualmente neste contexto que, através do Decreto-Lei nº 158/2009, de 13 de Julho, o governo português operou uma reforma global do sistema de regulação contabilística, aprovando o Sistema de Normalização Contabilística (SNC) e revogando o Plano Oficial de Contabilidade (POC).

Adianta-se já que o SNC 2009 é um corpo de normas contabilísticas autónomo e compreensivo, que não remete para as normas internacionais de contabilidade ou para quaisquer outras normas contabilísticas.

No entanto, ele produz alguns efeitos no plano das normas internacionais de contabilidade.

O Sistema de Normalização Contabilística de 2009 é aplicável a todas as empresas não cotadas e também às contas individuais das sociedades cotadas. No entanto, o artº 4º do diploma que estabelece o SNC 2009 contém duas importantes regras que estendem o âmbito de aplicação das normas internacionais de contabilidade às empresas portuguesas. O nº 2 dessa disposição concede às empresas não cotadas a faculdade de, por sua opção, aplicarem as normas internacionais de contabilidade às suas contas consolidadas, nos termos do artº 3º do Regulamento nº 1606/2002, desde que as suas demonstrações financeiras sejam objeto de certificação legal de contas; e no nº 3, impõe às empresas cotadas com contas consolidadas ao abrigo do Regulamento, a aplicação das NIC a aplicação destas normas também às suas contas individuais. Desta forma, pode-se dizer que, hoje, em Portugal, as normas internacionais de contabilidade, tal como se encontram transpostas para o direito da União Europeia, são aplicáveis obrigatoriamente às contas consolidadas das empresas cotadas bem como às contas individuais das empresas cotadas com contas consolidadas; e são facultativamente aplicáveis às contas consolidadas das empresas não cotadas em bolsa.

Quanto ao SNC 2009, propriamente dito, cabe salientar que, ao ser aprovado por um ato legislativo,[9] ele detém o caráter inequívoco de fonte de direito. No entanto, a sua estrutura não é a de uma lei, mas a de um documento técnico, composto por diferentes partes com diversas funções, nem todas normativas.

O SNC incorpora um conjunto de normas contabilísticas propriamente ditas, as "Normas Contabilísticas e de Relato Financeiro". De acordo com o texto do próprio SNC (ponto 5.1), estas NCRF "constituem uma adaptação das normas internacionais de contabilidade, adotadas na EU, tendo em conta o tecido empresarial português e o facto de algumas entidades se encontrarem obrigadas ou terem a opção de apli-

[9] O SNC (Sistema de Normalização Contabilística) 2009 foi aprovado pelo Decreto-Lei nº 158/2009, de 13 de Julho. O Decreto-Lei é um ato legislativo, de acordo com o artº 112º, nº 1 da Constituição da República Portuguesa. É um ato do governo, praticado no exercício da competência legislativa deste, a qual se encontra prevista no artº 198º da Constituição.

car as citadas normas internacionais, nos termos do Regulamento (CE) nº 1606/2002, do Parlamento Europeu e do Conselho, de 19 de julho." Assim, diz-se ainda, "o conjunto das NCRF poderá não contemplar algumas normas internacionais e as NCRF poderão dispensar a aplicação de determinados procedimentos e divulgações exigidos nas correspondentes normas internacionais, embora garantindo, no essencial, os critérios de reconhecimento e mensuração contidos nestas normas.

À semelhança do que acontece no direito europeu, no âmbito do Regulamento nº 1606/2002, o direito contabilístico português atual realizou uma incorporação material das normas internacionais de contabilidade do IASB, mas sem operar uma remissão formal para a fonte dessas normas e levando mesmo a cabo uma "adaptação" dessas normas à realidade empresarial portuguesa.

Também no preâmbulo do diploma que aprovou o SNC (Decreto-Lei nº 158/2009) é dito que "[a]s Normas contabilísticas e de relato financeiro (NCRF), núcleo central do SNC, adaptadas a partir das normas internacionais de contabilidade adotadas pela EU, cada uma delas constituindo um instrumento de normalização onde, de modo desenvolvido, se prescrevem os vários tratamentos técnicos a adotar em matéria de reconhecimento, de mensuração, de apresentação e de divulgação das realidades económicas e financeiras das entidades". O preâmbulo esclarece ainda o objetivo do legislador português com esta incorporação material mitigada das normas internacionais de contabilidade, dizendo que "o SNC é um instrumento moderno ao serviço daquelas empresas portuguesas que, não tendo valores mobiliários admitidos à negociação num mercado regulamentado, têm uma dimensão, uma estrutura de capitais ou uma presença em determinadas atividades que as colocam em pleno ambiente globalizado de negócios, parceiros e fontes de financiamento." Diz-se ainda que "[t]endo em conta as entidades a que se destina o SNC, no processo de adaptação das normas internacionais de contabilidade houve a preocupação de, sem distorcer a homogeneidade, a qualidade e a coerência globais, eliminar tratamentos pouco ou nada aplicáveis à realidade nacional e evitar níveis de exigência informativa porventura excessivos".

Daqui se pode concluir, por conseguinte, que o SNC, e nomeadamente a sua parte mais especificamente normativa, formada pelas Normas Contabilísticas e de Relato Financeiro, são uma adaptação das normas internacionais de contabilidade, que se dirige sobretudo às empresas de maior dimensão, visando a comparabilidade das contas destas empresas com as empresas europeias que operam nos mesmos mercados.

O SNC contém ainda uma remissão expressa para as normas internacionais de contabilidade para o efeito de integração de lacunas, dispondo no ponto 1.4 que "sempre que o SNC não responda a aspetos particulares de transações ou situações, que se coloquem a dada entidade em matéria de contabilização ou relato financeiro, ou a lacuna em causa seja de tal modo relevante que o seu não preenchimento impeça o objetivo de ser prestada informação que, de forma verdadeira e apropriada, traduza a posição financeira numa certa data e o desempenho para o período abrangido", estabelece-se o recurso, supletivamente e pela ordem indicada "às Normas Internacionais de Contabilidade adotadas ao abrigo do Regulamento (CE) nº 1606/2002 (...); às Normas Internacionais de Contabilidade (IAS) e Normas Internacionais de Relato Financeiro (IFRS), emitidas pelo IASB, e respetivas interpretações SIC-IFRIC.

A par com as "Norma Contabilísticas e de Relato Financeiro, adaptadas a partir de, mas amplamente replicativas das normas internacionais de contabilidade, o SNC inclui uma "Norma Contabilística e de Relato Financeiro para Pequenas Entidades". Esta norma, de acordo com o seu próprio texto, "acolhe os conceitos, definições e procedimentos contabilísticos de aceitação generalizada em Portugal". Ou seja, esta "norma" das pequenas entidades é estreitamente baseada nos GAAP portugueses.

Em resumo, existem em Portugal empresas que aplicam as normas internacionais de contabilidade tal como transpostas para o direito da União Europeia; empresas que aplicam as "Normas contabilísticas e de relato financeiro", que resultam de uma ampla réplica mas ao mesmo tempo de uma adaptação nacional das normas internacionais de contabilidade; e as empresas que aplicam normas contabilísticas baseadas nas práticas geralmente aceites no plano nacional (GAAP nacionais).

Um estudo empírico de 2016[10] mostra que, num universo de 370 712 entidades, 1280 aplicavam as normas internacionais de contabilidade, 45177 aplicavam as "Normas contabilísticas e de relato financeiro" e

[10] Canha, R., Impactos Contabilísticos e Fiscais com a Transição para as NCRF, Lisboa, Instituto Superior de Contabilidade e Administração de Lisboa, 2016, p. 45.

85290 aplicavam as "Normas contabilísticas e de relato financeiro para as pequenas entidades". Ainda 238 964 empresas aplicavam as normas contabilística para as microempresas, uma contabilidade simplificada fundamentalmente orientada para fins de controlo fiscal.

Para todos os casos descritos acima – empresas que aplicam as NIC, empresas que aplicam o SNC e empresas que aplicam a "Norma Contabilística e de Relato Financeiro para Pequenas Entidades" – o resultado contabilístico é plenamente válido para efeitos do direito comercial.

Contudo, o artigo 32º, nº 2 do Código das Sociedades Comerciais contém uma importante adaptação, estipulando que "os incrementos decorrentes da aplicação do justo valor através de componentes do capital próprio, incluindo os da sua aplicação através do resultado líquido do exercício, apenas relevam para poderem ser distribuídos aos sócios bens da sociedade, (...), quando os elementos ou direitos que lhes deram origem sejam alienados, exercidos, extintos, liquidados ou, também quando se verifique o seu uso, no caso de ativos fixos tangíveis e intangíveis."

2. A Relação entre o lucro contábil e o apuramento do imposto de renda

2.1 A regra do resultado contabilístico como base para o cálculo do lucro tributável

No que diz respeito à relação entre o lucro contábil e a determinação do lucro tributável, a peça fundamental é o artigo 17º do Código do Imposto sobre o Rendimento das Pessoas Coletivas (CIRC),[11] que enuncia: "O lucro tributável das pessoas coletivas e outras entidades mencionadas na alínea a) do nº 1 do artigo 3º é constituído pela soma algébrica do resultado líquido do período e das variações patrimoniais positivas e negativas verificadas no mesmo período e não refletidas naquele resultado, determinados com base na contabilidade e eventualmente corrigidos nos termos deste Código".

A expressão "resultado líquido do período", refere-se ao resultado evidenciado na conta de resultados e no balanço da empresa. O termo

[11] Código do Imposto sobre o Rendimento das Pessoas Coletivas (CIRC), Lei 2/2014, 16 de janeiro.

"variações patrimoniais positivas e negativas verificadas no mesmo período e não refletidas naquele resultado" refere-se a acréscimos e decréscimos patrimoniais reconhecidos diretamente em capital e portanto não evidenciados através da conta de resultados, mas que devam ser considerados parte do rendimento do período de acordo com um conceito de rendimento conforme ao modelo Schanz-Haig-Simons.[12]

Por seu turno, a expressão "corrigidos nos termos deste Código" está relacionada com um vasto número de normas incluídas no CIRC que têm conteúdo contabilístico. Estas normas podem, em certos casos, impor tratamentos contábeis diversos dos utilizados na contabilidade comercial, mas, na maior parte das vezes, estabelecem limites quantitativos aos custos determinados pela contabilidade, ou limitam a diversidade de opções contábeis relativas a um determinado facto patrimonial.

Assim, o resultado contabilístico determinado através da conta de resultadas elaborada para fins da contabilidade comercial forma a "base" para o cálculo do lucro tributável.[13] E as únicas alterações passíveis de serem efetuadas ao resultado contabilístico, para efeitos de determinação do lucro tributável, são aquelas que a própria lei fiscal prevê.

A regra de que o lucro tributável é determinado com base no resultado contabilístico, sendo uma regra jurídica, tem necessariamente que se traduzir em imposições ou proibições que se projetam sobre as condutas dos seus destinatários. No caso da regra do artigo 17º, ela projeta-se em imposições e proibições quer para o sujeito passivo, quer para a administração tributária.

Para a administração tributária, a regra significa que ela está vinculada a aceitar o resultado contabilístico como base do cálculo do lucro tributável, estando-lhe vedado, portanto, afastar as opções contabilísticas que o sujeito passivo haja efetuado nas suas contas comerciais. Esta regra comporta duas exceções ou limitações. A primeira está na própria regra: a administração pode impor modificações ao lucro tributável quando essas modificações sejam determinadas por normas de conteúdo contabilístico previstas na lei do imposto ("corrigido nos termos deste código").

[12] Pereira, M. H. F, *A Periodização do Lucro Tributável,* Cadernos de Ciência e Técnica Fiscal, nr. 152, 1988, p. 28.

[13] Morais, R. D., *Apontamentos ao IRC, Almedina, Coimbra, 2007,* p. 63.

A segunda limitação é a que decorre do nº 3 do mesmo artigo 17º: para que o lucro tributável possa ser apurado com base no "resultado líquido do período, determinado com base na contabilidade", é necessário que a contabilidade, além de outros dois requisitos, esteja "organizada de acordo com a normalização contabilística e outras disposições legais em vigor para o respetivo setor de atividade" Os dois outros requisitos são que a contabilidade deve estar informatizada e que deve "refletir todas as operações realizadas pelo sujeito passivo e ser organizada de modo que os resultados das operações e variações patrimoniais sujeitas ao regime geral do IRC possam claramente distinguir-se dos das restantes".

É assim de concluir que a regra de que o lucro tributável é determinado com base no resultado contabilístico deixa de vincular a administração tributária, quando a contabilidade seja considerada não conforme com a regulação contabilística.

Se formulada em abstrato esta regra é bastante clara, a sua aplicação prática mostra-se fértil em dificuldades. Desde logo, caberia questionar sobre a amplitude do poder da administração para considerar o resultado contabilístico não conforme com a regulação contabilística. Numa interpretação literal da norma, concluir-se-ia que, em caso de desconformidade das contas comerciais com as normas contábeis aplicáveis, a regra da dependência deixaria de vincular a administração tributária, que teria dessa forma a possibilidade de descartar a contabilidade comercial.[14]

Na prática, esta prerrogativa da administração tributária tem sido bastante limitada pela jurisprudência. Outra questão que se coloca a este propósito é a de qual a extensão do poder da administração tributária de refazer o lucro tributável, afastando-se do resultado contabilístico, quando considere que a contabilidade não cumpre os normativos legais. Também aqui a jurisprudência indicia uma prática bastante restritiva. Ainda que se comprove que o sujeito passivo cometeu irregularidades nas contas comerciais, a administração tributária está obrigada, ao efetuar correções, a levar em conta todos os elementos da contabilidade que

[14] Supremo Tribunal Administrativo, 27-04-1988, proc. 4694.

mereçam credibilidade, corrigindo e substituindo apenas os elementos que não possam ser aproveitados.[15]

De acordo com o que constitui orientação jurisprudencial firme, se as contas, apesar de inexatas, contêm os elementos necessários para o conhecimento da matéria coletável, a administração fiscal apenas deverá proceder a "correções técnicas".[16] "Correções técnicas"[17] baseiam-se numa estrita aplicação das normas contábeis sem recurso a qualquer tipo de juízos discricionários ou de métodos indiretos de avaliação da matéria coletável.[18] Nesta hipótese, a regra da dependência (vinculação da administração aos juízos e opções contábeis feitos pelo sujeito passivo nas contas comerciais) continuará a aplicar-se plenamente às partes da contabilidade consideradas corretas.

Se as contas comerciais não contêm os elementos necessários para efetuar as correções devidas mas a maioria da informação contábil é ainda assim válida, a administração poderá usar métodos indiretos apenas para corrigir as deficiências que não possam ser colmatadas de outra forma, mas aplicarão a regra da dependência às partes da contabilidade considerada correta.[19]. Apenas no caso limite de as contas comerciais serem inexistentes ou incorretas no seu todo e não existirem elementos que permitam a determinação direta do lucro tributável, a administração poderá desconsiderar a contabilidade comercial. [20]

A regra de que o resultado contabilístico vincula a administração, materializada no artigo 17º, foi estabelecida apenas em 1989, com a aprovação do CIRC, e foi tornada possível pela formalização da regulação contabilística trazida pelos planos oficias de contabilidade. Até lá, a contabilidade comercial, ao não obedecer a regras uniformes, não era

[15] Supremo Tribunal Administrativo, 20-05-2020, proc. 0276/14.6BECBR; Tribunal Central Administrativo – Sul, 22-05-2019, processo nº 8388/15.2BCLSB.

[16] Acórdãos do Supremo Tribunal Administrativo de 07-05-200, processo nº 0243/03 e de 26-04-2007, processo noº 37/07.

[17] O termo "correção técnica" não é um termo legal, mas uma expressão usada pela administração fiscal em relatórios de inspeção tributária.

[18] Acórdão do Supremo Tribunal Administrativo de 05-02-1997, processo nº 21176.

[19] Acórdão do Supremo Tribunal Administrativo de 19-03-2009, processo nº 890/08.

[20] Acórdão do Tribunal Central Administrativo – Norte de 26-02-2015, processo nº 00235/03-Mirandela;

considerada suficientemente fiável para poder vincular a base tributável das empresas. Como consequência, a administração tributária tinha um amplo poder discricionário na determinação do lucro tributável e, na prática, os sujeitos passivos sentiam-se compelidos a seguir as orientações da administração tributária na sua contabilidade.[21]

Já na perspetiva do sujeito passivo, a regra (de que o lucro tributável é determinado com base no resultado contabilístico) traduz-se na proibição de o sujeito passivo, perante um facto patrimonial para o qual existam diferentes tratamentos contabilísticos possíveis, optar, ao determinar o lucro tributável, por um tratamento diferente do adotado nas contas comerciais, baseado em considerações relativas aos diferentes fins da contabilidade mercantil e da tributação. Por exemplo, se o sujeito passivo não reconheceu, nas contas comerciais, uma provisão ("imparidade") que a lei fiscal autorizaria efetuar na situação concreta, o sujeito passivo não poderá efetuar a provisão para efeitos de cálculo do lucro tributável, argumentando que o lucro tributável deve ser um lucro especialmente "prudente" ou conservador. Este efeito de preclusividade das opções contabilísticas efetuadas na demonstração de resultados para a determinação do lucro tributável recebe diferentes designações na doutrina internacional; "dipendenza" em Itália,[22] "formelle Massgelblichkeit" na Alemanha, e conexão formal em Espanha.[23] Em Portugal o termo mais utilizado é o de "dependência".

É importante sublinhar que o efeito preclusivo do resultado contabilístico para a determinação do lucro sujeito a imposto – o âmbito de aplicação da regra de que o lucro tributável é determinado "com base" no resultado contabilístico – dá-se exclusivamente no campo das opções contabilísticas, entendendo-se por tal os factos patrimoniais para os

[21] Até 1998, os tribunais consideravam que as normas de conteúdo contábil contidas na lei fiscal eram obrigatórias para a contabilidade comercial (Supremo Tribunal Administrativo, 18-11-1998, proc. 21703).

[22] Por todos, Falsittà, G., *Il bilancio di esercizio delle imprese,* Milán, Giuffrè, 1985, p. 147

[23] García-Moreno, V. A., *La Base Imponible del Impuesto sobre Sociedades,* Madrid, 1999, p. 34.

quais existe, de acordo com a regulação contabilística, mais do que uma possibilidade de tratamento aplicável.[24]

Um segundo aspeto a referir para caracterizar a regra da dependência, na perspetiva do sujeito passivo, é que ela apenas impede o sujeito passivo de utilizar no cálculo do lucro tributável diferentes opções contabilísticas que reduzam o lucro, mas não de utilizar diferentes opções contabilísticas que aumentem o lucro. Este particular aspeto da regra não se encontra expressa no artº 17º do CIRC, mas ela retira-se das restantes normas da lei do imposto.

2.2 A *ratio* da regra da dependência

A *ratio* da regra da dependência reside, por um lado, no princípio da tributação segundo a capacidade contributiva e, por outro lado, no valor probatório da contabilidade comercial.[25] Quanto ao primeiro aspeto, a Constituição Portuguesa, como já foi referido antes, consagra no seu artigo 104º, nº 2 o princípio de que as empresas devem ser tributadas pelo seu rendimento real. A consagração deste princípio, na Constituição de 1976, é contemporânea da adoção do primeiro Plano Oficial de Contas, e ambos significam um corte com a prática anterior de tributar as empresas pelo lucro presumido ou pelo lucro normal. O legislador considera que a contabilidade comercial, estando obrigada a mostrar a situação patrimonial verdadeira da empresa, evidencia o lucro real, lucro real esse que traduz a capacidade contributiva da empresa.[26]

Quanto ao segundo aspeto, ele relaciona-se com a subjetividade presente em grande número de juízos e opções contabilísticas que o preparador das contas empresariais tem que fazer e o valor que o direito

[24] AGUIAR, N., *Tributación y Contabilidad, Una Perspectiva Histórica y de Derecho Comparado*, Granada, 2011, p. 305.

[25] AGUIAR, N., *op. cit.*, p. 378; BÁEZ-MORENO, A., *Normas Contables e Impuesto sobre Sociedades, Thomson/Aranzadi*, Cizur Menor, 2005, p. 71.

[26] No preâmbulo do Código da Contribuição Industrial de 1963, em que pela primeira vez, para um grupo de contribuintes, se estabeleceu a regra da conexão entre o lucro tributável e as contas comerciais, o legislador deixou claramente expressa a ideia de que o propósito dessa inovação era o de garantir que o imposto incidisse sobre o "rendimento real" das empresas. E o legislador acrescentou ainda o "rendimento real" é o melhor indicador da capacidade dos cidadãos e das empresas.

tributário atribui a esses valores. Voltando ao exemplo anterior, se, nas suas contas comerciais, o sujeito passivo não contabilizou uma provisão que, abstratamente, podia contabilizar, por considerar não existir um risco que a justificasse, do ponto de vista do imposto, essa opção efetuada nas contas comerciais prova a inexistência de um risco que justifique a provisão, pelo que esta não poderá ser feita para efeitos fiscais.

O princípio aqui presente é o que os juízos efetuados na contabilidade ou as opções aí realizadas exprimem a verdade patrimonial, tal como ela é percecionada pelo sujeito passivo.

O princípio vigora no direito português desde época muito anterior ao atual CIRC, tendo sido reconhecido pela jurisprudência já em 1966,[27] e sido amplamente desenvolvido desde então.[28]

No momento de ensaiar uma apreciação sobre as vantagens e as desvantagens de um modelo de dependência, mitigada ou não mitigada, versus um modelo – certamente um modelo teórico, pois, tanto quanto nos é dado saber, não existe nenhum país que o tenha adotado – é importante relembrar que o sistema de desconexão foi experimentado algumas vezes no passado, por alguns países, quando se tratou de introduzir o imposto sobre o rendimento.

Isso aconteceu, por exemplo, na Alemanha anterior à unificação, mais concretamente na Prússia, com as leis de imposto de 1851 e de 1873, que previam elaboração de uma conta de resultados especialmente preparada para efeitos fiscais[29] e que se baseava em critérios contábeis diferentes dos adotados pela contabilidade mercantil praticada na época. Fundamentalmente, a determinação do lucro para efeitos fiscais baseava-se no

[27] Acórdão do Supremo Tribunal Administrativo de 30-03-1966, processo nº 15325, sumário disponível em www.dgsi.pt.

[28] Entre outros, os acórdãos: STA, 09-02-2000, processo nº 22208; STA, 21-11-2001, processo nº 26080; STA, 30-04-2003, processo nº 101/03; STA, 18-05-2005, processo nº 0132/05; STA, 18-10-2006, processo nº 668/06; STA, 25-01-2006, processo nº 0830/05; STA, 18-06-2014, processo nº 1463/12, todos disponíveis em www.dgsi.pt.

[29] Segundo nos informam Barth, K., Die Entwicklung des deutschen Bilanzrecht, Band II, 1, Steuerrecht, Estugarda-Degerloch, 1995, p. 178; Mathiak, W., § 5, *in* Kirchof/Söhn, *Einkommensteuergesetz-Kommentar*, 1991, p. 48; e também Spannhorst, B., Die Grundsätze orrdnungsmässiger Buchführung. Rechtsnatur, Entstehung und Ermittlung, Westfälischen Wilhelms – Universität zu Münster, Osnabrück, 1973, p. 16.

custo histórico e num critério de competência financeira (ou caixa) em que os ingressos e os custos eram reconhecidos no momento do respetivo fluxo financeiro.[30]

Também nos EUA, o *Corporate excise tax* de 1909 assentava igualmente num sistema de determinação do lucro tributável segundo o método de caixa, sendo os ingressos e os custos reconhecidos respetivamente no momento do recebimento e do pagamento, e divergindo radicalmente dos *generally accepted accounting principles (GAAP)*.

Tanto num caso como noutro, o sistema provou não funcionar adequadamente. Um dos problemas existentes, embora provavelmente não o único, residia em que os próprios sujeitos passivos não aprovavam o sistema, pois consideravam que o imposto não incidia sobre o seu lucro real.

Este aspeto está relacionado com a primeira *ratio* que apontámos acima para a regra da dependência. O legislador considera que o resultado contabilístico é o que exprime mais adequadamente a capacidade contributiva das empresas, ou seja, o seu lucro real e é esse o lucro que o direito fiscal entende que deve ser tributado.

A substituição do sistema de dependência por um sistema de desconexão iria exigir do direito fiscal uma regulação muito mais densa da determinação do lucro, do que aquela que existe hoje. Apesar de mais densa do que é hoje, comparada com a regulação contábil comercial essa regulação seria necessariamente muito simplificada e, por consequência rígida. A discricionariedade, ie. a existência de espaços destinados a juízos subjetivos e a opções contábeis, seria inevitavelmente reduzido ao mínimo.

É claro que na base da decisão de instituir um sistema de desconexão estaria sempre uma questão de fundo, que é a do conceito de rendimento a adotar para determinação do lucro tributável.

Os defensores da desconexão têm insistido em que o lucro tributável deve ser um lucro mais conservador. Para o determinar deve-se poder fazer um uso mais intenso do princípio da prudência, em especial no reconhecimento de custos, e os ganhos não deverão ser reconhecidos

[30] Barth, K., *op. cit.*, p. 178.

enquanto não se encontrarem definitivamente realizados através de uma transação.

Aceitando-se que este lucro conservador exprimiria adequadamente a capacidade contributiva, levanta-se um problema do lado da contabilidade comercial: como assegurar que as empresas não empolam excessivamente os seus resultados, mostrando aos credores um património irrealista e aos investidores uma performance demasiado otimista.

Além disso, o legislador fiscal teria sempre que se confrontar com uma outra questão de fundo, que está relacionada com a segunda *ratio* que apontámos para a regra da dependência. No caso de factos financeiros que implicam necessariamente um juízo subjetivo, como, por exemplo, uma provisão ligada a um risco, não sendo esse facto relevado na contabilidade comercial, mas pretendendo o sujeito passivo relevá-lo para efeitos fiscais, pode considerar-se que esse facto é verdadeiro? Se, por exemplo, o sujeito passivo pretende reconhecer para efeitos fiscais uma provisão que não reconheceu na contabilidade comercial, essa provisão, pode, em algum caso, considerar-se traduzir um risco verdadeiro? Parece óbvio que não, na medida em que o risco ou existe ou não existe. Se existe, e não foi considerado nas contas comerciais, então estas não refletem dão uma imagem verdadeira da situação financeira; se não existe, então não poderá ser relevado para efeitos fiscais, sob pena de diminuição artificial da base tributável. Mas se o legislador assumir que este tipo de coincidência terá que existir sempre entre a contabilidade comercial e a contabilidade fiscal, isso corresponderá a uma forma de dependência.

Estas são questões que não têm uma resposta simples nem porventura poderão ter uma resposta definitiva.

2.3 O mecanismo dos ajustes extracontábeis – as várias categorias e os critérios subjacentes

Um segundo elemento estrutural da relação entre o lucro tributável e as contas comerciais reside no mecanismo dos ajustes extracontábeis, os quais são modificações efetuadas sobre as qualificações e valorações da contabilidade comercial, com efeitos exclusivamente ao nível fiscal, *ie.* que não afetam as contas comerciais.

Estes ajustes são de várias categorias e obedecem a diferentes razões.

Alguns desses ajustes tem uma natureza puramente técnica, decorrendo da própria lógica do imposto. É o caso da dedução de prejuízos dos doze anos anteriores. Como é sabido, o lucro é aferido por referência a um período determinado, não devendo ser influenciado por resultados de períodos anteriores. Porém, os prejuízos de um determinado ano têm reflexo na capacidade contributiva dos anos posteriores, já que os lucros sucessivos terão que ser usados para cobrir os prejuízos, não podendo ser distribuídos aos sócios. Assim, a dedução de prejuízos passados visa determinar a capacidade contributiva dos sujeitos passivos.

Estes ajustes não são uma exceção ao princípio da dependência, uma vez que todas os juízos e opções contabilísticas efetuados na contabilidade comercial permanecem inalterados.

Uma outra categoria de ajustes baseia-se em considerações de boa gestão, de razoabilidade duvidosa. Por exemplo, as sanções pecuniárias (provenientes de crimes ou de contraordenações) não podem ser deduzidas. Entendemos que estes ajustes também não constituem uma exceção à regra da dependência, uma vez que também não contendem com os juízos e opções efetuados na contabilidade comercial.

Uma terceira categoria de ajustes tem na sua base a concessão de benefícios fiscais.

É o caso paradigmático da norma que permite, em certas condições, deduzir do lucro tributável as mais-valias reinvestidas.[31] O objetivo da norma é claramente o de oferecer um benefício fiscal de incentivo ao reinvestimento. Estas normas não têm em vista a determinação do lucro real, mas sim, pelo contrário, permitir que certas componentes do lucro real sejam excluídas da base tributável, razão pela qual se permite nestes casos que o lucro tributável se afaste do resultado contábil.

Em algumas situações, a natureza de benefício fiscal da norma tributária não é tão patente. Por exemplo, no caso do método de amortização por quotas decrescentes,[32] existe doutrina, como é consabido, que o considera um benefício fiscal. No entanto, nada na letra da lei permite concluir claramente nesse sentido, e, na dúvida, os contribuintes tendem a aplicar o método de quotas decrescentes também na sua contabili-

[31] Artigo 48º do CIRC.

[32] Artigo 30º, nº 2 do CIRC.

dade comercial. Trata-se de um caso óbvio de dependência inversa, que ocorre não por determinação expressa da lei mas devido à ambiguidade da norma legal.[33]

Uma quarta categoria de ajustes é formada por ajustes determinados por fins de combate à evasão fiscal, assentando na ideia de que certos custos contabilizados como tal não são reais mas têm em vista unicamente obter vantagens fiscais indevidas. Cabem nesta categoria a norma que proíbe a dedução de custos não relacionados com os rendimentos, a norma que proíbe a dedução de custos não documentados, a norma que proíbe a dedução de custos com combustível quando o sujeito passivo não prove que os consumos respeitam à atividade da empresa, os juros pagos aos sócios acima de determinado montante, e as quantias pagas a qualquer entidade residente num território "com regime fiscal claramente mais favorável".

A quinta e mais importante categoria de ajustes extracontábeis é a que tem por finalidade simplesmente limitar a limitar a discricionariedade deixada pela norma contabilística.

Estas normas assemelham-se, no seu conteúdo, a normas contábeis, estabelecendo critérios de qualificação, mensuração e periodização dos factos patrimoniais. Estas normas fiscais de conteúdo contábil não são necessariamente contrárias à regulação contabilística, mas impõem limites à discricionariedade das normas contábeis. Como exemplo, pode indicar-se o caso da norma que estabelece limites às amortizações. A norma não contém necessariamente um conteúdo incompatível com a norma contabilística. Simplesmente, o legislador assume que, na ausência de um limite imposto pela norma fiscal, o sujeito passivo irá, eventualmente, usar a norma contabilística tendo em vista não dar uma imagem verdadeira do património, mas minimizar o lucro fiscal.

Estes ajustes, são por vezes indevidamente vistos como exceções à regra da dependência entre lucro tributável e contas comerciais. Julga-

[33] O conceito de dependência inversa, também oriundo da doutrina italiana (*dipendenza rovesciata*) significa a aplicação das normas de direito fiscal de conteúdo contábil nas contas comerciais (Adamo, S, *L'eliminazione dell'appendice fiscale: riflessi sull'attendibilità del bilancio di esercizio,* Rivista dei Dottori Commercialisti, n. 4, 1995, p. 812).

mos que não é totalmente correta esta visão, pois estes ajustes operam dentro da regra da dependência.[34]

Um exemplo simples ajudará a ilustrar a ideia: no caso de uma empresa registar uma perda nos seus inventários, tanto a norma contabilística como a norma fiscal permitem que essa perda seja contabilizada como variação negativa do património (custo). A norma fiscal, contudo, impõe um limite máximo à dedução, que será a diferença entre o custo de aquisição ou de produção dos inventários e o respetivo valor realizável líquido referido à data do balanço.[35] Se o sujeito passivo, nas suas contas comerciais, tiver utilizado um critério diferente, que origine uma dedução maior do que a permitida pela norma fiscal, o sujeito passivo fica obrigado a efetuar um ajustamento extracontábil, de modo a reduzir a dedução com impacto exclusivamente fiscal. No entanto, ele continua a poder efetuar a dedução apenas na medida em que a mesma tenha sido efetuada na contabilidade, aplicando-se aqui plenamente a regra da dependência.

Noutras situações, menos frequentes, as normas fiscais impõem a contabilização de certos rendimentos.

É o caso da norma que obriga à contabilização de um rendimento em caso de reversão de uma perda no inventário registada anteriormente.[36]

Neste caso, não é necessário que o rendimento esteja registado na contabilidade, pois a norma fiscal opera autonomamente. Isto, mais uma vez, não significa uma exceção ou uma rutura com a regra da dependência, pois definimo-la como a regra que torna os juízos e opções contábeis efetuados na contabilidade preclusivos para a determinação do lucro tributável, quando o afastamento desses juízos e opções conduza a uma redução do lucro tributável, por comparação com o resultado contabilístico, mas não o contrário.

2.4 A remissão para o direito contabilístico comercial

Um terceiro elemento da relação entre o lucro tributável e a contabilidade comercial diz respeito ao modo como o direito fiscal se posiciona em relação ao direito contabilístico comercial.

[34] AGUIAR, N., *op. cit.*, p. 359.

[35] Artigo 28º, nº 1 do CIRC.

[36] Artigo 28º, nº 3 do CIRC.

Já antes referimos que durante um período, mais ou menos coincidente com a vigência da contribuição industrial, a regulação contabilística não era vista como verdadeira fonte de direito, e as normas de conteúdo contábil contidas no direito fiscal – essas, verdadeiras normas jurídicas – impunham-se à contabilidade comercial.[37]

Hoje, o artigo 17º do CIRC contém uma remissão formal para o direito contabilístico comercial, ao dispor, no seu nº 3: "[d]e modo a permitir o apuramento referido no nº 1, a contabilidade deve: a) Estar organizada de acordo com a normalização contabilística e outras disposições legais em vigor para o respectivo sector de actividade, sem prejuízo da observância das disposições previstas neste Código".

A última parte do preceito – "sem prejuízo da observância das disposições previstas neste Código" – é ambígua, parecendo significar que as normas da lei do imposto com conteúdo contábil devem afastar as normas de direito contabilístico comercial quando estejam em contradição com elas. Somos de parecer que o texto, aprovado em 1988, é um resquício do sistema anterior, em que as normas fiscais se impunham à contabilidade comercial. Hoje, é incerto o seu alcance. Sendo certo que não há registo de pronunciamentos dos tribunais sobre a questão, tal pode acontecer porque, na prática, os sujeitos passivos tendem, por prudência, a conformar a sua contabilidade comercial com as normas fiscais de conteúdo contábil, a fim de evitar conflitos com a administração tributária, originando um efeito que pode ser descrito, de acordo com a doutrina italiana, como dependência inversa.[38]

[37] V.g. os acórdãos: Supremo Tribunal Administrativo 23-5-1979, processo nº 1226; Supremo Tribunal Administrativo 11-01-1995, processo nº 18499 (em que o sujeito passivo adotou nas contas comerciais um critério de periodização diferente do prescrito na lei tributária, e em consequência a administração fiscal considerou as contas comerciais como irregulares); Supremo Tribunal Administrativo 5-04-1989, processo nº 5799 (em que o sujeito passivo usou método de mensuração de inventários diferente do prescrito no Código da Contribuição Industrial de 1963); e Supremo Tribunal Administrativo 16-06-1971, processo nº 16394, todos disponíveis in www.dgsi.pt.

[38] Falsittà, G., *op. cit.*, p. 10; Grandinetti, M., *La Determinazione della base imponibile delle società ai Fini delle Imposte sui Reditti,* Rubettino, Soveria Mannelli, 2009, p. 47.

a) O lucro tributável e o critério do valor justo

Com a adoção das NIC, nos casos em que estas se aplicam diretamente, ou do SNC, o resultado contabilístico passou a poder refletir em algumas situações resultados de avaliações ao valor justo.

O princípio geral em matéria de avaliação pelo valor justo, no imposto sobre as sociedades, é o da irrelevância no plano fiscal desses resultados determinados pela aplicação do critério do valor justo.

Com efeito, estatui o artº 18º do CIRC que "os ajustamentos decorrentes da aplicação do justo valor não concorrem para a formação do lucro tributável, sendo imputados como rendimentos ou gastos no período de tributação em que os elementos ou direitos que lhes deram origem sejam alienados, exercidos, extintos ou liquidados (...)".

Desta forma, se o resultado contabilístico englobar avaliações ao valor justo, estas serão expurgadas do lucro tributável através de ajustamentos extracontábeis. As variações de valor ou os resultados relativos a esses ativos ou passivos serão reconhecidos para efeitos tributários no momento da alienação dos ativos, do "exercício dos direitos" (vg. a cobrança dos créditos), da extinção dos créditos ou dos passivos, ou da liquidação dos mesmos (princípio da realização).[39]

Contudo, existem exceções a esta regra. Em alguns casos, as variações por valor justo refletidas no lucro contábil são incluídas no lucro tributável.

As variações por valor justo respeitantes a instrumentos financeiros, quer positivas quer negativas, são, em regra, incluídas no lucro tributável. Quando se trate de instrumentos de capital próprio, a inclusão da variação no lucro tributável só ocorrerá nos casos em que os instrumentos tenham uma cotação formada num mercado regulamentado e o sujeito passivo não detenha, direta ou indiretamente, uma participação no capital igual ou superior a 5% do respetivo capital social.[40]

[39] Barros, J. Estudo da Aplicação das normas contabilísticas de "justo valor" (fair value) nas empresas integradas no Portuguese Stock Index-20 (PSI-20), Lisboa, ISEG, 2013, p. 12.
[40] Trata-se do artigo 18º nº 9, alínea a) do CIRC.

São igualmente incluídos no lucro tributável os ganhos e as perdas por avaliação ao valor justo em ativos biológicos que não sejam explorações silvícolas plurianuais.[41]

O custo de aquisição de empresas e partes de empresas, em operações de reestruturação societária, é igualmente incluído no lucro tributável, quando reconhecido no resultado contábil. Além disso, a amortização desse custo é também aceite como custo fiscal.

Do mesmo modo, o valor reconhecido pelo valor justo de grandes reparações e beneficiações e de benfeitorias efetuadas em "propriedades de investimento" (IAS/NIC 40) é incluído no lucro tributável, sendo identicamente reconhecidas as amortizações efetuadas sobre esse valor.

Referências

ADAMO, S, *L'eliminazione dell'appendice fiscale: riflessi sull'attendibilità del bilancio di esercizio,* Rivista dei Dottori Commercialisti, n. 4, 1995, pp. 809-829.

AGUIAR, N., *Tributación y Contabilidad, Una Perspectiva Histórica y de Derecho Comparado,* Granada, 2011.

BÁEZ-MORENO, A., *Normas Contables e Impuesto sobre Sociedades, Thomson/Aranzadi,* Cizur Menor, 2005.

BARROS, J. Estudo da Aplicação das normas contabilísticas de "justo valor" (fair value) nas empresas integradas no Portuguese Stock Index-20 (PSI-20), Lisboa, ISEG, 2013.

BARTH, K., *Die Entwicklung des deutschen Bilanzrecht, Band II, 1, Steuerrecht,* Estugarda-Degerloch, 1995.

CANHA, Rui, Impactos contabilísticos e fiscais com a transição para as NCRF, Lisboa, Instituto Superior de Contabilidade e Administração de Lisboa, 2016.

CASTRO TAVARES, T., *Da relação de dependência parcial entre a contabilidade e o direito fiscal na determinação do rendimento tributável das pessoas colectivas: algumas reflexões ao nível dos custos,* Ciência e Técnica Fiscal, n. 396, 1994, pp. 13 -177.

FALSITTÀ, G., *Il bilancio di esercizio delle imprese,* Milán, Giuffrè, 1985.

GARCÍA-MORENO, V. A., *La Base Imponible del Impuesto sobre Sociedades,* Madrid, Technos, 1999.

[41] Artigo 20º, nº 1, alínea g) e artigo 23º, nº 2, alínea k) do CIRC.

GRANDINETTI, M., *La Determinazione della base imponibile delle società ai fini delle imposte sui reditti,* Rubettino, Soveria Mannelli, 2009.

MATHIAK, W., *§ 5, in* KIRCHOF/SÖHN, *Einkommensteuergesetz-Kommentar,* Heidelberga, C.F. Müller, 1991.

MORAIS, R. D., *Apontamentos ao IRC,* Coimbra, Almedina, 2007.

PEREIRA, M. H. F, *A Periodização do lucro tributável,* Cadernos de Ciência e Técnica Fiscal, n. 152, 1988.

PEREIRA, R., ESTEVAM, M. & ALMEIDA, R., *Harmonização contabilística internacional: análise das suas implicações em Portugal,* Lisboa, Bnomic, 2009.

SPANNHORST, B., *Die Grundsätze orrdnungsmässiger Buchführung. Rechtsnatur,* Entstehung *und Ermittlung,* Osnabrück, Westfälischen Wilhelms, Osnabrück, 1973.

3. LUCRO CONTABILÍSTICO E LUCRO TRIBUTÁVEL: NOTAS SOBRE O IMPACTO DA ADOÇÃO DAS NORMAS INTERNACIONAIS DE CONTABILIDADE EM PORTUGAL

ANTÓNIO MARTINS
DANIEL TABORDA

Introdução

É conhecida a complexidade da relação entre as regras contabilísticas e as normas fiscais no processo de transformação do lucro contabilístico (em Portugal tomado como ponto de partida no cálculo da base tributável das pessoas coletivas)[1] e o lucro tributável apresentado por estes contribuintes.

Pese embora o desejo de aproximação entre as regras contabilísticas e fiscais, o certo é que a divergência entre ambas se tem acentuado. Julgamos que não poderia deixar de ser assim.

O Regulamento (CE) nº 1606/2002 veio estabelecer a adoção e a utilização, na União Europeia, das Normas Internacionais de Contabilidade, dando, assim, resposta às crescentes necessidades em matéria de relato financeiro no contexto das profundas alterações ocorridas nos últimos anos na conjuntura económica e financeira[2].

[1] Cf. artigo 17º do Código do Imposto sobre o Rendimento das Pessoas Coletivas (CIRC).

[2] A aplicação das normas internacionais emitidas pelo *International Accounting Standards Board* (IASB) na UE carece de ratificação ou endosso prévio (*endorsement*) por parte do *European Financial Reporting Advisory Group* (EFRAG), organismo criado pela Comissão

E o Sistema de Normalização Contabilística (SNC)[3] – criado no contexto da adoção, por Portugal, das normas internacionais de contabilidade IAS/IFRS, veio dar crescente impulso a essa crescente divergência entre contabilidade e tributação. De notar, como adiante melhor se verá que o SNC se inspira e reproduz em larga parte as IAS/IFRS. Todavia, existem pontos em que delas se afasta. Assim, o SNC não é totalmente coincidente com as normas internacionais, embora sejam estas a sua fonte predominante.

A preocupação da contabilidade com temáticas tais como o justo valor, as imparidades, as provisões, as depreciações e amortizações, muito dependentes de estimativas, teria de chocar com um legislador fiscal muito mais preocupado com a estabilidade da receita e a maior objetividade no apuramento de rendimentos e gastos[4].

A evolução futura acentuará, muito provavelmente, tal divergência. A contabilidade está trilhando um caminho que leva a encarar o balanço das entidades cada vez menos como um conjunto de elementos patrimoniais a custo histórico e mais como um rol agregado em permanente avaliação de quantias recuperáveis – por via do justo valor ou do valor de uso. O reconhecimento de rendimentos e de gastos está cada vez mais influenciado por estimativas de benefícios futuros, pela previsão de obrigações prováveis ou de desvalorizações potenciais. Ora este é um caminho para o qual o legislador fiscal sempre olhará com reservas.

Europeia em 2001. As normas internacionais de contabilidade incluem as *International Accounting Standards* (IAS), *International Financial Reporting Standards* (IFRS) e interpretações conexas (com as IAS) – *Standard Interpretations Comittee* (SIC) – e (com as IFRS) – *International Financial Reporting Interpretations Committee* (IFRIC). O atual IASB corresponde ao ex – *International Accounting Standards Committee* (IASC), fundado em 1972, e, quando foi criado em 2001, adotou todas as normas anteriormente aprovadas pelo IASC. Estas mantêm-se em vigor até que sejam alteradas ou revogadas pelo IASB.

[3] Criado pelo Decreto-lei nº 158/2009, de 13 de julho, sendo de destacar as alterações introduzidas pelo Decreto-lei n.º 98/2015, de 2 de junho.

[4] Usar-se-ão neste texto, indistintamente, as expressões "proveitos e custos" e "rendimentos e gastos".

1. A adoção das normas internacionais em Portugal: breve nota

Atualmente, a aplicação das normas internacionais de contabilidade (IAS/IFRS) em Portugal pode resultar de uma obrigação legal ou de uma opção, cujo exercício deriva geralmente da obrigação de reporte ao grupo (empresa-mãe) para efeitos de consolidação de contas.

Segundo o Regulamento nº 1606/2002 do Parlamento Europeu e do Conselho, de 19 de julho, as IAS/IFRS passaram a ser aplicadas na preparação das demonstrações financeiras consolidadas das sociedades emitentes de valores mobiliários negociados em mercado regulamentado (grupos cotados), a partir de 1 de janeiro de 2005. O Regulamento nº 11/2005 da CMVM, de 3 de novembro, estendeu esta obrigação às demonstrações financeiras individuais das sociedades cotadas. Assim, no já referido diploma legal que aprova o SNC, esta obrigatoriedade para as contas consolidadas consta do nº 1 do seu artigo 4º. Já para as contas individuais, o artigo 5º reconhece ao Banco de Portugal, à Autoridade de Supervisão de Seguros e Fundos de Pensões e à Comissão do Mercado de Valores Mobiliários (supervisores do setor financeiro) a faculdade de definirem o âmbito de aplicação das IAS/IFRS às entidades sujeitas à sua supervisão. Daí que se afirme, simplificadamente, que o SNC não se aplica ao setor financeiro (banca, seguros e bolsa).

De forma facultativa, as contas individuais das empresas pertencentes a grupos cotados (inclusive quando incluídas no âmbito da consolidação de uma empresa mãe sediada outro Estado-membro que apresente contas consolidadas de acordo com as IAS/IFRS) podem ser elaboradas em conformidade com estas, desde que sujeitas a certificação legal das contas (nºs 3 e 5 do artigo 4º). As IAS/IFRS podem também ser aplicadas na elaboração das contas consolidadas das sociedades não cotadas, bem como das contas individuais das sociedades que pertencem ao perímetro de consolidação daquelas, desde que se sujeitem a certificação legal das contas (nºs 2 e 4 do artigo 4º). Estas opções são globais e vigoram por um período mínimo de três anos (nº 6)[5].

[5] Entendemos que esta opção é de facto uma opção conjunta, isto é, exercida pela globalidade das subsidiárias portuguesas incluídas no perímetro de consolidação da empresa mãe. Só assim se garante a comparabilidade entre empresas do grupo e se obtêm as almejadas vantagens no plano da simplificação do processo de consolidação. No entanto, a infor-

Daqui resulta que só é possível, a uma entidade de entre as incluídas no âmbito de aplicação do SNC, que, como já se viu, exclui as que pertencem ao setor financeiro, preparar contas individuais em conformidade com as normas internacionais de contabilidade se as suas contas forem incluídas no âmbito da consolidação de entidades que preparem, por obrigação ou por opção contas consolidadas em conformidade com as normas internacionais de contabilidade, e se essas demonstrações financeiras individuais forem sujeitas a certificação legal das contas.

Duas notas são ainda devidas relativamente à aplicação do SNC e das IAS/IFRS. A primeira, prevista no ponto 1.4 do Anexo ao Decreto-lei nº 158/2009, de 13 de julho, é relativa à superação de lacunas no contexto do SNC. Estabelece que deve aplicar-se de forma supletiva e respeitando a ordem indicada, as "normas internacionais de contabilidade (NIC), adotadas ao abrigo do Regulamento (CE) nº 1606/2002, do Parlamento Europeu e do Conselho, de 19 de julho de 2002" e as "normas internacionais de contabilidade (IAS) e normas internacionais de relato financeiro (IFRS), emitidas pelo IASB, e respetivas interpretações SIC-IFRIC".

Uma segunda nota refere-se à Norma Contabilística e de Relato Financeiro (NCRF) nº 27 – Instrumentos Financeiros. Assim, apesar de a NCRF 27 estabelecer que as variações de justo valor dos ativos financeiros mensurados ao justo valor sejam registadas em resultados, por via do recurso ao normativo internacional, admite outra possibilidade de contabilização. Segundo o parágrafo 2 da NCRF 27, "Uma entidade pode não aplicar esta Norma se optar por reconhecer, mensurar e divulgar os instrumentos financeiros de acordo com as normas internacionais de contabilidade adotadas nos termos do Regulamento (CE) nº 1606/2002". Trata-se, pois, de um exemplo em que a própria NCRF permite expressa-

mação vinculativa, relativa ao processo nº 2016 000725, sancionado por Despacho, de 22 de agosto de 2017, da Substituta-legal da Diretora-Geral das Administração Tributária, refere expressamente que "a adoção do supra referido referencial contabilístico é opcional, na elaboração das demonstrações financeiras individuais, para as entidades, de entre as referidas no referido artigo 3º, que estejam incluídas no âmbito da consolidação de entidades que tenham os seus títulos negociados em mercado regulamentado, sendo que essa opção pode não abranger o universo de todas as empresas abrangidas pela consolidação, o que significa que, contabilisticamente, a opção é individual, isto é, as empresas podem ter referenciais contabilísticos distintos".

mente um tratamento alternativo àquele que adota e que está estabelecido na IFRS 9 – Instrumentos Financeiros[6].

Sob o ponto de vista fiscal, como se verá de seguida, cabe ao CIRC garantir a homogeneização dos resultados obtidos com base na contabilidade, seja qual o for o referencial contabilístico adotado. É certo que o SNC se inspira nas normas internacionais. Mas eventuais diferenças entre estes dois referenciais poderão afetar o cálculo dos resultados líquidos. O cálculo do resultado contabilístico não está sujeito à ingerência das normas fiscais, mas é posteriormente moldado pelos diversos ajustamentos previstos no CIRC. Por exemplo, a obrigação de amortizar os ativos intangíveis de vida útil indefinida, ou sujeitá-los (apenas) a testes de imparidade constitui uma das principais diferenças entre a IAS 38 e a NCRF 6. Assim, contrariamente ao normativo internacional, as NCRF estabelecem que o *goodwill* reconhecido e com uma vida útil indefinida deve ser amortizado num período máximo de 10 anos (sem prejuízo de a sua imparidade ser testada). Independentemente dos efeitos no resultado contabilístico, a solução fiscal é comum: segundo o artigo 45º-A do CIRC, caso não se refira a participações sociais, é aceite como gasto fiscal, em partes iguais, durante os primeiros 20 períodos de tributação.

2. Do resultado contabilístico ao resultado fiscal na versão original do CIRC

O Decreto-lei nº 442-B/88, de 30 de novembro, que instituiu o CIRC, expressa, no ponto 10 do respetivo Preâmbulo, a propósito da relação entre a contabilidade e a fiscalidade em sede do IRC, o seguinte:

> Dado que a tributação incide sobre a realidade económica constituída pelo lucro, é natural que a contabilidade, como instrumento de medida e informação dessa realidade, desempenhe um papel essencial como suporte da determinação do lucro tributável.

[6] A IFRS 9 admite que os investimentos que não forem mantidos para negociação, isto é, que foram adquiridos com a intenção de os manter por um prazo mais alargado, sejam mensurados ao justo valor através de capital próprio. Tal significa que as alterações de justo valor não afetam as contas de resultados do período, sendo reconhecidas numa conta de capital próprio.

> As relações entre contabilidade e fiscalidade são, no entanto, um domínio que tem sido marcado por uma certa controvérsia e onde, por isso, são possíveis diferentes modos de conceber essas relações. Afastadas uma separação absoluta ou uma identificação total, continua a privilegiar-se uma solução marcada pelo realismo e que, no essencial, consiste em fazer reportar, na origem, o lucro tributável ao resultado contabilístico ao qual se introduzem, extracontabilisticamente, as correcções – positivas ou negativas – enunciadas na lei para tomar em consideração os objectivos e condicionalismos próprios da fiscalidade.
>
> Embora para concretizar a noção ampla de lucro tributável acolhida fosse possível adoptar como ponto de referência o resultado apurado através da diferença entre os capitais próprios no fim e no início do exercício, mantém-se a metodologia tradicional de reportar o lucro tributável ao resultado líquido do exercício constante da demonstração de resultados líquidos, a que acrescem as variações patrimoniais positivas e negativas verificadas no mesmo e não reflectidas naquele resultado.
>
> Nas demais regras enunciadas a propósito dos aspectos que se entendeu dever regular reflectiu-se, sempre que possível, a preocupação de aproximar a fiscalidade da contabilidade.
>
> É assim que, quanto a reintegrações e amortizações, se dá uma maior flexibilidade ao respectivo regime, podendo o contribuinte, relativamente à maior parte do activo imobilizado corpóreo, optar pelo método das quotas constantes ou pelo método das quotas degressivas, o que constituirá, por certo, um factor positivo para o crescimento do investimento.
>
> No domínio particularmente sensível das provisões para créditos de cobrança duvidosa e para depreciação das existências acolhem-se as regras contabilísticas geralmente adoptadas, o que permite um alinhamento da legislação fiscal portuguesa com as soluções dominantes ao nível internacional.

As funções da contabilidade sempre giraram em torno do *true and fair view*, proporcionando informações acerca da posição financeira e do desempenho de uma entidade, que sejam úteis à tomada de decisões por um vasto conjunto de utentes. Já as da fiscalidade são vastas, mas, segundo o comando constitucional, o rendimento tributável das empresas é o rendimento real. E este inclui as correções extracontabilísticas, previstas no CIRC, que procuram determinar a capacidade contributiva da empresa[7].

Acresce que o propósito geral de aproximação entre a contabilidade e a fiscalidade sempre teria de ser calibrado em certas áreas onde essa aproximação é dificilmente aceitável para o legislador fiscal.

Na modalidade de dependência parcial adotada, as correções ao resultado contabilístico incidem sobre algumas áreas óbvias. Por exemplo, no caso das depreciações e amortizações, não seria esperável que o legislador fiscal aceitasse acriticamente o impacto das estimativas que o cálculo destes gastos implica, designadamente as que se referem à vida útil e ao valor residual.

Também determinados custos que, embora contabilizados em sede empresarial, se afastam dos fins societários ou da atividade dos contribuintes, ou cuja realização se pode prestar a operações evasivas ou fraudulentas, teriam de merecer restrições à respetiva aceitação.

O SNC, ao introduzir em Portugal um sistema contabilístico inspirado nas normas internacionais, alterou de forma marcada o processo de reconhecimento, mensuração e divulgação das operações empresariais.[8]

Com efeito, a informação financeira tornou-se cada vez mais assente numa lógica prospetiva e não retrospetiva. Os modelos de valorização de ativos e passivos (e.g.; custo histórico, equivalência patrimonial, justo valor, custo amortizado) foram ocupando um espaço onde dantes imperava o custo histórico.

Em muitas situações onde o custo histórico ainda pode ser usado como referencial de primeira ordem (com especial relevo em ativos tangíveis e

[7] Ver Saldanha Sanches J. L., 2007, Manual de Direito Fiscal, 3ª Edição, Coimbra, Coimbra Editora, pp. 371. O autor refere que «utilizar as técnicas de contabilidade para quantificar o lucro e o dever de prestar da empresa constitui um indesmentível progresso em relação à tributação segundo o lucro normal. Isto, muito embora o recurso aos métodos contabilísticos não seja uma fórmula que possa determinar, de forma indiscutível, o lucro exacto de uma qualquer empresa». Sustenta que as regras contabilísticas não têm o monopólio da obtenção do lucro real, pelo que o balanço fiscal, que tem por base o balanço comercial corrigido nos termos do CIRC, fornece os elementos-chave para a liquidação do imposto.

[8] Ver Rodrigues, A.M. [Coord.], 2016, *SNC – Sistema de Normalização Contabilística*, Coimbra, Almedina e Rodrigues, J., 2021, *SNC – Sistema de Normalização Contabilística Explicado"*, 8ª Edição, Porto, Porto Editora.

intangíveis), tal quantia deve ser ajustada por via de testes de imparidade. Ora isso implica reconhecer no balanço quantias recuperáveis, e não já o custo deduzido de depreciações ou amortizações.[9]

Além disso, a contabilidade passou a depender cada vez mais de juízos de valor e de contributos de outras áreas (e.g.; jurídica, na contabilização de uma provisão para um processo judicial; ou de engenharia, no registo de uma perda por imparidade por razões de inovação tecnológica). Esses juízos de valor têm agora um campo extenso de aplicação. São disso exemplo a *estimativa* fiável de uma obrigação *provável* no processo de reconhecimento de provisões; a *estimativa* de *cash flows* esperados de uma unidade geradora de caixa em testes de imparidade, ou o cálculo do justo valor através de modelos financeiros próprios das entidades e não de preços de mercado concorrencial. Mas o que nos parece central é a deslocação significativa do eixo gravitacional da contabilidade do passado para o futuro.

Como reagiu o legislador fiscal face a tudo isto? Vejamos o preâmbulo do Decreto-lei nº 159/2009, de 13 de julho, que adaptou o CIRC ao SNC. Aí se afirma (sublinhado nosso) que:

> Com a aprovação do Sistema de Normalização Contabilística pelo Decreto-Lei nº 158/2009, de 13 de Julho, cuja filosofia e estrutura são muito próximas das NIC, estão criadas as condições para alterar o Código do IRC e legislação complementar, por forma a adaptar as regras de determinação do lucro tributável dos sujeitos passivos às NIC.
> A manutenção do modelo de dependência parcial determina, desde logo, que, sempre que não estejam estabelecidas regras fiscais próprias, se verifica o acolhimento do tratamento contabilístico decorrente das novas normas. Ainda no domínio da aproximação entre contabilidade e fiscalidade, é aceite a aplicação do modelo do justo valor em instrumentos financeiros, cuja contrapartida seja reconhecida através de resultados, mas apenas nos casos em que a fiabilidade da determinação do justo valor esteja em princípio assegurada. Assim, excluem-se os instrumentos de capital próprio que não tenham um preço formado num mercado regulamentado. Além disso, manteve-se a aplicação do princípio da realização relativamente aos instrumentos finan-

[9] Ver Martins, A., Sá, C., Taborda, D., 2020, *A Dedutibilidade de Gastos no IRC -uma análise económico-fiscal*, Coimbra, Almedina, pp. 428.

> ceiros mensurados ao justo valor cuja contrapartida seja reconhecida em capitais próprios, bem como às partes de capital que correspondam a mais de 5 % do capital social, ainda que reconhecidas pelo justo valor através de resultados. Aceita-se, igualmente, a aplicação desse modelo na valorização dos activos biológicos consumíveis que não respeitem a explorações silvícolas plurianuais, bem como nos produtos agrícolas colhidos de activos biológicos no momento da colheita.
> (...)
> Existem, no entanto, áreas em que, para preservar os interesses e as perspectivas próprias da fiscalidade se mantêm diferentes graus de separação entre o tratamento contabilístico e o fiscal. Assim, mantêm-se as características essenciais do regime das depreciações e amortizações, adaptando-se apenas a definição do respectivo âmbito de aplicação à nova terminologia contabilística, incluindo-se nos elementos do activo sujeitos a deperecimento os activos fixos tangíveis, os activos intangíveis e as propriedades de investimento que sejam contabilizadas ao custo histórico.
> (...)
> Por outro lado, atendendo às dificuldades de controlo, quer da razoabilidade da decisão de reconhecimento da imparidade quer da respectiva quantificação, apenas são fiscalmente dedutíveis, anteriormente à efectiva realização, as perdas por imparidade em créditos, bem como as que consistam em desvalorizações excepcionais verificadas em activos fixos tangíveis, activos intangíveis, activos biológicos não consumíveis e propriedades de investimento provenientes de causas anormais devidamente comprovadas.

Deste trecho se depreende que tanto se insiste no propósito de convergência, como, realisticamente, se sublinham *os interesses próprios da fiscalid*ade. Essa dicotomia está bem patente nos dois temas que em seguida se abordam: imparidades e justo valor.

Com efeito, dada a seguinte relação entre a contabilidade e a fiscalidade que se expressa no artigo 17º do CIRC:

> 1 – O lucro tributável das pessoas colectivas e outras entidades mencionadas na alínea a) do nº 1 do artigo 3º é constituído pela soma algébrica do resultado líquido do período e das variações patrimoniais positivas e negativas verificadas no mesmo período e não reflectidas naquele resultado, deter-

minados com base na contabilidade e eventualmente corrigidos nos termos deste Código.

A expressão que traduz esta norma é:

Lucro tributável= Resultado contabilístico +/- Correções nos termos do CIRC

Assim, para estudar e aplicar o IRC há que saber como se apura o resultado nos termos do SNC, pois o resultado contabilístico é o ponto de partida para todo o processo de cálculo do lucro tributável ou resultado fiscal. Se o CIRC não tem disposições sobre um determinado rendimento ou gasto, então vale, para efeitos fiscais, o tratamento contabilístico.

Um aspeto muito importante é o seguinte. Caso o tratamento contabilístico e fiscal seja semelhante (por exemplo, um gasto contabilizado é aceite fiscalmente; ou um rendimento contabilizado é sujeito a tributação) então nenhuma correção há a fazer na expressão acima referida.

Vejamos. Se uma provisão de 10 000 u.m., registada como gasto na conta 67 do plano de contas do SNC e como passivo na conta 29, é fiscalmente dedutível pelo artigo 39º do CIRC, então teremos que o gasto está a reduzir o lucro contabilístico e também reduz o lucro fiscal, porque é dedutível.

Ora, Lucro tributável = Resultado contabilístico +/- Correções nos termos do CIRC

- 10000 = - 10000 +/- 0

Como há coincidência de tratamento, basta não efetuar correção e o que influencia o lucro contabilístico (-10000) também já se inclui no lucro fiscal (-10000), por via da mecânica da fórmula, que decore do artigo 17º, acima transcrito. Note-se que a dedução que surge na equação acima, na parte do lucro fiscal, acontece porque resulta automaticamente de um gasto contabilizado (-10000) e aceite fiscalmente; e não de uma correção nos termos do artigo 17º do CIRC, que é, como se vê na fórmula, igual a zero.

Vejamos agora uma hipótese contrária. Uma imparidade de 20000 num ativo fixo tangível, contabilizada a débito na conta 65 do plano de contas do SNC e a crédito na 43.9, e não aceite fiscalmente. Trata-se de um gasto contabilístico, que não é dedutível, pelo que tem de se acrescer o valor não aceite ao lucro contabilístico para que seja aumentado o lucro fiscal.

Ora, Lucro tributável = Resultado contabilístico +/- Correções nos termos do CIRC

- 20000 + 20000

O gasto está no lucro contabilístico, diminuindo-o, mas não pode estar no lucro fiscal porque não é dedutível. Há assim que acrescer tal valor, como mostra a expressão algébrica acima. Note-se que a expressão acima pode induzir a ideia (errada) de que o lucro fiscal não é afetado por toda esta operação. Não é assim; no final, o lucro contabilístico é acrescido de 20 000, o que incrementa o lucro fiscal. A imparidade contabilística afeta, por ser um gasto, o lucro contabilístico, mas não tem impacto no lucro fiscal, ou seja, não é dedutível. Ao somar-se 20000 como correção, tal incrementa o lucro contabilístico para se atingir o fiscal, para que a imparidade, não aceite fiscalmente como gasto, seja então tributada.

As operações que se seguem visam complementar, para o leitor menos familiarizado, a mecânica do processo, com exemplos adicionais. Assim, suponha-se que, em novembro de 2020, a empresa DELTA SA, residente em Portugal, e que presta serviços de informática, efetuou as seguintes operações:

a) Registou a depreciação de um ativo fixo tangível, cujo custo de aquisição foi de 1 milhão de u.m.. Contabilisticamente tal depreciação foi efetuada à taxa de 10% (vida útil estimada de 10 anos). Porém, suponha-se que a lei fiscal, (Decreto Regulamentar nº 25/2009, de 14 de setembro, que contêm as taxas fiscais de depreciação) apenas admite uma taxa de 5%.
b) Registou uma provisão para reestruturação do negócio, a efetuar em 2021, por 500 000 u.m..
c) Registou um ganho de justo valor, de 90 000 u.m. em ações de uma empresa cotada em bolsa que detém em carteira para negociação a curto prazo, sendo que a percentagem de capital da empresa que tais ações representam é de 0,05%.

Qual o impacto destas operações no lucro tributável de DELTA SA?

a) Segundo o artigo 29º do CIRC, tal ativo fixo tangível gera depreciações dedutíveis. Porém, a questão da taxa origina que:
Gasto contabilístico de 100 000 debitado na conta 64 (gastos) do SNC e creditado na 43.8 (ativo fixo tangível – depreciações acumuladas). Mas o gasto fiscal é apenas de 50 000 (taxa fiscal de 5%).

Assim: Lucro tributável = Resultado contabilístico +/- Correções nos termos do CIRC

- 100000 + 50000

Há que acrescer 50 000, a parte que não é fiscalmente aceite. Ou seja, o lucro contabilístico está diminuído de 100 000; mas o lucro fiscal só pode estar diminuído de 50 000. Assim, havendo divergência de tratamento, acresce ao lucro contabilístico, para se chegar ao lucro fiscal, a parte não aceite (50 000).

b) Segundo o artigo 39º do CIRC, que tem uma lista fechada de provisões dedutíveis, a provisão para reestruturação não é dedutível, pois não consta desse artigo. Logo, é gasto contabilístico que não é aceite fiscalmente. Há divergência de tratamento e correções.

Assim, a contabilidade debita a conta 67 (gastos) e credita a 29 (passivo) por um valor de 500 000.

Lucro tributável = Resultado contabilístico +/- Correções nos termos do CIRC

- 500 000 + 500 000

O lucro contabilístico vem acrescido de 500 000, para se apurar então o lucro/prejuízo tributável. Repare-se que se a correção não fosse feita, o lucro fiscal vinha diminuído de 500 000, por impacto direto do lucro contabilístico, dada a fórmula acima. O gasto contabilizado não pode reduzir o lucro fiscal. O acréscimo de 500 000 é que implica a tributação da provisão, que se acresce ao lucro contabilístico para se chegar ao lucro fiscal, que vem assim aumentado, relativamente a uma situação de não correção. Uma vez mais, não existindo coincidência de tratamento (a provisão é gasto contabilístico, mas não é gasto fiscal) há que fazer correções.

c) O que fez a contabilidade? Creditou a conta 77 (rendimentos) e debitou a conta 14 (ativo).

O que estabelece o CIRC? Vejamos o artigo 18º, nº 9:

"Os ajustamentos decorrentes da aplicação do justo valor não concorrem para a formação do lucro tributável, sendo imputados como rendimentos ou gastos no período de tributação em que os elementos ou direitos que lhes deram origem sejam alienados, exercidos, extintos ou liquidados, exceto quando:

a) Respeitem a instrumentos financeiros reconhecidos pelo justo valor através de resultados, desde que, quando se trate de instrumentos de capital próprio, tenham um preço formado num mercado regulamentado e o sujeito passivo não detenha, direta ou indiretamente, uma participação no capital igual ou superior a 5% do respetivo capital social;
b) Tal se encontre expressamente previsto neste Código".

Ora, temos então uma regra (justo valor não afeta o lucro fiscal) e uma exceção ("exceto quando"...).

Estamos na regra ou na exceção? Se se cumprirem todos os requisitos da alínea a) estaremos na exceção, e o ganho concorre para o lucro fiscal, ou seja, é tributado. Ora, para a empresa DELTA SA, as ações da empresa cotada em bolsa:

- são instrumentos financeiros reconhecidos pelo justo valor através de resultados;
- têm um preço formado num mercado regulamentado;
- não representam uma participação no capital igual ou superior a 5% (é apenas de 0,05%).

Logo, o ganho de justo valor é tributado. Assim, temos um rendimento (ganho) que é tributado, que está no lucro contabilístico (conta 77) e também no lucro fiscal. Há coincidência de tratamento e não surgem correções. A tributação do ganho ocorre por impacto direto do lucro contabilístico no lucro fiscal e por não existirem correções, dada a semelhança de tratamento.

Lucro tributável = Resultado contabilístico +/- Correções nos termos do CIRC

90000 = +90000 +/- 0

3. Análise do reflexo do justo valor na passagem para o SNC

Ao consagrar para um elevado número de ativos a possibilidade de mensuração a justo valor (quer assente em preços de mercado, em preços de transações comparáveis ou em modelos internos das entidades), o eixo gravitacional da contabilidade deslocou-se significativamente.

O legislador fiscal, pelas razões já aduzidas, teria por certo que reagir a estas opções contabilísticas. Assim, após a entrada em vigor da versão do CIRC já adaptada ao SNC, consagraram-se vários ajustamentos de justo valor. Ou seja, ganhos de justo valor contabilizados, mas que não são tributados (por exemplo, em propriedades de investimento) e perdas de justo valor contabilizadas, mas que não são dedutíveis (por exemplo, em ativos fixos tangíveis).

As questões relativas à seleção e aplicação dos modelos de valorização dos ativos têm, inegavelmente, consequências muito importantes sobre um apreciável número de agentes económicos[10]. Vejamos tal questão a

[10] As questões relacionadas com os métodos de valorização de ativos, em especial a discussão sobre as vantagens e desvantagens do justo valor face ao custo histórico, constituem objeto de abundante literatura. Em Portugal, vejam-se, entre outros, Tavares, T., 2011, *IRC e Contabilidade – Da Realização ao Justo Valor,* Coimbra, Almedina; Rodrigues, A.M., Tavares, T. (coord.), 2013, *O SNC e os juízos de valor – Uma perspetiva crítica e multidisciplinar,* Coimbra, Almedina; Duque, J., 2008, "Em defesa do justo valor", *Revista TOC,* 105, pp. 34-35; Gouveia, J., 2009, "Para um debate saudável: custo histórico versus justo valor", *Revista TOC,* 113. pp. 28-31. Na literatura internacional, podem consultar-se Barth, M., 2000, "Valuation -based accounting research: implications for financial reporting and opportunities for future research", *Accounting and Finance,* 40, pp.7-31; R. Holthausen. R.,

partir de exemplos simples, que permitem evidenciar os vastos reflexos da escolha do modelo valorimétrico a usar pelas entidades empresariais que detêm ativos[11].

Admita-se, em primeiro lugar, que certa entidade empresarial, fabricante de um produto industrial, adquire uma máquina no ano 1, por 100 000 u.m.. Admita-se que a vida útil dessa máquina – o período durante o qual se estima que produzirá benefícios económicos para entidade aquirente – é de 10 anos, implicando por isso depreciações anuais de 10 000 u.m..

Assim, usando o modelo do custo histórico, no final do ano 2 o valor contabilístico líquido do ativo será de 80 000 u.m. pois, entretanto, ao custo de aquisição, ou custo histórico, já se teriam abatido os valores respeitantes às depreciações acumuladas de 20 000 u.m..

Suponha-se agora que se utiliza, para essa mesma máquina, um modelo de registo contabilístico centrado no justo valor do ativo, admitindo-se que existe uma maneira fiável (e.g., o preço formado num mercado organizado) de apurar esse justo valor[12]. Pode acontecer que a dita máquina, no final do ano 2, tenha um justo valor de 70 000. Ou seja, no balanço da entidade empresarial inscrever-se-á já não o custo histórico (100 000) ajustado pelas depreciações (20 000), mas sim o valor de mercado que o ativo geraria para a entidade (70 000). O eixo referencial da informação contabilístico ter-se-ia deslocado do passado (custo histórico) para o futuro (justo valor ou preço esperado proveniente da transação do ativo).

Prosseguindo com o exemplo, e ainda no ano 2, o modelo do custo histórico permitirá registar um gasto de 10 000 u.m. (correspondente às depreciações do exercício). Já no modelo do justo valor, o gasto total

Watts, R., 2001, "The relevance of the value-relevance literature for financial accounting standard setting", *Journal of Accounting and Economics*, 31, pp.3-75.

[11] Os ativos representam, como é sabido, recursos (tangíveis, intangíveis, financeiros e outros) dos quais se esperam benefícios económicos futuros. Veja-se J. Libby, J., Libby, P., Short, D., 2009, *Financial Accounting*, N. York, McGraw Hill; Machado, J.B., 1998, *Contabilidade Financeira*, Lisboa, Ed. Protocontas.

[12] O justo valor é, como adiante melhor se verá, habitualmente definido, no plano contabilístico, como o preço praticado num mercado organizado, numa transação não forçada, entre partes conhecedoras e independentes.

a imputar ao ano 2 será de 20 000 u.m. (considerando, por hipótese, 90 000 u.m. o justo valor do final do ano 1).

Quer os resultados do exercício, quer a situação patrimonial, serão significativamente afetados pela opção relativa ao modelo de valorização. Assim, os sócios, os credores, os gestores, o Estado e demais agentes económicos que se relacionam com as entidades empresariais são, naturalmente, afetados pelo impacto na informação financeira dos modelos adotados quanto à valorimetria dos ativos.

Se em vez de um ativo tangível (e.g., máquina, edifício) se tomar como exemplo um ativo financeiro (e.g., ação cotada) também ambos os modelos serão, em teoria, aplicáveis. Na verdade, a aquisição de uma ação por 500 u.m., no momento 1, a qual se espera deter até ao ano 5, pode registar-se pelo custo histórico de aquisição até ao momento da venda, registando-se então o ganho ou a perda realizados. Alternativamente, se no final do ano 1, o respetivo preço de mercado for de 440 u.m., poder-se-á, usando o modelo do justo valor, reconhecer um gasto ou perda de 60 u.m..

Os defensores do custo histórico argumentam com a objetividade *(reliability)* do valor da fatura dos bens e da menor permeabilidade à manipulação de resultados. Quem prefere o justo valor *(relevance)*, argumenta com o facto de as decisões empresariais (e.g. investimentos, financiamentos) serem tomadas com base em expetativas futuras e não fundadas em valores históricos; pelo que a contabilidade a custo histórico pouco ou nenhum relevo informacional teria. Assim, objetividade *versus* relevância são os temas que melhor resumem o debate em torno da questão que neste ponto se suscita[13].

4. A solução fiscal acolhida para o justo valor – em especial sobre o artigo 18º, nº 9, do CIRC

No preâmbulo do Decreto-lei nº 159/2009, de 13 de julho, que adaptou o CIRC ao SNC, pode ler-se:

[13] Veja-se Martins, A., 2010, Justo valor e imparidade em activos fixos tangíveis e intangíveis aspectos financeiros, contabilísticos e fiscais, Coimbra, Almedina; Taborda, D., 2021, Auditoria – Revisão Legal das Contas e Outras Funções do Revisor Oficial de Contas, 3ª Edição – Revista e Atualizada, Lisboa, Edições Sílabo.

Ainda no domínio da aproximação entre contabilidade e fiscalidade, é aceite a aplicação do modelo do justo valor em instrumentos financeiros, cuja contrapartida seja reconhecida através de resultados, mas apenas nos casos em que a fiabilidade da determinação do justo valor esteja em princípio assegurada. Assim, excluem-se os instrumentos de capital próprio que não tenham um preço formado num mercado regulamentado. Além disso, manteve-se a aplicação do princípio da realização relativamente aos instrumentos financeiros mensurados ao justo valor cuja contrapartida seja reconhecida em capitais próprios, bem como às partes de capital que correspondam a mais de 5% do capital social, ainda que reconhecidas pelo justo valor através de resultados.

Como se observa, o legislador tributário nacional procurou que a expansão contabilística do critério do justo valor fosse balizada pelas necessárias cautelas fiscais. Com efeito, e desde logo, adota-se um princípio geral de irrelevância fiscal do justo valor.

Para a aceitação fiscal do justo valor em instrumentos financeiros estabelece-se a formação do preço num mercado regulamentado como condição *sine qua non*. Adicionalmente fixou-se um limite (5%) acima do qual as alterações do justo valor, afetando o resultado contabilístico, não influenciam o resultado tributável. Por fim, o relevo fiscal do justo valor em instrumentos financeiros está também condicionado a que as variações do preço desses ativos sejam repercutidas diretamente em resultados do exercício, excluindo-se, pois, aquelas que se reconhecem contabilisticamente em contas de capital próprio, englobadas na classe 5 do SNC.

Do acolhimento destes princípios gerais derivaram várias normas fiscais relativas ao justo valor, de que salientamos, em primeiro lugar, o artigo 18º, nº 9, do CIRC acima transcrito.

Este preceito consagra um princípio geral de irrelevância do justo valor, embora com exceções que nesse mesmo artigo se elencam. Com efeito, a relevância tributária é, aqui, atribuída ao justo valor em instrumentos financeiros relativamente aos quais as oscilações periódicas de preço sejam reconhecidas por via de resultados. Adicionalmente, exige-se que o preço seja formado num mercado regulamentado e que o sujeito passivo não detenha mais do que 5% de participação na entidade emitente dos instrumentos de capital próprio.

Que a existência da formação de um preço em mercado organizado seja erigida como essencial para o relevo fiscal do justo valor entende-se bem. Quer-se um grau de objetividade que os modelos internos de valorização dificilmente podem atingir.

Vejamos agora as razões do limite de participação de 5%, abaixo do qual o justo valor tem relevo fiscal. Uma primeira, e porventura central, tem que ver com a suposta natureza das participações percentuais consideradas de menor relevo financeiro, detidas não com fins de investimento, mas sim de *trading* ou negociação regular. Com efeito, a uma participação societária detida para fins de *trading*, ou de carteira sujeita a transações regulares de compra e venda, está, em princípio, associado maior grau de liquidez. Esse maior grau de liquidez dos ativos suportaria melhor a tributação do justo valor e o consequente desembolso periódico que pode originar.

Uma segunda razão para tal limite visa acautelar a influência notória na formação dos preços (e na manipulação de resultados) que participações societárias elevadas podem implicar. Exemplifiquemos. Um acionista titular de 1% do capital de uma sociedade cotada terá, por certo, menor capacidade de influenciar a cotação das respetivas ações do que um outro investidor que seja, por hipótese, titular de 40% do mesmo capital. O primeiro será um *price taker*, não tendo capacidade para, por via do volume de transações que a sua participação pode originar, afetar o preço de equilíbrio no mercado bolsista. Já o segundo poderá tentar influenciar o peço pela oferta no mercado de lotes de ações cuja dimensão terá reflexos na respetiva cotação.

Quer isto dizer que a imposição de um limite, e a consequente aceitação fiscal do justo valor para participações abaixo desse limite, visa excluir as oscilações de preços (ganhos e perdas de justo valor) no caso de participações cujo relevo financeiro proporcione ao sujeito passivo capacidade para influenciar o preço e, por essa via, adulterar o resultado contabilístico e fiscal. Contudo, o estabelecimento de um limite cria dois sérios problemas.

O primeiro radica no facto de uma participação de, por exemplo, 4% numa certa sociedade cotada, até em face da quantia a que eventualmente ascenda, poder ter subjacente uma lógica económica de investimento duradouro, e não um conjunto de ativos destinados a operações de *trading*. Se assim for, então o limite de 5% abaixo do qual se atribui relevo fiscal ao justo valor em instrumentos financeiros faz emergir uma solução que vai contra a lógica inerente ao primeiro dos motivos que acima referimos para o estabelecimento de um limite.

O segundo problema decorre de os sujeitos passivos poderem deliberadamente alterar o seu nível de participação societária com intuitos fiscalmente evasivos. Suponha-se um sujeito passivo, detentor de uma carteira de títulos cotados e reconhecidos a justo valor que, no ano N, represente, por exemplo, 5,9% do capital de uma sociedade e tenha incorporada uma perda de justo valor significativa. Ora se, no final desse ano, fossem vendidas ações para que a percentagem de participação se reduzisse, por exemplo, a 4,8%, então já a perda de justo valor seria relevante. Como procurou o legislador desincentivar tais estratégias? Fê-lo por via da estatuição constante do artigo 46º, nº 5, que dispunha:

> "São assimiladas a transmissões onerosas:
>
> b) As mudanças no modelo de valorização que sejam relevantes para efeitos fiscais, nos termos do nº 9 do artigo 18º, e que decorram, designadamente, de reclassificação contabilística ou de alterações nos pressupostos referidos na alínea a) do nº 9 deste mesmo artigo".

Não deixamos de sublinhar o que Tavares (2011:1134)[14] refere a propósito deste regime dual de tributação, derivado do limite constante do artigo 18º, nº 9, alínea a) e da sua conjugação com o artigo 46º, nº 5, ambos do CIRC:

> "a lei fiscal optou por manter, imutavelmente, os "carris em paralelo". O justo valor nunca é tributado pelo regime dos capital gains, mas antes, e sempre, pelas regas gerais de tributação (como se se tratasse de um proveito normal da organização). O problema surge, porém, quando um sujeito passivo, por

[14] Tomás Tavares, 2011, "Justo valor e tributação das mais valias de acções de sociedades cotadas: a propósito da interpretação do art. 18º, nº 9, al. a) do CIRC", in *Estudos em memória do Prof. Doutor J. L. Saldanha Sanches, volume IV*, Coimbra Editora, pp. 1127-1153.

vicissitude próprias, altera os factos em que assenta o paradigma fiscal – passando, por assim dizer, "de um carril para outro".

E, prossegue o autor:

"A manutenção, neste caso, da coerência sistemática assumida pelo legislador – independência e incomunicabilidade dos regimes tributários da realização e do justo valor e, por outro lado, dos capital gains e dos proveitos normais – implica que se ficcione a verificação do facto tributário (e da realização)... Assim, no conceito de transmissões onerosas (com aplicação do regime das mais e menos-valias) são incluídas realidades que lhes estão nos antípodas".

5. O resultado contabilístico e a distribuição de dividendos: o caso do artigo 32º do Código das Sociedades Comerciais (CSC)

O artigo 32º do CSC, intitulado "Limite da distribuição de bens aos sócios", concretiza o princípio da obrigação de conservação do capital social, que a par de outros, visa proteger os direitos dos credores sociais[15].

O seu nº 1 exclui a possibilidade de serem distribuídos aos sócios bens da sociedade, quando as contas do exercício evidenciarem um capital próprio inferior à soma do capital social e das reservas não distribuíveis (legais e equiparáveis e estatutárias)[16] ou se da repartição resultar esta situação. O nº 2 deste preceito subtrai do resultado distribuível os ganhos latentes ou não realizados refletidos no resultado líquido do exercício ou em quaisquer outras contas do capital próprio. Ou seja, estes ganhos só são distribuíveis "quando os elementos ou direitos que lhes deram origem sejam alienados, exercidos, extintos, liquidados ou, também quando se verifique o seu uso, no caso de ativos fixos tangíveis e intangíveis".

[15] Neste sentido, Almeida, J.F., 2015, "Capital social, reservas e suprimentos: seu conteúdo, função e papel na cobertura de prejuízos", Revista de Direito das Sociedades VII, 3/4, pp. 835-866.

[16] Já o artigo 33º incorpora, no seu nº 1, o princípio da solidariedade dos exercícios sociais, proibindo a distribuição aos sócios dos "lucros do exercício que sejam necessários para cobrir prejuízos transitados ou para formar ou reconstituir reservas impostas pela lei ou pelo contrato de sociedade".

Esta solução procura prevenir a descapitalização das sociedades. Para isso, obriga à criação de reservas que devem ficar sujeitas ao regime da reserva legal, sem prejuízo de poderem vir a ser realizadas pelo uso dos ativos revalorizados (ativos fixos tangíveis e ativos intangíveis). Garantindo o reforço dos capitais próprios da sociedade, funciona como um mecanismo de proteção dos credores. Pode até dizer-se que a concretização desta solução assenta num mecanismo assimétrico, já que as perdas não realizadas e reconhecidas no resultado contabilístico reduzem o resultado distribuível[17]. É bem mais conservadora do que a adotada pelo CIRC, na medida em que, como se viu, são incluídos na base tributável ganhos e perdas não realizados.

O nº 3 do artigo 32º refere-se aos rendimentos e outras variações patrimoniais positivas reconhecidos na sequência da aplicação do método da equivalência patrimonial. Também aqui, se impede a sua distribuição até serem realizados, distinguindo no resultado líquido do exercício incrementos patrimoniais positivos que correspondem a uma efetiva receção, ou direito à receção de fundos, daqueles que apenas se qualificam como tal, em resultado do cumprimento de políticas contabilísticas.

[17] Assim, o Decreto-lei nº 185/2009, de 12 de agosto, que transpõe para a ordem jurídica interna a Diretiva nº 2006/46/CE, do Parlamento Europeu e do Conselho, de 14 de Junho, e que veio alterar a redação do artigo 32º do CSC, refere no seu Preâmbulo que: "Por outro lado, a recente adopção, por parte das entidades com valores cotados, das Normas Internacionais de Relato Financeiro adoptadas pela União Europeia e a próxima adopção de um novo Sistema de Normalização Contabilístico aplicável às demais empresas vieram permitir que as empresas passem a utilizar com maior intensidade o critério de mensuração do justo valor (fairvalue). A aplicação desta técnica contabilística tem como principal consequência que a ênfase é dada à mensuração das rubricas do balanço, passando, em consequência, a expressar-se muitas das rubricas desta demonstração financeira em valores de mercado. Assim sendo, e embora reconhecendo a importância da adopção do critério de justo valor na qualidade da informação financeira prestada pelas empresas, facto que permite reflectir com maior relevância a sua verdadeira performance, entende-se que deverá haver alguma limitação à distribuição dos resultados positivos que tenham sido gerados a partir da aplicação do referido critério de valorimetria. Quanto às componentes negativas da aplicação do justo valor, não deixa de ter aplicação o princípio da prudência, pelo que não é contemplada qualquer alteração nesta vertente, continuando a afectar, neste caso negativamente, a distribuição de resultados, já que, primeiro, terão de ser compensadas estas perdas, e só depois se poderão libertar bens para distribuição".

No caso do método da equivalência patrimonial, sendo este aplicado no reconhecimento dos investimentos em associadas (parágrafo 42 da NCRF 13) e em subsidiárias (parágrafo 8 da NCRF 15), o momento da realização corresponde ao da distribuição dos lucros pelas participadas e não quando do reconhecimento contabilístico da percentagem de participação detida nos resultados obtidos por aquelas sociedades.

Por exemplo, considere-se que uma empresa apresenta um resultado líquido de 400 000 u.m., que inclui ganhos por aplicação do justo valor a propriedades de investimento e por aplicação do método de equivalência patrimonial no reconhecimento de um investimento financeiro no montante global de 50 000 u.m.. Supondo que não há prejuízos de exercícios anteriores e que o regime da reserva legal está cumprido, o valor máximo de lucros que pode ser distribuído aos sócios é de 350 000 u.m.[18].

Conclusões

No seguimento da tendência internacional para o acolhimento normativo do justo valor, Portugal adotou, em 2010, o SNC. Neste novo sistema, o justo valor mereceu, como seria de esperar, uma consagração que não tinha anteriormente.

A adoção do justo valor como referencial contabilístico para a valorização de ativos decorreu, em boa parte, de uma mudança de perspetiva segundo a qual a informação financeira é entendida principalmente como elemento de apoio à decisão dos investidores, em especial à avaliação regular do valor dos seus investimentos.

Se esse objetivo for assumido pelos organismos de regulação contabilística, ele tem implicações claras na escolha dos modelos de avaliação de ativos e passivos. No limite, o entendimento do papel da contabilidade como um instrumento que faculta, essencialmente, *inputs to valuation,* leva a que as normas contabilísticas prescrevam métodos de valorização que contribuam para refletir nas demonstrações financeiras o valor de mercado das entidades empresariais.

[18] Segundo o artigo 295º do CSC, uma percentagem não inferior à vigésima parte dos lucros da sociedade destina-se à constituição da reserva legal e, sendo caso disso, à sua reintegração, até que represente a quinta parte do capital social. Note-se também que o artigo 218º do CSC estabelece um limite mínimo de 2500€.

A base prospetiva ou previsional dos registos contabilísticos criou no legislador fiscal – pese embora a intenção expressa de aproximação ou convergência à contabilidade – reticências significativas quanto ao impacto na base tributável da aceitação completa dos valores registados pela contabilidade. Optou como regra por proteger a base fiscal dos efeitos da aplicação do modelo do justo valor. Também no âmbito do direito societário, em particular no que respeita à distribuição de lucros, foram desconsiderados os incrementos de valor potenciais ou virtuais, protegendo a posição dos credores sociais.

Se, no plano contabilístico, a relevância da informação saiu enriquecida com a adoção do modelo do justo valor, já o princípio da prudência e o conservadorismo mantiveram-se inalterados nas regras fiscais e comerciais. Ou seja, com as exceções já apontadas, a medição dos ativos e dos passivos manteve-se fiel aos seus custos de aquisição, mais fiáveis e imunes aos ganhos e perdas registados provisoriamente na contabilidade.

4.
DA CONTABILIDADE NA TRIBUTAÇÃO DAS EMPRESAS

JOSÉ CASALTA NABAIS
MARIA MATILDE LAVOURAS

Introdução

Vamos cuidar da importância que a contabilidade tem para a tributação das empresas, procurando dar conta de como a contabilidade e as normas jurídicas que a disciplinam – o direito da contabilidade ou direito contabilístico – é verdadeiramente imprescindível ao direito fiscal das empresas, não só nos impostos em que estas são contribuintes, ou seja, em sede do Imposto sobre o Rendimento das Pessoas Singulares (IRS) empresarial e do Imposto sobre o Rendimento das Pessoas Coletivas (IRC), mas também no que respeita aos outros papéis de sujeitos tributários que as empresas presentemente desempenham, ou seja, como administradores ou gestores de diversos impostos, próprios ou alheios[1]. Muito embora, como bem se compreende, será da contabilidade como base do IRS empresarial e do IRC que teremos em mente nas considerações que se seguem.

[1] Seja como destinatários da autoliquidação no IRC, devedores do imposto nos impostos sobre o consumo – na qualidade de sujeitos passivos no IVA e de devedores nos impostos especiais sobre o consumo – e de retentores na fonte – quer se trate de retenções na fonte, por conta ou definitivas – de impostos alheios. V., a respeito da "privatização da administração ou gestão" dos impostos, José Casalta Nabais, *Direito Fiscal*, 11ª ed., Almedina, 2019, p. 343 e ss.

1. Alusão à importância do direito contabilístico no direito fiscal

E uma primeira consideração, a este propósito, é para assinalar e sublinhar que, ao contrário do que é tradicional dizer-se, a contabilidade como base do IRS empresarial e do IRC não releva apenas no que respeita à liquidação, mais especificamente às operações de *determinação* das sucessivas grandezas até ao apuramento do imposto a pagar – em que temos: o lucro contabilístico → o lucro tributável → a matéria coletável → a coleta → o imposto a pagar[2]. De facto, ela também se reporta à *definição* dessas grandezas, ou seja, à incidência dos referidos impostos, sobretudo em termos de incidência material, quantitativa e temporal, porquanto o legislador fiscal, em relação a estas componentes da incidência, limita-se, em larga medida, a recebê-las do ou a remeter para o recorte que têm no direito da contabilidade.

Direito este que, para além de assentar, em larga medida, em fontes não nacionais, ou seja, em fontes europeias e internacionais, que não têm paralelo no direito fiscal nacional e que, apesar da crescente europeização e internacionalização que experimenta este ramo do direito, basicamente mais não constitui do um adequado suporte e enquadramento normativo das próprias práticas contabilísticas longamente adotadas e consolidadas no seio das empresas e suas organizações internacionais. Significa isto que o direito contabilístico, pela própria natureza da realidade empresarial, em que a contabilidade desempenha um importantíssimo papel na gestão dinâmica das próprias empresas, não pode deixar de se apresentar como um direito dotado de suficiente abertura e flexibilidade à realidade empresarial sem semelhança com o que sucede, em geral, no direito fiscal, não obstante este ramo de direito se pautar pelo realismo económico e pela prevalência das substância económica sobre a forma ou formas jurídicas.

Pois neste ramo do direito o papel desempenhado pelo princípio da legalidade fiscal, mais especificamente pela ideia de reserva conteudística ou de tipicidade da lei, não obstante o crescente apelo para temperar o seu tradicional entendimento, continua a implicar uma legalidade

[2] Em que se destaca o "lançamento objetivo" do imposto traduzido nas operações de determinação da matéria coletável – v. José Casalta Nabais, *Direito Fiscal*, cit., p. 59 e 310. Quanto à sequência das operações de determinação do IRS empresarial e do IRC, v. p. 574.

qualificada e estrita, em que a abertura da normação fiscal a outros atores para além do legislador e a flexibilidade na aplicação das normas fiscais tendem a ser bastante limitadas. O que tem como consequência que, nos domínios em que o direito fiscal se cruza com o direito contabilístico, como é indiscutivelmente o da tributação das empresas, em que o direito fiscal assume ou remete para as normas do direito contabilístico, encontremos uma harmonização baseada numa concordância prática entre os dois ramos de direito.

Uma realidade que tem, entre outras, expressão eloquente no fenómeno bem conhecido, que vem sendo referido pela doutrina, de uma certa osmose entre a definição contida na incidência dos impostos, a cargo do legislador a levar a cabo no estrito respeito dos requisitos do princípio constitucional da legalidade fiscal, e a determinação concretizada na liquidação em sentido amplo dos impostos, a cargo da Administração Tributária através da aplicação muito precisa das normas de incidência[3]. Pelo que pode ocorrer que alguns aspetos da incidência tenham de ser deixados para a Administração Tributária, a definir em orientações administrativas, tradicionalmente considerados meros regulamentos internos[4], ou, até mesmo, a acomodar, caso a caso, aquando da aplicação das normas relativas à da liquidação dos impostos.

Significa quanto vimos de dizer que o direito contabilístico tem uma importância em sede do direito dos impostos bem maior do que aquela que à primeira vista possa parecer, porquanto, mormente em sede da tributação as empresas, constituem o suporte da própria definição da incidência dos impostos – o IRS empresarial e o IRC. De facto, importantes aspetos da incidência destes impostos, sobretudo quantitativos, mas também qualitativos, têm por base as normas do direito contabilístico. Por isso, impõe-se que façamos referência às relações entre estes dois ramos de direito, as quais normalmente, como bem se compreende, se reportam à liquidação dos referidos impostos sobre as empresas, mais especificamente à determinação do lucro tributável das empresas a partir do correspondente lucro contabilístico. Uma visão das coisas que é, também, a que aqui vamos seguir.

[3] V. José Casalta Nabais, *Problemas Nucleares de Direito Fiscal*, Almedina, 2020, p. 109 e s.

[4] V., sobre este problema, José Casalta Nabais, *Direito Fiscal*, cit., p.195 a 203.

2. As relações entre o direito contabilístico e o direito fiscal

Desde logo, a contabilidade, enquanto sistema de produção, registo e apresentação de informação normalizada, em termos monetários, relativa à atividade, às relações e ao património das empresas com vista à sua divulgação e utilização por diversos destinatários ou utentes[5], constitui uma ciência económica imprescindível a diversos ramos do direito. Entre estes, para além, naturalmente, do próprio direito contabilístico que dá expressão e confere força jurídica aos resultados da ciência da contabilidade, conta-se, de um modo muito particular, o direito fiscal. De facto, como já referimos, tanto a definição da incidência nas suas diversas componentes, como a realização das numerosas e por vezes sofisticadas operações em que se consubstancia a liquidação da generalidade dos impostos, seria de todo impossível sem contar com a contabilidade e com a sua disciplina jurídica.

O que vale de modo muito especial no que respeita à tributação das empresas, apresentem-se estes na qualidade de contribuintes, como acontece na tributação do rendimento empresarial (IRS empresarial e IRC), na sua qualidade de sujeitos dos impostos sobre o consumo ou, ainda, como devedores de impostos (ou sujeitos de pagamentos por conta de impostos) de terceiros. Todo um amplíssimo campo em que a contabilidade e o direito contabilístico são imprescindíveis à ação da fiscalidade e do direito fiscal, muito embora essa imprescindibilidade não tenha a mesma ou igual intensidade relativamente a todas as situações de atuação fiscal das empresas referidas.

Na verdade, ela é particularmente visível e determinante na tributação do rendimento empresarial porquanto a determinação do rendimento tributável – o lucro tributável – parte e atem-se quase inteiramente ao rendimento contabilístico – o lucro contabilístico. Por isso, não admira que seja este domínio o que, por via de regra, tem servido de base à análise das relações entre a contabilidade e a fiscalidade ou, por outras palavras, entre o direito contabilístico e o direito fiscal. Uma maneira de ver as coisas que é também a que vamos seguir, limitando, assim, as nossas

[5] SV. Este conceito de contabilidade em José Engrácia Antunes, *Direito da Contabilidade. Uma Introdução*, Almedina, Coimbra, 2018, p. 9 e s.

reflexões à análise das relações existentes entre o direito contabilístico e o direito fiscal em sede da tributação do rendimento das empresas.

Mais especificamente as relações referentes à tributação do rendimento empresarial em que a contabilidade se revela decisiva para a determinação do imposto a pagar no quadro de uma dependência fundamental do lucro tributável face ao lucro contabilístico, ou seja, sempre que o lucro tributável tenha por base o lucro contabilístico. Muito embora, como é sabido, a contabilidade não deixe de estar presente também na tributação das empresas que não tenha por base o lucro contabilístico, ou seja, pelas empresas que optem pelo chamado regime simplificado, porquanto também neste regime é a contabilidade que nos revela os rendimentos ou ganhos a considerar, afastando-se apenas a consideração fiscal dos gastos e perdas mesmo quando legalmente sejam objeto de contabilização como acontece no regime simplificado em IRC[6].

De fora das nossas considerações ficará, como bem se compreende, a referência à tributação dos rendimentos empresariais objeto regime simplificado em IRS, uma vez que nessas situações inexiste, quase sempre, qualquer registo contabilístico minimamente organizado.

3. A dependência fundamental do lucro tributável face ao lucro contabilístico

Uma primeira nota a este propósito é a de que o lucro tributável das empresas tem por base fundamental o resultado contabilístico, embora não se reconduza integralmente a este, pois o lucro fiscal tem em conta também variações patrimoniais positivas e negativas não refletidas no resultado contabilístico, ou seja, o saldo positivo das variações nos capitais próprios. O que significa que, na determinação ou apuramento do

[6] Já que no IRC, ao contrário do que sucede no IRS, as empresas que optem pelo regime simplificado têm a obrigação legal de adotar o regime de normalização contabilística para micro entidades (al. *e)* do nº1 do art. 86º-A do Código do IRC), muito embora os gastos e perdas a considerar sejam os estandardizados resultantes da aplicação de coeficientes e não os registados na contabilidade. Para os regimes simplificados confrontem-se os art.s 28º e 31º do Código do IRS com os art.s 86º-A e 86º-B do Código do IRC. V. José Casalta Nabais, *Introdução ao Direito Fiscal das Empresas*, 3ª ed., Almedina, Coimbra, 2018, p. 146 a 153; e os estudos contidos em António Martins & Daniel Taborda (Coord.), *Ensaios sobre os Regimes de Simplificação Tributária*, Almedina, Coimbra, 2021.

lucro tributável das empresas, não segue o Código IRC nem o *modelo da dependência total*, em que haveria coincidência do resultado contabilístico com o resultado fiscal, nem o *modelo da autonomia*, em que o lucro tributável seria apurado de maneira totalmente autónoma face ao resultado contabilístico.

Antes adota um *modelo da dependência parcial* do direito fiscal face ao direito da contabilidade[7]. Não coincidência que bem se compreende, pois, enquanto o lucro contabilístico é determinado com base em princípios, normas e regras do referido direito contabilístico e tem por destinatários os utentes das demonstrações financeiras das empresas (isto é, os investidores, os trabalhadores, os financiadores, os fornecedores e outros credores comerciais, os clientes, o Governo e seus departamentos e o público em geral), o lucro fiscal guia-se pelos princípios e normas do direito fiscal e tem por destinatário sobretudo o Estado, mais precisamente a administração tributária, porquanto os outros destinatários – todos os sujeitos passivos das relações tributárias, entre os quais se destacam os contribuintes – encontram-se verdadeiramente numa segunda linha no que respeita à determinação do lucro tributável.

Uma ideia que não foi posta em causa pela aprovação do Sistema de Normalização Contabilística (SNC) e pelas alterações que o mesmo provocou no apuramento do lucro tributável em IRC e no regime de tributação dos rendimentos da categoria B (rendimentos empresariais e profissionais) do IRS com base na contabilidade organizada, que seguem, com algumas adaptações, as mesmas regras daqueloutros[8]. Pois, como é inequivocamente afirmado no Preâmbulo do Decreto-Lei nº 159/2009, que adotou o Código do IRC ao SNC, mantém-se o modelo da dependência

[7] Cf., quanto a esta dependência parcial, Tomás Castro Tavares, *Da Relação de Dependência Parcial entre a Contabilidade e o Direito Fiscal na Determinação do Rendimento Tributável das Pessoas Colectivas: Algumas Reflexões ao Nível dos Custos*, Cadernos de CTF, Lisboa, 1999, esp. p. 47 e ss., e *IRC e Contabilidade. Da Realização ao Justo Valor*, Almedina, Coimbra, 2011; A. Moura Portugal, *A Dedutibilidade dos Custos na Jurisprudência Portuguesa*, Coimbra Editora, 2004, p. 57 e ss.; Nina Aguiar, *Tributación y Contabilidad. Una Perspectiva Histórica y de Derecho Comparado*, Ruiz de Alosa Editores, Granada, 2011, esp. p. 439 e ss.; e Maria Matilde Lavouras, *Transparência nas Demonstrações Financeiras: a 'true and fair view' e o 'fair value' na tributação das empresas*, Tese de Doutoramento na FDUC, 2015.

[8] Nos termos do disposto nos art.s 28º e art. 32º do Código do IRS.

parcial da fiscalidade face à contabilidade. Manutenção que em nada é perturbada pela maior aproximação da fiscalidade à contabilidade resultante dessas alterações, a qual é protagonizada, sobretudo, pela aplicação do justo valor à mensuração de ativos, designadamente, dos instrumentos financeiros e dos ativos biológicos consumíveis, uma vez que esta aplicação se verificará apenas nos casos em que a fiabilidade da determinação do justo valor se encontre assegurada.

A que acresce a determinação dos resultados dos contractos de construção que passou a ser feita com base no critério da percentagem de acabamento, e o reconhecimento em sede fiscal do apuramento dos rendimentos ou gastos ao juro efetivo. Por conseguinte e em contrapartida, continua a verificar-se uma separação marcante entre a contabilidade e a fiscalidade, o que tem como importante implicação a de, relativamente a cada um desses domínios de autonomia, nem a contabilidade pode ser forçada pelas soluções fiscais nem a fiscalidade pode chegar a resultados, designadamente de tributação, invocando soluções contabilísticas, como por vezes a Administração Tributária parece admitir[9].

Daí que essa relação fundamental de dependência da fiscalidade face à contabilidade se continue a concretizar numa dependência parcial, de modo que não se verifica uma identificação do lucro tributável com o lucro contabilístico empresarial. Por isso, importa fazer algumas considerações mais ao afastamento entre esses dois tipos de lucro.

4. A não identificação do lucro tributável com o lucro empresarial

Pois bem, trata-se de um afastamento que, embora de algum modo se tenha atenuado, como vamos ver, continua a observar-se, mesmo tendo em conta que a tributação das empresas como a tributação de todo o rendimento tem por base um conceito amplo de rendimento – o chamado rendimento acréscimo e não apenas o rendimento produto[10]. O que tem por base três ordens de razões, a saber: razões ligadas a eliminação ou

[9] V., sobre este tipo de problemas, Fernando C. Araújo, «A política fiscal em IRC (ou a ausência dela) na perspetiva dos contribuintes (a propósito do Relatório do Grupo para o Estudo da Política Fiscal, Competitividade e Justiça do Sistema)», *Revista de Finanças Públicas e Direito Fiscal*, 2010/2, p. 105 e ss. (133 e ss.).

[10] V., sobre estes conceitos, José Casalta Nabais, *Direito Fiscal*, cit., p e ss.,

atenuação da dupla tributação, razões associadas à luta contra a evasão e fraude fiscais e razões que se prendem com o facto de, por vezes, na definição e determinação da base tributável se fazerem refletir objetivos de natureza económica e social que, obviamente, não se encontram presentes na atuação das empresas[11].

Desde logo, importa assinalar que o resultado contabilístico e o resultado fiscal se reportam a realidades que não coincidem inteiramente ou são determinados de maneira algo diferente, em virtude de haver diferença entre patrimónios para a contabilidade e para a fiscalidade decorrente da aplicação territorial de regras jurídicas fiscais e da necessidade de evitar ou atenuar a dupla tributação jurídica e/ou económica. A que acresce a preocupação em a tributação atingir apenas os rendimentos e ganhos e gastos e perdas que se encontrem realizados, atento o peso que o princípio ou modelo da realização não pode deixar de ter no direito fiscal[12].

Um princípio que tradicionalmente tem sido suportado em razões de natureza pragmática, ligadas à praticabilidade das soluções de tributação, mormente à falta de liquidez que enfrentariam os sujeitos passivos na tributação da generalidade dos rendimentos e ganhos verificados, mas que não foram objeto de realização. O que poderia conduzir os contribuintes a terem de se desfazer de ativos, alienando-os ou entregando-os ao Estado para pagarem os impostos, num quadro de maximização do "poder de destruir" que o poder tributário necessariamente envolve[13].

[11] V., sobre estas razões, Manuel Henrique de Freitas Pereira, «A Periodização do Lucro Tributável», Ciência e Técnica Fiscal, nº 349, janeiro – março de 1988, p. 57 e ss., que seguimos no essencial. V. também Filipe de Vasconcelos Fernandes, Constituição e Lucro Real. Contributo ao Direito Fiscal Constitucional Português, AAFDL, Lisboa, 2018, p. 382 e ss.

[12] V. sobre o modelo da realização, v. António Rocha Mendes, *IRC e as Reorganizações Empresariais*, Universidade Católica Editora, Lisboa, 2016, p. 42 e ss.

[13] Na expressão conhecida do Chief Justice John Marshall, "*the power to tax envolvs the power to destroy*", proferida no caso *McCulloch v. Maryland* (1819), que está na base do reconhecimento nos EUA das imunidades tributárias recíprocas entre a União e os Estados federados e entre estes, pois o poder de destruição foi inicialmente reportado à repartição do poder tributário entre os seus titulares, no quadro de um Estado composto ou federal, tendo, apenas mais tardem vindo a ser aplicada aos contribuintes e demais sujeitos tributários passivos.

Caso em que a tributação, em vez de ter por objetivo a obtenção de receitas fiscais, acabaria por ter como resultado também a transferência forçada da propriedade dos contribuintes e, por conseguinte, a sua descapitalização. O que, a ser feito em larga escala, poderia conduzir àquilo para que nos alertava, já no longínquo ano de 1930, o grande justributarista *Albert Hensel*. Autor que, tendo em conta o sistema fiscal no seu todo se inquietava com a possibilidade de uma "socialização a frio", um socialismo por via fiscal em que o aumento sem cessar da tributação seria "o cavalo de Troia do socialismo no Estado de direito burguês" que poderia operar a transferência para o Estado dos principais meios de produção sem recorrer à nacionalização ou expropriação massivas, como propunha o "socialismo" da época[14].

Depois, temos as razões que se prendem com a luta contra a evasão e fraude fiscais, estando esta enquanto protagonizada pelo legislador fiscal na base da maior parte das divergências do lucro tributável face ao lucro contabilístico, traduzidas nas diversas situações de não aceitação de gastos e perdas e de outras componentes negativas ou no estabelecimento de limites a estas grandezas negativas do lucro tributável. O que tem expressão, de um lado, na lista dos encargos não dedutíveis para efeitos fiscais constante do art. 23º-A do Código do IRC, como são as despesas não documentadas ou insuficientemente documentadas, os encargos relativos a barcos de recreio e aeronaves de passageiros que não estejam afetos à exploração do serviço público de transportes nem se destinem a ser alugados no exercício da atividade normal do sujeito passivo, as menos-valias realizadas relativas a barcos de recreio, aviões de turismo e viaturas ligeiras de passageiros ou mistas, que não estejam afetos à exploração de serviço público de transportes nem se destinem a ser alugados no exercício da atividade normal do sujeito passivo, etc. E, de outro lado, na imposição de condições e no estabelecimento de limites para as depreciações e amortizações, imparidades e provisões e realizações de utilidade social.

[14] V. Albert Hensel, «Verfassugsrechtliche Bindung der Steuergesetzgebers. Besteuerung nach der Leistungsfähigkeit – Gleichheit vor dem Gesetz», in *Vierteljahresschrift für Steuer- und Finanzrecht*, 4 (1930), p. 482; e K. M. Hettlage, «Die Finanzverfassung im Rahmen der Staatsverfassung», in *VVDStRL*, 14 (1956), 1957, p. 5.

Por fim, em terceiro lugar, encontramos algumas diferenças entre o resultado contabilístico e o resultado fiscal que têm a ver com a projeção na base tributável de legítimas opções do legislador fiscal no sentido da prossecução de determinados objetivos económicos e sociais, traduzidas na previsão de vantagens fiscais em que se incluem os próprios benefícios fiscais, sejam estes puros benefícios de carácter geral ou específicos incentivos ou estímulos fiscais. É o que acontece com determinados rendimentos ou ganhos que acabam excluídos da tributação, entendida esta exclusão em termos muito amplos, pois engloba a exclusão desses rendimentos ou gastos não só da incidência, como do lucro tributável, da matéria coletável ou da coleta, ou com certos gastos e perdas que são objeto de majoração, sendo considerados fiscalmente por um valor superior ao relevado na contabilidade.

Exemplo da primeira situação temo-la nos benefícios fiscais que operam em sede da determinação da matéria coletável do IRC objeto de dedução ao lucro tributável, nos termos da alínea *a)* do nº 1 do art. 15º do Código do IRC. Por seu lado, exemplo da segunda hipótese encontramo-la na majoração traduzida na consideração em 140% das despesas de utilidade social realizadas pelas empresas nos termos dos nºs 1 e 9 do art. 43º do Código do IRC.

Pelo que e em conclusão, há correções a fazer ao lucro contabilístico para apurar o lucro tributável, em que temos quatro tipos de situações de divergência: 1) rendimentos contabilísticos que não são rendimentos fiscais; 2) rendimentos fiscais que não são rendimentos contabilísticos; 3) gastos contabilísticos que não são gastos fiscais; e 4) gastos fiscais que não são gastos contabilísticos. Todavia, como bem se compreenderá, é a situação de gastos contabilísticos que não constituem gastos fiscais de longe a mais importante e visível para cuja delimitação durante muito tempo se operou com a ideia de *indispensabilidade* dos gastos[15] e que hoje, depois da Reforma do IRC de 2014, nos termos da nova redação do nº 1 do art. 23º do Código do IRC se têm em conta "todos os gastos e perdas

[15] Como prescrevia, antes da Reforma de 2014, o nº 1 do art. 23º do Código do IRC: "Consideram-se gastos os que comprovadamente sejam indispensáveis para a realização dos rendimentos sujeitos a imposto ou para a manutenção da fonte produtora...".

incorridos ou suportados pelo sujeito passivo, para obter ou garantir os rendimentos sujeitos a IRC".

E isto mesmo que não sejam obrigatórios ou se revelem excessivos, desrazoáveis e improdutivos conquanto que motivados pela prossecução do fim ou interesse empresarial, ou seja, que possam considerar-se *business related expenses* e ultrapassem com êxito o bem conhecido *business propose test*, que, como é sabido, vem constituindo o filtro para testar as cláusulas especiais anti-abuso do direito da União Europeia[16]. Um filtro que, com a nova versão da cláusula geral anti-abuso, resultante da nova redação dada ao art. 38º da Lei Geral Tributária[17], aproximando esta das referidas cláusulas especiais, tende a estar presente, também, na aplicação desta cláusula.

5. Lucro contabilístico e lucro tributável das empresas em Portugal

Como, a seu modo, já aludimos, em Portugal vigora o modelo da dependência parcial do direito fiscal face ao direito contabilístico. Pois, se de acordo com o disposto no art. 17º do Código do IRC, o lucro contábil constitui o ponto de partida para a determinação do lucro fiscal, à falta de coincidência entre ambos corresponde, por outro lado, a total correspondência nos demais pontos. Para além de que o conceito de lucro tributável presente no Código do IRC tem por base a teoria do rendimento acréscimo, opção esta bem visível quer no ponto 5 do preâmbulo, quer no art. 3º, nº 2, do Código do IRC, muito embora temperada, claro está, pelo disposto no referido art. 17º.

Pois bem, o ponto de partida para a determinação do valor relevante para a tributação do rendimento acréscimo das empresas é o lucro destas, o qual, nos termos do nº 2 do art. 3º do Código do IRC, consiste na diferença entre os valores do património líquido no fim e no início do período de tributação, com as correções estabelecidas no próprio Código do IRC[18]. Significa isto que as operações de determinação do lucro con-

[16] V., a este respeito, Gustavo Lopes Courinha, *Manual do Imposto sobre o Rendimento as Pessoas Coletivas*, Almedina, 2019, p.109 e ss.

[17] Nova redação dada pela Lei nº 32/2019, de 3 de maio.

[18] Um conceito de lucro empresarial que segue a chamada teoria do balanço, porquanto o lucro corresponde à diferença entre dois balanços: o balanço do fim do período tributário

tabilístico não nos permitem, sem mais, determinar o valor do lucro tributável. Para que possamos atingir este valor é necessário, tomando como referência o resultado líquido do período, proceder a operações de contabilização das variações patrimoniais não refletidas nesse resultado e efetuar as correções previstas no código do IRC.

Assim e por um lado, há que adicionar as variações patrimoniais positivas referidas no art. 21º e subtrair as variações patrimoniais negativas mencionadas no art. 24º, que não estejam refletidas no resultado líquido. Ou seja, há que contabilizar as variações do capital próprio das empresas. De outro lado, há que efetuar as correções previstas no Código do IRC. De entre estas há a destacar, dada a sus especial importância, a observância do princípio da periodização do lucro tributável constante do nº 1 do art. 18º do Código do IRC, nos termos do qual "[o]s rendimentos e os gastos, assim como as outras componentes positivas ou negativas do lucro tributável, são imputáveis ao período de tributação em que sejam obtidos ou suportados, independentemente do seu recebimento ou pagamento, de acordo com o regime de periodização económica".

Uma periodização económica que faz todo o sentido porquanto, para além de ser expressão muito visível da própria ideia de Estafo fiscal, enquanto modelo paradigmático de financiamento das comunidades estaduais assentes numa economia livre ou de mercado[19], afasta uma periodização de natureza estritamente financeira, em geral desfasada da realidade e dinâmica económica e exposta a conformações ou até a manipulações da mesma. Uma opção relativa à "periodização do lucro tributável" que está em conformidade, de resto, com o "período de tributação" que, segundo o disposto no art. 8º do Código do IRC, coincide com o ano civil, podendo, todavia, as empresas optarem por um período anual

e o balanço do início do mesmo período tributário. Sobre as perspetivas do lucro, v. José Casalta Nabais, *Problemas Nucleares de Direito Fiscal*, Almedina, Coimbra, 2020, p. 168 e ss.

[19] Sobre o profundo sentido e alcance da ideia de Estado fiscal para um Estado financeiramente consentâneo com uma sociedade aberta e livre, v. José Casalta Nabais, *O Dever Fundamental de Pagar Impostos. Contributo para a Compreensão Constitucional do Estado Fiscal Contemporâneo*, Almedina, Coimbra, 1998, p. 191 a 221.

diferente desde que este coincida com o período social de prestação de contas, ou seja, desde que coincida com o período contabilístico[20].

Deste modo, essa periodização sustenta não só a concretização do princípio do acréscimo como, ainda, as correções previstas nos art.s 19º e 22º do Código do IRC e, bem assim, o regime de depreciações e amortizações, as perdas por imparidade e as provisões. Princípio do créscimo que é, naturalmente, aplicável também às variações positivas e negativas não refletidas no resultado líquido do período e tem como consequência necessária que as entradas e as saídas de capital, porque não são o reflexo da atividade da empresa nem dele resultam, não contribuam, nem positiva nem negativamente, para o apuramento do lucro tributável.

De um modo sintético podemos dizer que se na delimitação e definição do ponto de partida para o apuramento do lucro tributável há uma dependência total entre o direito fiscal e a contabilidade, o mesmo já não sucede com o resultado final. E este desvio decorre a necessidade de serem efetuadas correções decorrentes das variações patrimoniais positivas (art. 21º) e das variações patrimoniais negativas (art. 24º) não refletidas no resultado líquido do período de tributação. Variações patrimoniais positivas e negativas que esses preceitos do Código do IRC não definem, sendo à face dos mesmos, aparentemente todas, uma vez que esses preceitos limitam-se a definir as variações patrimoniais positivas e negativas que não integram o lucro tributável, acabando, assim, as variações patrimoniais relevantes para a determinação do lucro tributável a ser definidas não apenas com base nessas disposições do Código do IRC.

E para determinar a correspondência ou a não correspondência entre o tratamento contabilístico e o tratamento fiscal há que confrontar as referidas normas com o tratamento que é dado a estas matérias nas contas da "Classe 5 – Capital, Reservas e Resultados Transitados" do SNC. Confronto que, dada a complexidade do tratamento contabilístico e a extensão que a explicação implicaria, leva a que nos centremos, apenas,

[20] Uma periodização económica que não deixa de se inserir num quadro bem maior relativo ao respeito por parte do Estado das exigências implicadas no estabelecimento e funcionamento de uma economia concorrencial, como é a do mercado interno da União Europeia, nas quais encontramos a de as contas públicas adotarem a ótica da contabilidade nacional.

na referência a alguns pontos de contacto convergentes ou divergentes entre o resultado contabilístico e o resultado fiscal.

E o primeiro ponto de contacto diz respeito às entradas e saídas de capital que, para além de não contribuírem para o resultado líquido do período tributário, também não são de considerar relevantes para a determinação do lucro tributável (art.s 21º, al. *a*), e 24º, al. *c*)). Idêntica convergência de tratamento contabilístico e fiscal existe nas prestações suplementares e prestações acessórias reguladas nos arts. 210º a 213º do Código das Sociedades Comerciais, que sejam de considerar como instrumentos de capital próprio[21], os quais, porque são considerados como um passivo, não relevam para efeitos contabilísticos nem para efeitos fiscais.

No que às reservas diz respeito, porque se trata apenas de variações qualitativas, não têm qualquer reflexo no apuramento do lucro contabilístico nem no apuramento do lucro fiscal. E não o têm, no primeiro caso, porque tal decorre do facto de não se tratar de variações patrimoniais quantitativas e, no segundo caso, porque não existe qualquer norma específica que considere que as mesmas devam ser objeto de um tratamento diferenciado.

Já as reavaliações de ativos fixos tangíveis e intangíveis são consideradas, para efeitos fiscais, como ganho potenciais ou latentes, embora não realizados e, precisamente, por esse motivo, encontram-se excluídas do lucro tributável segundo o disposto no art. 21º, al. *b*). Tratamento semelhante é dado às reduções dos excedentes, mas agora por decorrência do disposto no art. 24º, al. *b*), do Código do IRC.

6. Evolução no sentido de maior dependência do lucro tributável face ao lucro contabilístico

6.1 A adoção das normas internacionais de contabilidade

A opção por modelo de relação entre contabilidade e fiscalidade deste tipo, em detrimento de qualquer outro, não é neutra do ponto de vista da gestão das empresas e denota a existência de diversas vantagens decor-

[21] V. Joaquim Fernando da Cunha Guimarães, «As Prestações Suplementares – Breve Análise no Âmbito do CSC, POC e CIRC», *Jornal de Contabilidade*, 214 (jan. 1995), p. 18-21.

rentes da utilização de informação contabilística. Fica clara a ideia de que se existir informação contabilística acessível e fiável, esta permite revelar a realidade económica e financeira da entidade e dar cumprimento às exigências de um sistema tributário pensado para influenciar o menos possível as opções de gestão de recursos por parte dos sujeitos passivos e, ao mesmo tempo, garantir uma adequada arrecadação de receitas.

O modelo traçado traz consigo as vantagens de um modelo de dependência total, permitindo a minimização dos custos para a obtenção de informação adequada à aplicação das normas de incidência tributária, mas influencia, fortemente em alguns casos, o tratamento contabilístico dos factos a registar. À onerosidade relacionada com a manutenção de dois corpos normativos separados contrapõe-se a possibilidade de utilização dos dados contabilísticos e, deste modo, criar um mecanismo menos oneroso para as empresas. A par da confiabilidade dos dados a utilizar, é um modelo que permite dar resposta às exigências e aos objetivos do direito fiscal, uma vez que é suficientemente flexível para permitir um enquadramento fiscal diferenciado. Contudo, este modelo mostra-se bastante permeável à intromissão do direito fiscal nas práticas gestionárias das empresas, faceta esta muito visível nos casos em que as regras de direito fiscal prescrevem um tratamento diferenciado de determinado acontecimento face às normas contabilísticas.

Partindo da ideia de que a convergência entre o lucro contabilístico e o lucro fiscal resulta de um processo natural que permite dar ampla concretização à tributação do rendimento-acréscimo, as opiniões sobre o contributo da adoção das Normas Internacionais de Contabilidade (NICs)[22] para este processo são diversas e difusas. Se, po um lado, se sustenta que existe uma tendência, também ela natural, para o afastamento dos dois corpos normativos, por outro lado, releva claramente a ideia de que a melhoria da qualidade da informação financeira, a confiabilidade e a rastreabilidade dos dados apresentados constituem um importante contributo para a aproximação das noções de lucro contabilístico e de lucro fiscal.

[22] Que integram as tradicionais *International Accounting Standards* (IAS) e a mais recente versão das mesmas – as *International Financial and Reporting Standards* (IFRS).

Embora sem consenso sobre o impacto que decorreria da implementação de um sistema único de determinação do lucro na qualidade da informação financeira a verdade é que consideramos ser de acompanhar a posição daqueles que defendem que uma total conformidade entre o lucro contabilístico e o lucro fiscal permite restringir o comportamento dos gestores das empresas, seja no sentido de sobrevalorizarem os resultados, seja no sentido inverso[23]. A existência de um sistema único de reporte contribuiria para o aumento da qualidade da informação e para a diminuição dos custos das empresas, sobretudo dos relacionados com os numerosos e diversificados deveres acessórios e com o cumprimento das obrigações fiscais.

Espera-se que os impactos ao nível da quantidade de informação prestada sejam em sentido simultaneamente diverso e inverso, podendo mesmo gerar situações em que a informação seja insuficiente para garantir o bom funcionamento dos mercados[24]. Para além disso, é um modelo que é permeável a uma interferência excessiva do legislador fiscal na normação contabilística[25].

[23] Neste sentido v. Mihir A. Desai e Dhammika Dharmapala, "Earnings Management, Corporate Tax Shelters, and Book-tax Alignment", *National Tax Journal*, 62(2), 2009, p. 169-186; Christian Nowotny, "Taxation, Accounting and Transparency: The Missing Trinity of Corporate Life", Wolfgang Schön (ed.), *Tax and Corporate Governance*, Springer Berlin Heidelberg, 2008, p. 101-110; Celia Whitaker, "How to Build a Bridge: Eliminating the Book-Tax Accounting Gap", *The Tax Lawyer*, 59(4), 2006, p. 981-1020 e M. A. Desai, "The Degradation of Reported Corporate Profits", *Journal of Economic Perspectives*, 19(4), 2005, p. 171-192.

[24] V. Sebastien Eichfelder, Martin Jacob, Nadine Kalbitz e Keely Wentland, «Tax-induced Earnings Management and Book-tax Conformity: International evidence from unconsolidated accounts», *Arbeitskreis Quantitative Steuerlehre (arqus) Discussion Paper*, nº 252, jan. 2020, Michelle Hanlon, Edward Maydew e Terry Shevlin, «An Unintended Consequence of Book-tax Conformity: A Loss of Earnings Informativeness», *Journal of Accounting and Economics*, 46(2), 2008, p. 294-311; Michelle Hanlon, S. K. Laplante e T.J. Shevlin, «Evidence on the possible information loss of conforming book income and taxable income», *Journal of Law & Economics*, 48, 2, 2005, p. 407 a 442.

[25] V. T. Atwood, M. Drake e L. Myers, «Book-tax conformity, earnings persistence and the association between earnings and future cash flows», *Journal of Accounting and Economics*, 50, 1, 2010, p. 111 a 125.

No contexto semelhante ao europeu e, em especial na União Europeia, em que existe uma forte integração económica e em que se assiste ao aprofundamento do mercado único a convergência entre o lucro contabilístico e o lucro fiscal assume um relevo ainda mais acentuado do que noutras latitudes[26] e o ponto focal desta mudança foram, precisamente, as alterações nas normas fiscais e de direito societário impostas pela adoção das NIC/IAS/IFRS. De entre as várias inovações destaca-se a introdução de dois vocábulos "tortuosos" ou "escorregadios". Um deles – o princípio da *true and fair view* ou da imagem fiel – ocupa um lugar cimeiro na hierarquia dos princípios de direito contabilístico podendo, em certa medida, ser considerado um princípio normativo. O outro, reveste uma importância prática também ela muito elevada, mas reconduz-se a um modelo de determinação do valor contabilístico: o modelo do *fair value* ou do justo valor. Enquanto o cumprimento do primeiro é essencial – o que, de resto, já o era – para que pudesse existir um modelo (ao menos de) dependência parcial entre o direito fiscal e o direito contabilístico, o segundo coloca alguns problemas de difícil resolução no campo tanto do direito fiscal como do direito societário.

Não se estranha, por isso, que a rutura com o *status quo* do modelo do custo histórico e a sua substituição pelo modelo do justo valor esteja na base de algumas das mais importantes divergências entre os valores contabilísticos a utilizar para a determinação do lucro contabilístico e os valores que são de considerar como fiscalmente relevantes, como vamos ver a seguir. Todavia, impõe-se antes uma brevíssima referência à importância que é reconhecida ao justo valor na distribuição de bens aos sócios, até porque esta pode influenciar a liquidez e a solvabilidade da empresa.

O processo de convergência entre o lucro contabilístico e o luco fiscal foi inequivocamente aprofundado com a adaptação das regras fiscais às

[26] Embora o domínio da tributação direta seja da competência dos Estados Membros a verdade é que a harmonização dos ordenamentos jurídicos no espaço da União Europeia se tem feito sentir de forma bastante intensa e decorre, nomeadamente, da limitação indireta das competências estaduais sempre que as normas fiscais belisquem as liberdades económicas fundamentais, nomeadamente a liberdade de estabelecimento e a liberdade de circulação de capitais.

já referidas NICs. O que ocorreu a partir da aprovação do Regulamento (CE) nº 1606/2002, do Parlamento, de 19 de julho[27].

Contrariamente ao que sucedeu noutras latitudes, a União Europeia não adotou as NICs de forma automática, optando antes por fazer passar essas mesmas normas por um crivo, definido no supracitado regulamento. Embora a adoção das NICs fosse obrigatória apenas para a elaboração das contas consolidadas de entidades cujos valores estivessem admitidos a negociação em qualquer mercado regulamentado de um Estado Membro e facultativa para as demais entidades cujas contas sejam objeto de certificação, houve a necessidade da sua adoção, adaptando os sistemas legais nacionais[28].

Entre nós, e à semelhança do que sucedeu nos restantes Estados Membros, foi necessário adaptar os normativos fiscais e de direito societário para dar acolhimento às novas regras contabilísticas, permitindo a criação de um quadro legal amplamente harmonizado e isento de incongruências. Tratou-se de um longo e complexo processo que, embora se tenha iniciado em 2005, só alguns anos mais tarde teve um avanço significativo com a aprovação do Decreto-Lei nº 158/2009 e do Decreto-Lei nº 159/2009, ambos de 13 de julho. Enquanto o primeiro diploma legal contém uma profunda reforma das normas contabilísticas e operou a transição para um sistema harmonizado com as normas internacionais de contabilidade[29], o segundo introduziu alterações importantes no Código do IIRC.

[27] Não devemos olvidar que no espaço da União Europeia o processo de harmonização das regras contabilísticas e, em certa medida, a aproximação entre o lucro contabilístico e o lucro tributável se iniciou bastante mais cedo, em 1978, com a adoção da Diretiva 78/660/CEE, do Conselho, de 25 de julho, relativa às contas consolidadas de certas formas de sociedades.

[28] Cfr. o Decreto-Lei nº 35/2005, de 17 de fevereiro.

[29] A partir da entrada em vigor dos novos normativos contabilísticos a situação em Portugal passou a ser a seguinte: (a) empresas com valores contados – NICs; (b) restantes empresas dos setores não financeiros – Normas Contabilísticas e de Relato financeiro (NCRF) e (c) empresas de menor dimensão – NCRF – PE (Pequenas Entidades). As alterações introduzidas permitem garantir uma maior coerência na aplicação das normas contabilísticas, a compatibilidade entre os vários normativos e ajudam a prevenir dificuldades de transição entre regimes contabilísticos. Do 'novo' regime normativo resultaram mudanças visíveis quer ao nível da estrutura conceptual, até então constante do Plano Oficial de Contabi-

A importância das regras contabilísticas para a qualidade da informação contabilística é inegável, e tem contribuído para a aproximação entre o lucro contabilístico e o lucro fiscal. Mantendo-se alheia a considerações de extrafiscalidade e deixando essa intervenção para o direito fiscal, a preocupação principal da contabilidade é a de permitir a divulgação de informação útil, adequada e confiável para um leque cada vez mais alargado de destinatários.

7. O impacto do justo valor na determinação da distribuição de bens aos sócios matéria tributável das empresas

A mudança do modelo de mensuração decorrente da adoção das NIC/IAS/IFRS foi impulsionada pelo desenvolvimento do mercado de capitais, e constitui um verdadeiro 'salto em frente', permitindo que a contabilidade e a informação contabilística sejam capazes de responder aos novos desafios. Os reportes contabilísticos deixaram de se limitar a fornecer uma parca imagem da posição financeira da entidade, passando a permitir o acesso a informação mais extensa e, sobretudo, mais clara.

Por permitir obter valores que se identificam com valores de mercado ou que deste se aproximam[30] é um modelo de mensuração especialmente adequado para determinar o valor dos ativos e passivos que não têm existência física, como sejam os ativos e passivos financeiros ou os intangíveis, contribui para a determinação mais apurada do valor das empesas, para a dinamização do mercado de capitais e para a proteção dos direitos e interesses dos investidores, sem colidir com a proteção dos credores e dos detentores das participações sociais. Esta alteração teve um forte impacto na determinação do valor contabilístico, levando a ajustamentos

lidade quer, sobretudo, no que à forma como o sistema está estruturado. De um sistema de normas passámos para um sistema baseado em princípios.

[30] A primeira referência ao justo valor na legislação portuguesa data de 1991 e pode ser encontrada na Diretriz Contabilística nº 1 – Tratamento contabilístico de concentrações de atividades empresariais, seguindo-se, em 1993, a Diretriz Contabilística nº 13 – O conceito de justo valor. Mas, ainda que o modelo de mensuração venha a ser replicado em momentos posteriores, até à adoção das normas internacionais de contabilidade, a sua aplicação era restrita a um conjunto muito reduzido de itens. Ainda hoje em dia, e apesar da sua consagração expressa, é muitas vezes apresentado como um modelo alternativo ao custo histórico.

positivos e negativos nos registos existentes e, com especial visibilidade, na política de amortizações e depreciações.

Os críticos do modelo do justo valor dão especial destaque à subjetividade presente no seu cálculo, sobretudo quando seja determinado a partir de dados que não correspondam a preços de mercados ativos – dados nível 1 –, levando a que se recorra a dados com menor fiabilidade ou até mesmo a estimativas. O seu uso indevido permite a manipulação dos resultados, o que torna este modelo dependente, em larga medida, da integridade dos gestores e dos auditores. Para além disso, introduz um fator de volatilidade nos resultados e nos capitais próprios, refletindo as condições económicas verificadas no momento da mensuração e, caso não seja possível antecipar com alguma certeza a evolução futura – como o não será na generalidade dos casos e como o tem demonstrado a realidade recente – leva a que sejam refletidos com mais intensidade os acontecimentos negativos atuais e futuros e com menos intensidade e equilíbrio os efeitos positivos atuais e futuros[31]. Dualidade na expressão contabilística das perdas e dos ganhos esperados que resulta da interação entre o princípio da prudência e o princípio da continuidade, impondo-se, por isso, que a escolha dos modelos de mensuração a aplicar obedeça a elevados padrões éticos e profissionais,[32], de modo a alcançar o cumprimento meticuloso destes princípios.

[31] Já o referimos noutra altura, mas entendemos que devemos reforçar agora, a ideia de que o justo valor leva a que se reflitam no reporte contabilístico perdas potenciais de valor que, para além de não serem efetivas (porque são potenciais) são de verificação futura e incerta quer quanto ao momento quer quanto à certeza da sua verificação. Esta atuação fornece ao mercado uma imagem distorcida daquela empresa, facto este que pode ter implicações muito negativas e consequências irreparáveis. No campo do direito fiscal temos como exemplo disto mesmo as disposições das als, *j)* e *k)* do art. 23º do Código do IRC que, em rigor, se afasta do regime das menos-valias. Para efeitos de gastos e perdas são consideradas as perdas por redução de justo valor e, portanto, perdas potenciais, mas, no caso das menos-valias, apenas se consideram as que foram realizadas – cfr. al. *l)* do artigo citado.

[32] Importa recordar os alertas feitos por Amartya Sen sobre a necessidade de tomar em consideração comandos éticos nas decisões económicas e, por arrastamento, no comportamento dos agentes económicos levando a que muitas vezes essas decisões sejam norteadas por aquilo que Williams designava por egoísmo ético. V. Amartya Sen, *Sobre*

Sendo o justo valor um valor potencial e que, precisamente por isso, prescinde da realização, na ausência de impedimento legal ou estatutário podem ocorrer situações em que é determinada a distribuição de resultados registados sem que existam condições de liquidez. Distribuir lucros com base em ganhos potenciais pode significar repartir valores não realizados nem realizáveis, colocando em causa a capacidade que as empresas têm para cumprir os seus compromissos, nomeadamente os de ordem fiscal.

Por forma a obviar a estes problemas o legislador português consagrou no art. 2º do Decreto-Lei nº 185/2009, de 12 de agosto, uma alteração à redação do nº 2 do art. 32º do Código das Sociedades Comerciais que constitui uma limitação à distribuição de bens aos sócios. Ao impedir que sejam considerados como distribuíveis os valores refletidos no lucro contabilístico que digam respeito a incrementos de valor do capital próprio derivados da aplicação do modelo do justo valor[33]. A distribuição de bens aos sócios está assim duplamente limitada: em primeiro lugar, pelo valor resultante da comparação entre a situação líquida da sociedade e a soma do capital próprio e das reservas que a lei ou o contrato de sociedade não permitam distribuir (nº 1) e, em segundo lugar, pela necessidade de desconsideração, para efeitos de determinação do lucro distribuível, das variações positivas de valor potencial resultantes do justo valor que tenham reflexo no capital próprio.

Ambas as limitações têm por finalidade principal garantir a intangibilidade do capital social das empresas, mas a segunda contém em si mesmas um desafio à implementação de soluções que permitam converter, fácil e

Ética e Economia, Almedina, Coimbra, 2012; e Bernard Williams, *Ethics and the Limits of Philosophy*, Fontana Press, Londres, 1985, p. 12-13.

[33] V., sobre o tratamento jurídico dado noutras jurisdições, Luíz Fernandez del Pozo, «El Requisito de Mantenimiento de la Integridad del Capital Social trás La Reforma Contable (Ley 16/2007, de 4 de Julio)», publicado em www.arbo.org.es, Giovanni Strampelli, «Gli IAS/IFRS dopo la crisi: alla ricerca dell'equilibrio tra regole contabili non prudenziali e tutela della stabilità della società», *Rivista Delle Sicietà*, 55, 2010 p. 395-446; idem, «Le riserve da fair value: profili di disciplina e riflessi sulla configurazione e la natura del património netto», *Rivista Delle Società*, 51, 2006, p. 243 e ss. e M. Cozian, A Viander e F. Deboissy, *Droit des sociétés*. 26ª ed., LexisNexis, 2013, p.137.

rapidamente, rendimentos verificados em rendimentos realizados[34], sem beliscar o princípio da prudência. É precisamente uma das dimensões do princípio da prudência que suporta a opção feita pelo legislador nacional em relação aos ganhos e perdas resultantes do justo valor: enquanto para os ganhos se exige a realização, para as perdas, é suficiente a sua verificação[35]. É que estes lucros têm uma característica especial – são lucros meramente potenciais – e, por isso, ficam sujeitos a um regime de tratamento diferenciado para alguns efeitos[36]. Na realidade, o que se faz é equiparar estes ganhos estimados às demais expectativas de variação positiva de valores, não os tomando em consideração. No caso das variações negativas o tratamento é o inverso, sendo consideradas na sua totalidade, sendo também o mesmo princípio que sustenta a solução, ao impelir a antecipação de todos os prejuízos potenciais[37]. A relevância do justo valor, para este propósito, fica ainda reforçada com a tipificação de um ilícito penal no art. 514º do Código das Sociedades Comerciais.

Diversamente do que acontece no direito societário, o direito fiscal reconhece relevância, utilidade e validade ao modelo do justo valor,

[34] Embora possam fundamentar a emissão de reservas por parte dos Revisores Oficiais de Contas a verdade é que há algumas práticas que se têm demonstrado eficazes para contornar esta proibição. Estamos a pensar naquelas operações que permitem, de uma forma simples e pouco dispendiosa, converter os ganhos potenciais em ganhos efetivos. É o que sucede, nos casos em que a uma alineação de uma participação financeira no último dia do período de reporte contabilístico se segue, logo no momento seguinte, a (re)aquisição dos mesmos ativos ou, as operações de fechos diários.

[35] Esta solução é também compatível com as normas constantes das als. *c)* e *i)* do nº 1 do art. 6º da Diretiva 2013/34/UE do Parlamento Europeu e do Conselho, de 26 de junho, relativa às demonstrações financeiras anuais, às demonstrações financeiras consolidadas e aos relatórios conexos de certas formas de empresas.

[36] Recorde-se que idêntico tratamento fiscal é conferido às mais-valias potenciais ou latentes que, ainda que estejam devidamente consideradas e registadas contabilisticamente não relevam para apuramento do lucro fiscal, nos termos do art. 21º, nº 1 al, b) do Código do IRC.

[37] V. Paulo de Tarso Domingues, «Comentário ao art. 32º», J. M. Coutinho de Abreu (org.), *Código das Sociedades Comerciais em Comentário*, vol. I, Almedina, Coimbra, 2010, p. 502; e Ross Watts, «Conservatism in accounting – part I, explanations and implications», *Accounting Horizons*, 17, 3, p. 208.

muito embora não em toda a sua extensão. Vejamos, então, as implicações fiscais do justo valor.

8. As implicações fiscais do modelo do justo valor

A incorporação do justo valor no direito fiscal é feita apenas por forma reflexa, ou seja, quando se reconhecem plenos efeitos às disposições das IAS/IFRS e das normas do SNC que consagram este modelo de mensuração ou, pelo contrário, se afastam. Em rigor, podemos referir, que o justo valor apenas releva para efeitos fiscais quando a lei assim o determine. A relação de dependência existente entre a contabilidade e a fiscalidade implica, também neste domínio, que só tenham relevo fiscal os factos e os atos cujo registo contabilístico tenha sido efetivado de acordo com as normas e as *legis artis* contabilísticas, mas, ainda assim, pode existir um afastamento das regras de direito fiscal face às regras de direito contabilístico[38].

Também o direito fiscal só considerará válido o recurso a este modelo de mensuração quando o mesmo permita garantir, com elevada fiabilidade, o valor dos ativos, não estando vedada a possibilidade de o aplicador das normas fiscais questionar a mobilização do modelo ou, ainda, os resultados obtidos através da sua aplicação. Precisamente por isso, o primeiro passo é determinar as situações em que as NIC/IAS/IFRS ou o SNC determinam que pode utilizar-se o justo valor como forma de determinação do valor a inscrever na contabilidade. A partir desses casos, é necessário verificar se existe ou não um desvio das normas fiscais.

Diríamos que a regra consiste, precisamente, na desconsideração, para efeitos de determinação do lucro tributável, dos ajustamentos decorrentes do justo valor. Tal como dispõe o art. 18º, nº 9, al. *a)*, do Código do IRC, o direito fiscal não se basta com o registo contabilístico desses valores, exige antes a sua verificação. Esta regra admite exceções: a primeira diz respeito aos instrumentos financeiros reconhecidos pelo justo valor através de resultados e, a segunda, quando haja estatuição expressa nesse sentido[39].

[38] Cfr. art. 17º do Código do IRC.

[39] O art. 5º do Decreto-Lei nº 159/2009, de 13 de julho, contém um regime transitório para os ajustamentos fiscais decorrentes da aplicação do justo valor e do enquadramento fiscal

No primeiro caso exige-se, ainda, que esses *instrumentos financeiros* sejam (a) instrumentos de capital próprio; (b) tenham um preço formado num mercado regulamentado e (c) o sujeito passivo não detenha, direta ou indiretamente, uma participação no capital social igual ou superior a 5% do respetivo capital social. De entre estas características é de realçar o facto de apenas serem relevantes para efeitos fiscais os valores mensurados que resultem da utilização de dados com elevadíssimo grau de fiabilidade – dados de nível 1[40] – e, ademais, que estejamos perante instrumentos com elevadíssima liquidez. Uma opção deste tipo permite ainda evitar a prática de manobras de elisão fiscal, como a retenção ou a venda e recompra dos ativos sempre que tal se revelasse adequado do ponto de vista fiscal. A relevância fiscal do justo valor é, assim, excecional e está pensada para aquelas situações em que os títulos foram adquiridos com finalidade de revenda – o designado *trading* – não sendo, por conseguinte, ativas correntes[41].

A incorporação dos resultados da aplicação do justo valor a *instrumentos financeiros*, que não sejam instrumentos de capital próprio subsumíveis no art. 18º, nº 4, é aceite nos termos do art. 23º, em conjugação com o art. 20º, todos do Código do IRC. O mesmo sucede com os ajustamentos de justo valor relativos a instrumentos financeiros derivados, como prescreve o art. 49º. Também os ativos das empresas de seguros, contabilizados ao justo valor, veem reconhecida pelo direito fiscal as variações de valor.

Uma outra situação em que se reconhece relevo fiscal ao justo valor é o caso dos *ativos biológicos consumíveis* em que, excecionando as explorações silvícolas plurianuais, são consideradas para efeitos de determinação do lucro fiscal nos termos do art. 20º, nº 1, al. *g)*, e do art. 23º, nº 2, al. *k)*, do Código do IRC.

Solução diversa foi a que se encontrou para os *ativos biológicos de produção* mensurados ao justo valor, em que as variações de valor – sejam

de outras perdas relativas a partes de capital ou outras componentes de capital próprio.

[40] Os vários níveis de dados a utilizar para determinação do justo valor e a sua hierarquização estão previstos na IFRS 13.

[41] Neste sentido Decisão CAAD, de 18.01.2021, Proc. nº 524/2019-T.

elas de considerar como rendimentos ou gastos[42] – não concorrem para a determinação do lucro fiscalmente relevante. Mas, mais do que isso, para efeitos fiscais devem ser valorizados ao custo de aquisição, apurando-se os ganhos e as perdas de acordo com o modelo do custo histórico. Ainda dentro da categoria dos ativos biológicos deve ser referido o regime aplicável aos inventários, valorizados ao preço de venda no momento da colheita. Será esse o valor que, depois de deduzidos os custos estimados no ponto de venda, os custos de transporte e outros necessários para os colocar no mercado, o valor fiscalmente relevante.

Uma solução híbrida é a que encontramos na al. *e)* do art. 26º do Código do IRC relativa aos inventários. Dado admitir-se que o registo contabilístico se possa fundar no justo valor, o seu relevo para o direito fiscal apenas é possível se a utilização de tal metodologia tiver sido previamente autorizada, nos termos do nº 6 do citado artigo. Assim, apenas existe relevo fiscal do justo valor nos casos em que a Autoridade Tributária tenha, previamente, reconhecido a validade de utilização do método e tenha sido este utilizado para determinar o valor da escrita contabilística.

Esta referência não poderia estar concluída sem a menção específica ao regime das depreciações e amortizações até porque este constitui um exemplo da simbiose existente entre o direito contabilístico e o direito fiscal e da relação de não ingerência nas práticas gestionárias. A utilização do modelo do justo valor para mensuração de ativos sujeitos a depreciação ou amortização liberta o contribuinte de outros afazeres a este propósito para efeitos fiscais. Revelando o valor atual do ativo, o justo valor incorpora em si mesmo a quota de amortização ou de depreciação, prescindindo da adoção de um qualquer método específico para a determinação do seu valor. Para além disso, sempre que seja mobilizável e mobilizado como critério de mensuração, reflete com maior acuidade a perda de valor sofrida, permitindo uma aproximação à real perda de

[42] Uma das alterações mais marcantes da adoção das NIC/IAS/IFRS e do SNC diz respeito ao léxico utilizado. Vocábulos com larga tradição no direito português foram substituídos por outros de inspiração anglo-saxónica e de que são exemplo a substituição de existências por inventários ou, no que por agora nos importa, de proveitos e ganhos por rendimentos e de custos e perdas por gastos.

valor. Neste domínio, o justo valor é totalmente reconhecido para efeitos fiscais.

Diversas destas situações são aquelas em que o legislador fiscal aponta como critério valorimétrico relevante o valor ou o preço de mercado. Nesses casos, não estamos perante a aplicação do modelo do justo valor, mas de um modelo – ou de modelos – que embora sejam aproximados deste, são suficientemente distintos.

Sendo o justo valor "o preço que seria recebido pela venda de um ativo ou pago pela transferência de um passivo numa transação ordenada no mercado principal (ou mais vantajoso) à data da mensuração, nas condições vigentes de mercado (ou seja, um preço de saída), independentemente de esse preço ser diretamente observável ou estimado por recurso a outra técnica de avaliação", nos termos da IFRS 13, § 24, fica claro que, embora este valor deva ser determinado com base em dados fornecidos por um mercado, o mercado relevante não corresponde a um preço formado no mercado para a transação do bem mensurado contabilisticamente. É precisamente por esta razão que o justo valor pode ser diverso do valor ou preço de mercado no momento da mensuração e do reconhecimento inicial.

O mesmo sucede aquando da transmissão e do desreconhecimento do item. Nestes casos a contabilização pelo justo valor, e não pelo valor de mercado, pode originar situações em que se regista um valor diverso do valor efetivamente suportado com a aquisição ou do valor da contrapartida recebida com a cedência definitiva da propriedade. Se excecionarmos os mercados regulados e aquelas situações em que apenas existe um mercado a tendência é para a não correspondência entre justo valor e preço de mercado. O justo valor corresponderá a 'um' valor de mercado e não 'ao' valor de mercado[43]. A al. *a)* do nº 9 do art. 18º do Código do IRC exemplifica uma situação deste tipo, ao utilizar a expressão "num

[43] Para maiores desenvolvimentos sobre esta questão v. Maria Matilde Lavouras, *Transparência nas Demonstrações Financeiras: a 'true and fair view' e o 'fair value' na tributação das empresas*, cit., em especial, p. 295-327 e 43 1 e ss.

mercado regulado", mas, ainda assim, o legislador optou por não utilizar a expressão "justo valor"[44].

De entre as situações em que o Código do IRC se refere ao preço de mercado ou a valores de mercado como critério de mensuração destacam-se os preços de transferência e os bens imóveis[45].

O regime fiscal dos preços de transferência previsto nos n.ºs 1 e 3 do art. 63º do Código do IRC, para além de definir as situações em que se considera que existem relações especiais para efeitos fiscais e de determinar as obrigações acessórias, estabelece como princípio basilar para a determinação do valor relevante para efeitos fiscais o princípio de plena concorrência, e elenca os modelos de mensuração cujos resultados são aceites para efeitos fiscais[46]. A validação fiscal dos valores registados contabilisticamente depende, então, da escolha de um dos métodos referidos no nº 3 desse artigo, a saber: o método do preço comparável de mercado, o método do preço de revenda minorado, o método do custo majorado – que constituem os métodos tradicionais ou métodos baseados em operações (*tradicional transactions methods*) – ou o método do fracionamento do lucro e o método da margem líquida da operação – que são os métodos baseados no lucro das operações (*transacional profit methods*).

A escolha do método a aplicar em cada caso concreto vai depender de vários fatores, mas, como decorre do § 2.1 e seguintes das *Guidelines* da OCDE, deve ser norteada pelo princípio de plena concorrência pelo que deve ser dada primazia a um dos métodos tradicionais[47]. Só em casos

[44] Daí que seja excessivo a equiparação do "justo valor" ao "valor de mercado", como, por vezes, parecem sugerir alguns autores.

[45] Outros exemplos podem ser encontrados no art. 83º, nº 1, no art. 94º, nº 10, no art. 15º, nº 1, al. *c)*, no art. 21º, nº 2, no art. 26º, nº 4, no art. 31º, nº 1, al. *c)*, no art. 46º, nº 3, als. *c)*, *d)* e *f)*, nº 4 e nº 7, do Código do IRC.

[46] Nesta matéria há que considerar ainda o Código de Conduta sobre a Fiscalidade das Empresas – Resolução do Conselho e dos Representantes dos Governos dos Estados Membros de 1 de dezembro de 1997 relativa a um código de conduta no domínio da fiscalidade das empresas (98/C 2/01) e as *Guidelines* aprovadas pela OCDE – *ECD Transfer Pricing Guidelines for Multinational Enterprises and Tax Administrations 2017*, OECD Publishing, https://doi.org/10.1787/tpg-2017-en.

[47] Esta tendencial hierarquia dos modelos tem apoio na letra da lei e na separação entre as als. *a)* e *b)* e tem vindo a ser reconhecida pela jurisprudência dos Tribunais Administrativos e Fiscais e do Centro de Arbitragem Administrativa (CAAD). A título de exemplo, v. o Ac.

verdadeiramente excecionais e devidamente justificados é que a utilização de outros modelos de avaliação permite que os valores contabilísticos sejam validamente considerados para efeitos fiscais.

Uma análise detalhada das exigências do artigo em causa e dos métodos aí referidos permite concluir que, embora em alguns casos possamos estar perante situações em que o valor determinado através do recurso a estes métodos corresponde ao justo valor. Pelo que nas restantes situações isso não acontece. Este afastamento é ainda mais visível nos casos em que tenham sido celebrados acordos prévios em matéria de preços de transferência, em que se fixa previamente o método a utilizar para a mensuração, desonerando o contribuinte da obrigação de demonstrar a adequação do modelo utilizado. Dada a aparente inexistência de uma qualquer hierarquização dos modelos e em face da disposição da al. *b)* do referido artigo, que permite até a utilização de outros modelos de mensuração, uma conclusão diversa não nos parece ser defensável[48]. Um outro argumento que vai no mesmo sentido deriva da exigência feita pelo nº 6 do art. 63º do Código do IRC.

O que este artigo 63º determina é que o valor relevante para efeitos fiscais sempre que seja de aplicar o regime dos preços de transferência é o valor determinado por referência a um dos métodos enunciados e não qualquer outro valor, exceto se for possível demonstrar que esse outro modelo é mais apropriado às condições específicas do caso concreto. Esta cláusula aberta constante da al. *b)* do nº 3 do art. 63º alberga quaisquer outros métodos e, por isso, também o justo valor. Sem pretendermos

do TCA-Sul, de 21.01.2018, disponível em http://www.dgsi.pt/jtca.nsf/-/7CD7D2A0E0CCA0CD8025822400431652, e a decisão do CAAD de 26.02.2018, disponível em https://caad.org.pt/tributario/decisoes/decisao.php?listPageSize=100&listPage=31&id=3264.

[48] Sobre os métodos a utilizar para determinação de preços de transferência veja-se Faria, Maria Teresa Veiga de, "Sobre os métodos de determinação de preços de transferência", *Ciência e Técnica Fiscal*, Centro de Estudos Fiscais, nº 400, dezembro 2000, p. 61-159. A parte final da al. *b)* do nº 3. O art. 63º do Código do IRC e a Portaria nº 1446-C/2021, de 21 de dezembro, consagram expressamente vários métodos e não estabelecem qualquer hierarquia entre eles, permitindo, até, que seja utilizado outro método desde que seja "apropriado aos factos e às condições específicas". Ao optar por um outro método o contribuinte fica obrigado a indicar as razões que suportam a impossibilidade ou inadequação da utilização dos demais métodos prescritos.

adentrar na comparação da relevância e fiabilidade quer contabilística quer fiscal dos dados resultantes do justo valor ou dos demais modelos enunciados no referido artigo, somos levados a afirmar que nos casos em que tenha sido utilizado o modelo do justo valor para efeitos de determinação do valor contabilístico, estão verificadas as condições para a invocação da cláusula aberta.

Idêntica objeção pode ser levantada a propósito do relevo fiscal do preço praticado na transmissão de direitos reais sobre bens imóveis: também neste caso o valor a considerar deve corresponder ao valor efetivamente pago ou recebido. A alteração introduzida no art. 64º do Código do IRC, que substituiu o anterior art. 58º-A, dissipou as dúvidas existentes. Compreende-se a opção do legislador, dado que nos encontramos perante um mercado altamente volátil e em que os bens a transacionar são verdadeiramente únicos – *one of a kind*. Facto este que impede que se possa falar sequer em preço de mercado e, ainda menos, em justo valor.

Conclusões

Em jeito de apreciação final, relativamente a evolução no sentido de uma maior dependência do lucro tributável face ao lucro contabilístico, diríamos que se assiste atualmente a uma convergência, lenta, mas progressiva, entre o lucro contabilístico e o lucro tributável. As alterações introduzidas pelas normas internacionais de contabilidade permitiram uma melhor adequação entre a realidade e a contabilidade e, em certa medida, dar maior prevalência à substância sobre a forma. Ao mesmo tempo, essas normas levam a que os valores disponibilizados pela contabilidade reflitam valores atuais, incorporando na informação contabilística projeções de variação de valor relacionadas com os valores de mercado.

O modelo do justo valor também veio a alter o paradigma do direito fiscal, até então alicerçado na segurança do custo histórico, muto embora não possamos dizer que se tenha verificado uma rutura com o *status quo ante*. O que se passou, foi o reconhecimento da validade fiscal dos dados contabilísticos determinados com base no modelo do justo valor apenas nos casos em que contabilisticamente este modelo seja considerado adequado e mais fiável do que o do custo histórico.

A fiabilidade e, sobretudo a possibilidade da sua utilização para efeitos de determinação do lucro tributável esbarra, ou pode esbarrar, com o princípio da tributação do rendimento acréscimo, e com a ablação de património efetivamente existente. Não está tanto em causa a confiabilidade dos valores apresentados, bem pelo contrário. Ao ser apresentado como um modelo que permitira determinar o valor real atual dos itens a mensurar, este modelo cumpre os requisitos para ser considerado muitíssimo adequado a determinar a capacidade contributiva das empresas permitindo a diminuição ou a eliminação da ingerência do direito fiscal nas práticas gestionárias das empresas. Sem questionarmos a validade do que acabámos de dizer não podemos olvidar que temos que garantir que a ablação de património em que se traduz o pagamento dos impostos não incide sobre rendimentos verificados mas antes sobre rendimentos realizados, o mesmo será dizer, que não incida sobre capacidade contributiva potencial mas antes sobre uma capacidade contributiva real.

5.
O JUSTO VALOR COMO BASE DE MENSURAÇÃO: DO RESULTADO CONTABILÍSTICO AO RESULTADO FISCAL

SÓNIA MONTEIRO
ANA DINIS
LILIANA PEREIRA

Introdução

O processo de harmonização contabilística verificado na União Europeia (UE), com a adoção do normativo do *International Accounting Standards Board* (IASB)[1], tem levado os sistemas contabilísticos dos países a seguir a influência anglo-saxónica, cuja principal preocupação é a disponibilização de informação que reflita uma imagem verdadeira e apropriada ("true and fair view"). Todavia, a introdução do conceito de justo valor nos normativos contabilísticos tem sido fonte de algum debate académico, por indiciar uma possível arbitrariedade no tratamento contabilístico bem como pela dificuldade da mensuração do justo valor (quando não existam mercados de referência) e, assim, inviabilizar o objetivo das demonstrações financeiras em mostrar uma imagem verdadeira e apropriada.

O Sistema de Normalização Contabilística (SNC), em vigor em Portugal desde janeiro de 2010, assenta claramente no normativo internacional

[1] As *International Accounting Standards* (IAS) / *International Financial Reporting Standards* (IFRS) são o um conjunto de normas a utilizar na preparação das demonstrações financeiras, emitidas pelo IASB.O Regulamento 1606/2002 da UE veio exigir que, partir de 2005, todas as empresas com valores cotados em bolsa de qualquer país da UE preparem as suas demonstrações financeiras consolidadas de acordo com as normas do IASB.

acolhido na UE, levando-nos à reflexão sobre o impacto do acolhimento do justo valor no atual normativo contabilístico, como base de mensuração alternativa ou primária, face ao tradicional custo histórico.

Em matéria fiscal, as alterações ao Código do Imposto sobre o Rendimento das Pessoas Coletivas (CIRC) para o adaptar ao SNC, resultaram numa aproximação do modelo de tributação face ao modelo contabilístico, havendo a aceitação da mensuração pelo justo valor em alguns ativos aos quais esse modelo é aplicado. O sistema fiscal português caracteriza-se pela existência de um modelo de dependência parcial entre a contabilidade e a fiscalidade, onde o apuramento do resultado fiscal é feito a partir do resultado contabilístico. Em matéria de justo valor, ainda que o normativo fiscal tenha acolhido a abordagem contabilística de algumas normas, em determinadas matérias continuam a existir divergências entre as abordagens contabilística e fiscal, conduzindo a diferenças significativas entre o resultado contabilístico e o fiscal.

Importa, assim, por um lado analisar a adoção do justo valor preconizado pelo SNC para a mensuração de alguns ativos, e seu impacto nas demonstrações financeiras e no resultado contabilístico. Por outro lado, procuramos discutir as implicações de natureza fiscal da introdução desta base de mensuração, bem como analisar o seu impacto em termos das correções fiscais ao resultado líquido do período, constantes das declarações de IRC (no período 2010-2019).

1. A normalização contabilística em Portugal: alinhamento com o normativo do IASB

Ao longo das últimas décadas temos assistido a uma progressiva aceitação das normas internacionais de contabilidade (IAS/IFRS) emitidas pelo IASB. O reconhecimento do normativo contabilístico deste organismo é particularmente notório ao nível da informação financeira apresentada pelas empresas cotadas na Bolsa portuguesa (Euronext Lisbon), bem como em outras praças financeiras da UE, que passaram a aplicar obrigatoriamente nas contas consolidadas[2] as normas do IASB acolhidas na

[2] A este respeito, importa referir que a Comissão de mercado dos Valores Mobiliários (CMVM), que regula o nosso mercado bolsista, tornou também obrigatório o uso das normas do IASB nas contas individuais das empresas cotadas em bolsa (Regulamento nº

UE (através do mecanismo de *endorsement*[3]), por força do Regulamento 1606/2002, de 19 de julho.

Aproveitando a opção prevista no Regulamento 1606/2002, de ser permitido que Estados membros autorizassem ou exigissem às sociedades não cotadas as normas do IASB, e sempre que possível também para as contas individuais, Portugal procurou alinhar a estratégia de normalização contabilística nacional com a seguida pela UE. É neste contexto que é publicado o Decreto-Lei (DL) nº 158/2009, de 13 de julho, que aprova Sistema de Normalização Contabilística (SNC), com entrada em vigor em janeiro de 2010. Este diploma sofre uma alteração com o DL nº 98/2015, de 2 de junho, fruto da transposição da Diretiva comunitária 2013/34/UE, publicada em 29 de junho, que visa a simplificação das exigências contabilísticas das pequenas e micro entidades.

O SNC trata-se de um modelo baseado nas normas do IASB adotadas na UE, sendo por isso criadas Normas Contabilísticas de Relato Financeiro (NCRF), no total de 28 NCRF, em que cada norma trata de um tema específico. É um modelo no qual se atende às diferentes necessidades de relato financeiro, pelo que foi criada uma norma destinada a entidades de pequena dimensão (Norma Contabilística e de Relato Financeiro para pequenas entidades, NCRF-PE), e outra para micro entidades (Norma Contabilística para microentidades, NC-ME), com necessidades de relato mais reduzidas. O SNC garante a comunicabilidade vertical entre normativos sempre que alterações na dimensão das entidades visadas impliquem diferentes exigências de relato.

O modelo de normalização contabilístico português prevê uma hierarquia para aplicação supletiva dos normativos. Os pontos 1.4. e 6.3. do Anexo ao DL 158/2009, de 13 de julho, alterado pelo DL nº 98/2015, de

11/2005 da CMVM). Esta tomada de posição é percetível, na medida em que não faria sentido que no mesmo mercado coexistissem empresas cotadas sujeitas a diferentes normativos contabilístico, um nacional e outro internacional.

[3] As normas emitidas pelo IASB não são automaticamente aceites pela UE, devendo passar por um mecanismo de "filtragem" onde se procede à análise das IAS/IFRS provenientes do IASB. Daqui pode resultar, como já sucedeu, algumas diferenças entre o texto emitido pelo IASB e o aprovado por regulamento comunitário. Daí que, ao invocar as IFRS/IAS, se deva especificar se são as emitidas pelo IASB ou as aprovadas ao abrigo do Regulamento nº 1606/02.

2 de junho, estabelecem que as IAS/IFRS adotadas pela UE ao abrigo do Regulamento 1606/2002 constituem um normativo subsidiário, sempre que seja necessário para "colmatar lacunas", sendo possível o recurso às normas do IASB "puras" (IAS/IFRS, e respetivas interpretações), quando o normativo do IASB-UE se revelar insuficiente.

Face ao exposto, a atual normalização contabilística nacional permite aproximar-se, tanto quanto possível, do normativo internacional, sem ignorar as características e necessidades do tecido empresarial português (onde predominam pequenas e microentidades).

2. Relação entre a contabilidade e a fiscalidade

Apesar de reconhecida a indispensabilidade das normas contabilísticas para o apuramento do resultado, a relação entre a fiscalidade e a contabilidade tem sido marcada por uma certa controvérsia (conforme o preâmbulo do Código do Imposto sobre o Rendimento das Pessoas Coletivas (CIRC)). Portugal, ao integrar o grupo de países da Europa Continental com um sistema contabilístico *code law*, tradicionalmente carateriza-se pela forte ligação entre a contabilidade e a fiscalidade, desempenhando a primeira um papel fundamental na determinação do resultado tributável (Nascimento e Góis, 2014).

Em Portugal, o legislador apresenta-nos o lucro como a base tributável, ou seja, a medida de capacidade contributiva a adotar, por excelência, na tributação das empresas. De acordo com Sanches "A utilização do lucro das empresas como a base tributária legalmente acolhida para quantificar a sua divida fiscal é uma forma de obter a divisão dos encargos tributários pelo conjunto dos sujeitos passivos segundo a sua capacidade contributiva" (Sanches, 1995: 304). Trata-se, no entanto, de um conceito eminentemente económico cuja concretização no contexto jurídico-fiscal é feita, pelo legislador, por recurso à Contabilidade.

No normativo contabilístico em vigor, o contraponto entre o lucro contabilístico e o lucro fiscal é-nos apresentado da seguinte forma: "Lucro contabilístico: é o resultado de um período antes da dedução do gasto de impostos. (...) Lucro tributável (prejuízo fiscal): é o lucro (ou prejuízo) de um período, determinado de acordo com as regras estabelecidas pelas autoridades fiscais, sobre o qual são pagos (ou recuperáveis) impostos sobre o rendimento" (NCRF 25, § 5).

Os modelos normativos para a caracterização da relação entre contabilidade e fiscalidade dividem-se entre os de desconexão/autonomia e os de conexão/dependência (Aguiar, 2003; Tavares, 1999). O modelo de alinhamento ou conexão possui como característica nuclear o facto de a legislação fiscal estabelecer uma conexão formal entre o processo de apuramento da base tributável e o resultado contabilístico que é assim importado da contabilidade. Com a conexão formal o direito fiscal estabelece uma regra de vinculação às opções contabilísticas na determinação do resultado, vinculação apelidada pela doutrina anglo-saxónica de princípio da "financial conformity", caso contrário, a ausência desta vinculação teria como resultado a existência de um duplo balanço (balanço comercial e o balanço fiscal).

No entanto, apesar da base comum entre ambas as disciplinas, elas possuem interesses e objetivos que lhes são próprios e nem sempre coincidentes, resultando em itinerários divergentes sendo importante que nenhuma delas pretenda prevalecer em relação à outra (Nobes, 1996; Pires, Rodrigues & Mota, 2018).

No sistema fiscal português vigora o modelo de dependência parcial para o apuramento do lucro tributável, caracterizado por diversas correções ao resultado contabilístico para a sua determinação para efeitos fiscais (Liberato e Martins, 2018). Face a este modelo, a contabilidade desempenha um processo fulcral no processo de determinação da base tributável, pois fornece à fiscalidade o seu ponto de partida, nunca devendo, no entanto, ser por esta condicionado, ou seja, o que determinam as normas contabilísticas é que as demonstrações financeiras deverão evidenciar a "imagem verdadeira e apropriada" da realidade empresarial.

No entanto não é intenção do legislador fiscal contradizer as regras contabilísticas ou mesmo condicionar a "imagem verdadeira e apropriada" que se pretende para as demonstrações financeiras, aliás, tal como é taxativamente retratado no próprio CIRC. Deste modo, de acordo com o artigo 17º do CIRC, para o apuramento do lucro tributável, a contabilidade da empresa deve estar organizada de acordo com a normalização contabilística, sendo que o lucro tributável (apurado na Declaração de Rendimentos Modelo 22) será constituído pela soma algébrica do resultado líquido contabilístico do período de tributação em causa[4], das variações patrimoniais positivas e negativas verificadas no mesmo período e não refletidas naquele resultado e das correções fiscais a acrescer ou a deduzir determinados nos termos estipulados no CIRC e de outra legislação fiscal aplicável (conforme figura 1). Como tal, o resultado tributável apurado na Declaração de Rendimentos Modelo 22 de IRC poderá apresentar-se significativamente diferente face ao resultado apurado com base no normativo contabilístico.

Figura 1 - Apuramento do Resultado Fiscal

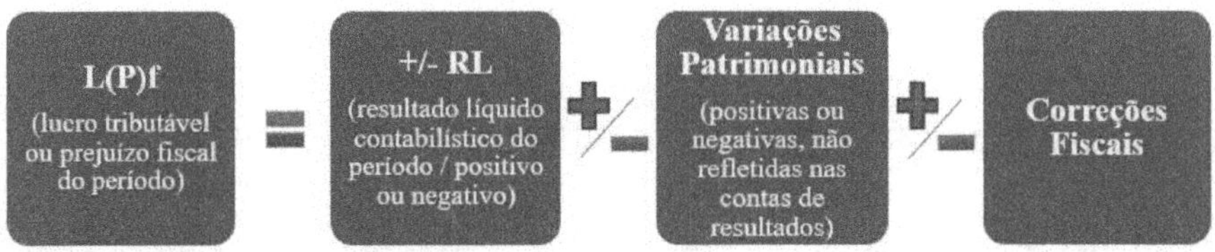

Fonte: Liberato e Martins (2018:2014)

Na sequência da aprovação do SNC foi aprovado o Decreto-Lei nº 159/2009, de 13 de julho, que procedeu a alterações ao CIRC, adaptando-o ao SNC, havendo matérias em que a fiscalidade procura respeitar a vertente contabilística. Com a introdução de algumas novas regras no CIRC procurou-se aproximar a fiscalidade ao novo SNC, potenciando uma maior interligação entre a fiscalidade e a contabilidade. De igual forma, foi aprovado o Decreto Regulamentar (DR) nº 25/2009, de 14 de setembro, que estabelece o novo regime das depreciações e amortizações para efeitos de IRC[5], revogando o DR 2/90, de 12 de janeiro.

[4] Note-se que, em rigor, é o resultado antes de imposto o efetivo ponto de partida para o apuramento do lucro tributável, uma vez que tanto este imposto como quaisquer outros impostos sobre lucros constituem encargos não dedutíveis para efeitos fiscais (conforme alínea *a)* do nº 1 do artigo 23º-A do CIRC)

[5] Aplicando-se relativamente aos períodos de tributação que se iniciem em, ou após, 1 de janeiro de 2010.

Assim, após a entrada em vigor do SNC e dos novos diplomas fiscais, era expetável a existência de uma menor diferença entre o apuramento do resultado contabilístico e o resultado apurado em termos fiscais. Todavia, segundo Liberato e Martins (2018), apesar desta ideia de aproximação entre contabilidade e fiscalidade (conforme no preâmbulo do DL nº 159/2009, de 13 de julho, que alterou o CIRC), o que na prática se verifica é uma salvaguarda dos interesses da fiscalidade por parte do legislador ao admitir que há matérias onde se mantém um grau de separação entre o tratamento contabilístico e o fiscal, isto é, matérias onde a fiscalidade impõe regras próprias e limites de mensuração diferentes para a determinação do resultado fiscal.

Na verdade, a maior aproximação entre a contabilidade e a fiscalidade operada pela entrada em vigor do SNC verifica-se, eminentemente, em relação às empresas de maior dimensão. Para a maioria das empresas do tecido empresarial português (que são as Pequenas e Médias Empresas), continua a verificar-se um sistema marcadamente fiscalista, caracterizado por uma predominância pela escolha, de carácter utilitarista, dos critérios e procedimentos fiscalmente aceites (Nobes, 1996). No entanto, não nos podemos esquecer que se a lei contabilística e a lei fiscal impõem critérios divergentes, fazem-no em consonância com os seus objetivos próprios. As regras definidas pelo legislador fiscal, que muitas vezes conduzem à realização de correções extracontabilísticas através do quadro 07 da Declaração de Rendimentos Modelo 22 visam, exclusivamente, alcançar fins de ordem fiscal, em última análise, a arrecadação de receitas que visem a satisfação das necessidades financeiras do Estado, assim como o combate à fuga e evasão fiscal no âmbito da prossecução da justiça social, tendo por parâmetro, o princípio da capacidade contributiva, sem descurar a utilização da fiscalidade como um instrumento de política económica e fiscal (Ferreira, 2003: 290).

Num estudo efetuado por Liberato e Martins (2018:2116) conclui-se que "as correções, em forma de acréscimos e deduções a recair sobre o resultado líquido do período transferido da contabilidade, têm aumentado significativamente, facto facilmente visível e constatável através da visualização do número de campos do quadro 07 da declaração modelo 22 de IRC."

Neste contexto, e a fim de se percecionar a relevância das correções ao resultado líquido do período, constantes das declarações de rendimento Modelo 22 de IRC (doravante também designadas por declarações de IRC), entregues entre 2010 e 2019 (i.e., após a entrada em vigor do SNC), apresentaremos de seguida uma análise estatística, considerando quer o número de declarações de IRC entregues quer os valores declarados.

A Tabela 1 apresenta o número de declarações de IRC entregues no período de 2010 a 2019, considerando os resultados contabilísticos e os resultados fiscais das empresas.

Analisando a Tabela 1, constatamos que, relativamente ao período de 2010 a 2019, o número de declarações de IRC entregues pelas empresas aumentou no total quase 30%. Relativamente às declarações entregues com resultado líquido do período positivo é possível observar-se que no período em análise as mesmas aumentaram em quase 54.000 declarações. É possível analisar-se também que o número de declarações de IRC entregues com lucro tributável aumentou em mais de 53.000 declarações. Já quanto às declarações entregues com prejuízo para efeitos fiscais, as mesmas aumentaram em mais de 13.000 declarações. Este resultado em particular é pertinente, já que se compararmos com as declarações entregues com resultado líquido do período negativo, aquele valor é inferior, o que é indicador de como as correções fiscais se podem impor na determinação do resultado a tributar (levando a que menos empresas evitem a tributação por via da apresentação de resultados com prejuízos), já que deste modo o número de empresas com prejuízo fiscal passou a ser inferior às empresas com prejuízo contabilístico. É possível aferirmos, portanto, que as declarações entregues em 2019 com resultado líquido do período positivo, foram de 252.708 declarações, e por força das correções fiscais efetuadas ao resultado líquido do período, as declarações com lucro (tributável) passaram para 262.035. Paralelamente, as declarações com prejuízo (fiscal) passaram a 161.404, depois de efetuadas as correções ao resultado líquido do período, sendo que as declarações com resultado líquido do período negativo eram no mesmo período de 171.581.

A Tabela 2 apresenta o impacto das correções fiscais no resultado líquido do período, em valor, constante das declarações de IRC entregues pelas empresas, no período de 2010 a 2019.

TABELA 1 – Número de declarações de IRC com valores declarados (2010-2019)

Declarações de IRC	2010	2011	2012	2013	2014	2015	2016	2017	2018	2019	Var. 2010_2019
Declarações de IRC com resultado líquido do período positivo	199.130	190.561	175.575	189.341	191.312	205.994	219.133	231.471	240.898	252.708	+53.578
Declarações de IRC com resultado líquido do período negativo	155.874	174.655	185.924	172.827	162.948	156.619	153.291	154.054	163.322	171.581	+15.707
Declarações de IRC com lucro tributável	208.684	200.770	187.370	199.941	200.938	215.627	228.095	240.690	251.113	262.035	+53.351
Declarações de IRC com Prejuízo fiscal	147.992	163.689	173.143	161.174	152.252	145.842	143.202	143.633	152.001	161.404	+13.412
Total de declarações de IRC entregues	393.891	419.546	421.430	429.148	440.168	452.683	464.780	475.119	492.935	510.158	+29,52%

Fonte: adaptado: AT http://info.portaldasfinancas.gov.pt/pt/dgci/divulgacao/estatisticas/estatisticas_ir/

TABELA 2 – Declarações de IRC: valores declarados (2010-2019) (em milhões de euros)

Declarações de IRC	2010	2011	2012	2013	2014	2015	2016	2017	2018	2019	Var. 2010_2019
Declarações de IRC com resultado líquido do período positivo	49.855	33.712	22.338	26.223	29.941	32.214	219.133	37.943	41.432	40.586	-9.269
Declarações de IRC com resultado líquido do período negativo	13.780	27.154	25.220	23.028	38.030	21.372	153.291	15.075	16.611	17.186	+3.406
Declarações de IRC com lucro Tributável	24.993	24.419	18.385	32.597	51.144	39.817	228.095	27.978	28.477	30.314	+5.321
Declarações de IRC com prejuízo para efeitos fiscais	13.310	18.864	17.658	15.551	26.723	13.438	143.202	10.065	12.336	11.242	-2.068

Fonte: adaptado: AT http://info.portaldasfinancas.gov.pt/pt/dgci/divulgacao/estatisticas/estatisticas_ir/

Da Tabela 2 destaca-se o facto de que, no período em análise, as declarações entregues em 2019 com resultado líquido do período negativo, apresentavam valores superiores a 17 milhões de euros e as declarações com prejuízo fiscal representavam valores superiores a 11 milhões de euros, mostrando o verdadeiro impacto das correções fiscais efetuadas aos resultados contabilísticos negativos. Vejamos que, inclusivamente, no período de 2010 a 2019 os valores das declarações com resultado líquido do período positivo diminuíram mais de 9 milhões de euros, e, em contrapartida, os valores das declarações com lucro tributável aumentaram mais de 5 milhões de euros. Paralelamente, os valores das declarações com resultado líquido do período negativo aumentaram, no período em análise, mais de 3 milhões de euros, mas, inversamente, os valores das declarações com prejuízo fiscal diminuíram mais de 2 milhões de euros.

3. O justo valor como base de mensuração: implicações contabilísticas e fiscais

O SNC é um modelo normativo assente em princípios e conceitos e não em regras rígidas. A entrada em vigor do SNC vem alterar todo o paradigma em que assentava o desenvolvimento da atividade contabilística, privilegiando o conteúdo dos factos, isto é, a sua substância, em detrimento da forma legal. Por outro lado, inclui conceitos que, embora fazendo parte do normativo contabilístico anterior, adquirem outra relevância, como é o caso do Justo Valor[6], enquanto base de alternativa ao custo histórico.

O justo valor constitui uma "revolução" na contabilidade, não só pela sua dificuldade de mensuração, mas também pela capacidade que possui de influir nas demonstrações financeiras e no processo de apuramento do resultado contabilístico de uma empresa. Nesse sentido, a abordagem ao justo valor não é pacífica. Se, por um lado, encontramos autores bastante

[6] Importa salientar que o conceito de justo valor não é um conceito novo no normativo contabilístico português, estando preconizado no normativo anterior em várias diretrizes contabilísticas (DC), vigentes até dezembro de 2009, as quais eram baseadas nas normas internacionais de contabilidade do IASB, designadamente as DC nº 1, 2, 13, 15, 16, 17, 19, 25, 26 e 28, que previam a aplicação do justo valor a diversas rubricas do ativo e passivo (Guimarães, 2009).

relutantes ao normativo IASB, designadamente ao acolhimento do justo valor (Lopez de Sá, 2008; Ferreira, 2010), outros apresentam uma posição contrária defendendo que o "o justo valor é a forma mais lúcida e transparente de ver o que temos e o que valemos (...) por muito que o justo valor esteja errado, ele será seguramente mais justo e mais próximo do certo do que os valores históricos que se registam em balanço" (Duque, 2008:35). De forma idêntica, Aslanertik (2009) privilegia o justo valor, em detrimento do custo histórico, pela transparência e comparabilidade que o mesmo pode proporcionar aos investidores, num cenário de harmonização e convergência a nível global. É neste contexto que Guimarães (2009) considera que a problemática da mensuração em contabilidade sempre foi, e continuará a ser, um dos principais aspetos conceptuais a discutir, designadamente a dicotomia "custo histórico *versus* justo valor", em particular à luz de um dos maiores dilemas na preparação da informação financeira: "fiabilidade *versus* relevância". A introdução do justo valor leva a mudanças nas prioridades e a relevância torna-se mais importante e significativa do que a fiabilidade das informações contabilísticas (Gulin & Hladika, 2016). Hoje em dia procura-se a maximização do binómio relevância/fiabilidade, e não a maximização simultânea de cada uma destas características da informação financeira (Grenha et al., 2009).

No modelo contabilístico alinhado com o normativo do IASB, o justo valor está preconizado no SNC como base de mensuração para determinados ativos, como é o caso:

a) dos ativos biológicos (NCRF 17- Agricultura), cuja mensuração deve ser feita, inicialmente e em cada data de balanço, ao justo valor menos custos estimados no ponto de venda (§ 13). Também no caso dos produtos agrícolas a mensuração no reconhecimento inicial deve ser feita ao Justo valor menos custos estimados no ponto de venda no momento da colheita (§ 14). Qualquer ganho ou perda que surja no reconhecimento inicial do ativo biológico/ ou do produto agrícola deve ser reconhecido no resultado líquido do período em que surja (§27 e 29).
b) dos instrumentos financeiros (NCRF 27), que devem ser mensurados: (i) ao custo ou custo amortizado menos perdas por impari-

dade; ou (ii) ao justo valor com as alterações de justo valor a serem reconhecidas em resultados (§11).

c) dos ativos fixos tangíveis (NCRF 7) e dos ativos intangíveis (NCRF 6), onde se prevê a opção pelo modelo de revalorização, segundo o qual os ativos devem ser escriturados por uma quantia revalorizada, que é o seu justo valor à data da revalorização menos quaisquer depreciações/amortizações acumuladas e perdas por imparidade acumuladas subsequentes (NCRF 7, § 31; NCRF 6, § 74). A aplicação do modelo de revalorização apenas é possível caso o justo valor do ativo possa ser mensurado fiavelmente[7]. Perante uma revalorização por acréscimo o aumento deve ser reconhecido diretamente em capitais; no caso de revalorização por decréscimo a diminuição deve ser reconhecida nos resultados (NCRF 6, §§ 84-85; NCRF 7, §§ 39-40).

Das propriedades de investimento, cuja NCRF 11 prevê a opção pelo modelo do justo valor, devendo os ganhos ou as perdas resultantes de quaisquer variações ser reconhecidos nos resultados do período (§§ 35 e 37). Esta norma requer a determinação do justo valor, seja para efeitos de mensuração (modelo do justo valor), seja para efeitos de divulgação (modelo do custo) (§ 32).

O diploma fiscal revisto em 2009 estabelece que a "... manutenção do modelo de dependência parcial determina, desde logo, que sempre que não estejam estabelecidas regras fiscais próprias, se verifica o acolhimento do tratamento contabilístico decorrente das novas normas...", continuando a privilegiar-se uma solução...que, no essencial, consiste em fazer reportar, na origem, o lucro tributável ao resultado contabilístico ao qual se introduzem, extracontabilísticamente, as correcções fiscais..." (preâmbulo do DL 159/2009, de 13 de julho).

O acolhimento para efeitos fiscais de outras bases de mensuração, que não a do custo histórico, constitui a principal inovação da adaptação do CIRC ao SNC, com especial destaque para o modelo do justo valor. No entanto, a mensuração dos ativos e passivos através do método do justo

[7] No caso dos ativos intangíveis, o justo valor deve ser determinado com referência a um mercado ativo (§73, NCRF 6).

valor envolve algum grau de subjetividade. Por isso, o Direito Fiscal trata as oscilações decorrentes da aplicação do justo valor com muitas restrições (Courinha, 2019). Acima de tudo, a preocupação parte da ausência de um mercado ativo para alguns bens que pode conduzir ao recurso a estimativas para a determinação do seu justo valor, as quais poderão ser revestidas de subjetividade e desprovidas da adequada fiabilidade, levando à criação de oportunidades de manipulação destes valores conforme os interesses da conjuntura da empresa nesse momento.

É neste contexto que, no que respeita ao acolhimento do justo valor em sede de IRC, a fiscalidade passar a aceitar alguns tratamentos contabilísticos preconizados nas NCRF (como é da NCRF 27- Instrumentos financeiros e da NCRF 17-Agricultura), continuando em determinadas temáticas a existir discrepâncias significativas entre o tratamento contabilístico e fiscal (como é o caso das NCRF 6 – ativos intangíveis, NCRF 7- Ativos fixos tangíveis e NCRF 11 -Propriedades de investimento).

No CIRC vigora como regra geral o princípio da realização, segundo o qual é necessário o encerramento das posições jurídicas relativas a um determinado ativo ou passivo (alienados, exercidos, extintos ou liquidados) para que, respetivamente, os ganhos ou perdas destes tenham relevância fiscal (Courinha, 2019).

Assim, temos que em relação aos instrumentos financeiros, no texto do preâmbulo do Decreto-Lei que procedeu à adaptação do CIRC ao SNC (DL 159/2009, de 13 de julho) ficou apontada a seguinte opção: "é aceite a aplicação do modelo do justo valor em instrumentos financeiros, cuja contrapartida seja reconhecida através de resultados, mas apenas nos casos em que a fiabilidade da determinação do justo valor esteja em princípio assegurada. Assim, excluem-se os instrumentos de capital próprio que não tenham um preço formado num mercado regulamentado. Além disso, manteve-se a aplicação do princípio da realização relativamente aos instrumentos financeiros mensurados ao justo valor cuja contrapartida seja reconhecida em capitais próprios, bem como às partes de capital que correspondam a mais de 5% do capital social, ainda que reconhecidas pelo justo valor através de resultados." Ou seja, como regra geral, proclama-se a aceitação do modelo de justo valor a instrumentos financeiros cuja contrapartida seja reconhecida através de resultados, contanto que a fiabilidade da determinação do justo valor seja reconhecida através de resultados. Este é, assim, o enquadramento previsto no CIRC, em que as variações decorrentes da aplicação do modelo do justo valor a instrumentos financeiros (à luz da NCRF 27) concorrem para a formação do lucro tributável, conforme preconizam as alíneas f) do nº 1 do artigo 20º e da alínea j) do nº 2 do artigo 23º do CIRC. Todavia, o reconhecimento dos instrumentos pelo justo valor através dos resultados apenas é aceite fiscalmente se os instrumentos tiverem um preço formado num mercado regulamentado e o sujeito passivo não detenha uma participação no capital igual ou superior a 5% do capital social (nº 9 do artigo 18º do CIRC)[8].

Desta forma, se esses ajustamentos forem reconhecidos em resultados implicam correções fiscais nos campos 713 ou 759 do Quadro 07 da Declaração de Rendimentos Modelo 22, consoante sejam, respetivamente, ajustamentos negativos ou positivos. Se os ajustamentos forem reconhecidos no capital próprio (como é o caso, por exemplo, dos ativos financeiros disponíveis para venda, referidos na IAS 39 – Instrumentos Financeiros), as respetivas variações patrimoniais não concorrem para a formação do lucro tributável, pelo que, neste caso, não há lugar a correções no Quadro 07.

São, no entanto, fiscalmente aceites os ajustamentos decorrentes da aplicação do justo valor no que respeita a instrumentos financeiros reconhecidos pelo justo valor através de resultados (por exemplo, os instrumentos financeiros derivados, nos termos do artigo 49º do CIRC).

Na Declaração de Rendimentos Modelo 22, serão utilizados os campos 743 e 770 sempre que seja necessário efetuar correções relativas a instrumentos financeiros derivados, quando ocorram divergências entre

[8] Segundo Lavouras (2015), esta solução pode levar a que tenha sido criada pelo legislador uma situação de desigualdade ou de não neutralidade da opção fiscal: é que o § 2 da NCRF 27 permite que a entidade aplique a alínea b) do § 55 da IAS 39- imparidade de ativos, reconhecendo essa variação de valor no capital próprio. Ou seja, nas entidades que optem por aplicar a IAS 39 (ou que a isso estejam obrigadas) as variações do justo valor dos instrumentos de capital próprio apenas são tidas em consideração para efeitos de tributação no momento do desreconhecimento. A autora considera ser uma solução mais acertada do que a da tributação em cada período em que se assiste a uma alteração do justo valor, não obstante as implicações que tal possa ter em cada período de tributação (aumentando ou diminuindo o lucro tributável), aproximando-se do modelo de realização.

o tratamento contabilístico adotado pelo sujeito passivo e o tratamento fiscal previsto no artigo 49º do CIRC.

Assim, as regras de aceitação do justo valor no que toca às partes de capital resumem-se às seguintes duas possibilidades: se forem mensurados com base no justo valor, os réditos ou gastos são fiscalmente aceites nas condições daquele artigo; caso sejam mensurados ao custo de aquisição, então terão a sua relevância no domínio do regime fiscal das mais ou menos-valias, aquando da sua realização.

No que respeita aos ativos biológicos[9], os ganhos/perdas resultantes da aplicação do justo valor (conforme § 26 da NCRF 17) em ativos biológicos consumíveis (exceto explorações silvícolas plurianuais), são fiscalmente aceites (artigos 20º, nº 1, al. g) e 23º, nº 1, al. j) do CIRC), concorrendo para a formação do lucro tributável. Todavia, não está prevista a aceitação fiscal da mensuração ao justo valor nos ativos biológicos de produção. Assim, estes ativos têm um regime fiscal semelhante aos dos ativos fixos tangíveis, não sendo, contudo, passíveis de qualquer depreciação contabilística.

Nos termos do artigo 46º, nº 1 do CIRC, consideram-se mais-valias ou menos-valias realizadas os ganhos obtidos ou as perdas sofridas mediante transmissão onerosa, qualquer que seja o título por que se opere e, bem assim, os decorrentes de sinistros ou os resultantes da afetação permanente a fins alheios à atividade exercida, respeitantes a ativos fixos tangíveis, ativos intangíveis, ativos biológicos não consumíveis e propriedades de investimento pelo que daqui se retira que, sendo valorizados ao custo histórico, integram fiscalmente o regime das mais ou menos-valias.

Com a aprovação da reforma do IRC, que entrou em vigor no início de 2014[10], foi introduzido um regime (artigo 45º-A do CIRC) de dedutibilidade do valor de aquisição de alguns ativos intangíveis, das proprieda-

[9] Conforme a NCRF 17 (§37), os ativos biológicos podem ser de produção ou consumíveis. Os ativos biológicos consumíveis (considerados ativos correntes) são os que estejam para ser colhidos como produto agrícola ou vendidos como ativos biológicos (ex. gado destinado à produção de carne, gado detido para venda, peixe em aquacultura, entre outros). Os ativos biológicos de produção (considerados ativos não correntes) são os que não sejam ativos biológicos consumíveis (ex. gado do qual pode ser obtido leite, vinhas, árvores de frutos, entre outros).

[10] Lei nº 2/2014, de 16 de janeiro.

des de investimento e dos ativos biológicos de produção. Relativamente aos ativos biológicos de produção, o nº 3 daquele artigo prevê que nas situações em que seja adotado o método do justo valor na mensuração subsequente, a possibilidade de reconhecer como custo fiscal o custo de aquisição destes ativos em partes iguais, durante o período de vida útil que resulta da quota mínima de depreciação que seria aceite se esse ativo permanecesse reconhecido ao custo de aquisição. Esta nova regra veio permitir atenuar a diferença entre o tratamento dos ativos biológicos da NCRF 17 e o normativo das microentidades onde os mesmos itens são reconhecidos como ativos tangíveis. Para a concretização deste regime, é preenchido o campo 792 do quadro 07 da Declaração de Rendimentos Modelo 22, fazendo-se anualmente a correspondente dedução fiscal.

No caso dos ativos tangíveis e intangíveis, em termos de mensuração subsequente, só é fiscalmente aceite o modelo do custo (artigo 29º do CIRC). Ou seja, para efeitos fiscais, após o reconhecimento inicial, os ativos tangíveis e intangíveis são mensurados pelo custo, deduzido das depreciações/amortizações acumuladas aceites nos termos do DR 25/2009, de 14 de setembro, e das eventuais perdas de imparidade que consistam em desvalorizações excecionais[11].

Deste modo, em caso de opção pelo modelo de revalorização, o aumento nos capitais próprios resultante de uma revalorização por acréscimo (conforme § 39, NCRF 7 e §84, NCRF 6) resulta numa variação patrimonial positiva que não concorre para a formação do lucro tributá-

[11] Em conformidade com o artigo 35º e 38º CIRC as perdas por imparidade não são, regra geral, aceites fiscalmente. São, no entanto, dedutíveis as desvalorizações excecionais verificadas em ativos fixos tangíveis, ativos intangíveis, ativos biológicos não consumíveis e propriedades de investimento, contabilizadas no mesmo período de tributação ou em períodos de tributação anteriores. Entende-se por desvalorizações excecionais as provenientes de causas anormais devidamente comprovadas, designadamente, desastres, fenómenos naturais, inovações técnicas excecionalmente rápidas ou alterações significativas, com efeito adverso, no contexto legal. As perdas por imparidade de ativos depreciáveis ou amortizáveis que não sejam aceites fiscalmente como desvalorizações excecionais são consideradas como gastos, em partes iguais, durante o período de vida útil restante desse ativo ou, sem prejuízo do disposto nos artigos 38º e 46º, até ao período de tributação anterior àquele em que se verificar a transmissão, abate físico, abandono, desmantelamento ou inutilização do mesmo.

vel (artigo 21º, nº 1 al. b)). Por outro lado, o aumento de valor das depreciações (decorrente do aumento da quantia escriturada por via da revalorização) configura um gasto não dedutível para efeitos fiscais (nos termos do artigo 2º, nº 1 do DR 25/2009, de 14 de setembro e artigo 18º, nº 9 do CIRC). Já no caso de revalorizações por decréscimo, com efeito nos resultados (conforme § 40, NCRF 7 e §85, NCRF 6) configura um gasto não dedutível para efeitos fiscais (artigo 18º, nº 9 do CIRC).

No que respeita a propriedades de investimento, fiscalmente é aceite apenas o modelo do custo, dada a incerteza que envolve a mensuração da propriedade de investimento pelo justo valor. Deste modo, as alterações decorrentes da adoção do modelo do justo valor, reconhecidas em resultados (conforme §§ 35 e 37 da NCRF 11), não são fiscalmente aceites, o que implica correções fiscais no quadro 07 da Modelo 22. Desta forma, se esses ajustamentos forem reconhecidos em resultados implicam correções fiscais nos campos 713 ou 759 do Quadro 07 da Declaração de Rendimentos Modelo 22, consoante sejam, respetivamente, ajustamentos negativos ou positivos. Apenas as propriedades de investimento mensuradas ao modelo do custo que, com carácter sistemático, sofram perdas de valor resultantes da sua utilização ou do decurso do tempo podem ser objeto de depreciação, sendo esta fiscalmente aceite (artigo 29º, nº 1 al. b) do CIRC). O tratamento das depreciações e perdas por imparidade é o mesmo dos ativos fixos tangíveis (NCRF 7 e NCRF 12).

As propriedades de investimento que estejam mensuradas a justo valor não são depreciáveis para efeitos fiscais por também não terem depreciação contabilística. No entanto, nos termos do artigo 45º-A do CIRC, nas situações em que seja adotado o método do justo valor na mensuração subsequente das propriedades de investimento (tal como dos ativos biológicos de produção, conforme já referimos) prevê-se a possibilidade de reconhecer como custo fiscal o custo de aquisição destes ativos, em partes iguais, durante o período de vida útil que resulta da quota mínima de depreciação que seria aceite se esse ativo permanecesse reconhecido ao custo de aquisição. Esta nova regra veio permitir que as entidades que tenham propriedades de investimento mensuradas a justo valor possam deduzir uma parte do custo de aquisição na determinação do lucro tributável do IRC, fazendo-o através do campo 792 do quadro 07 da Declaração de Rendimentos Modelo 22.

As Tabelas 3 e 4 mostram, para o período de 2010 a 2019, as declarações de IRC com correções fiscais para os ajustamentos selecionados para análise, em número de declarações e em valores declarados.

TABELA 3 – Nº de declarações de IRC com correções fiscais, para os ajustamentos selecionados (2010-2019)

Declarações de IRC	2010	2011	2012	2013	2014	2015	2016	2017	2018	2019	Var. (%) 2010_2019
Declarações com ajustamentos não dedutíveis decorrentes da aplicação do justo valor (artº 18º, nº 9 do CIRC) – a acrescer	792	940	857	748	964	1 109	988	915	1 102	945	+19,32%
Declarações com ajustamentos não tributáveis decorrentes da aplicação do justo valor (artº 18º, nº 9) do CIRC – a deduzir	629	582	732	804	911	1 019	961	1170	1 113	1 371	+117,97%
Declarações com correções relativas a instrumentos financeiros derivados (artº 49º do CIRC) -a acrescer	94	0	58	57	62	52	61	44	37	27	-71,28%
Declarações com correções relativas a instrumentos financeiros derivados (artº 49º do CIRC) -a deduzir	66	60	57	75	50	50	35	43	34	37	-43,94%
Declarações com gasto fiscal relativo a ativos intangíveis, propriedades de investimento e ativos biológicos não consumíveis (artº 45º -A[1] do CIRC) -a deduzir	-	-	-	-	117	203	406	578	692	767	555%
Nº de declarações de IRC	393.891	419.546	421.430	429.148	440.168	452.683	464.780	475.119	492.935	510.158	+29,52%

Fonte: adaptado: AT http://info.portaldasfinancas.gov.pt/pt/dgci/divulgacao/estatisticas/estatisticas_ir/

[1] Artigo aditado pela Lei nº 2/2014, de 16 de janeiro, pelo que os resultados se referem ao período de 2014 a 2019.

No que se refere aos ajustamentos decorrentes da aplicação do justo valor (previstos nos termos do artº 18º, nº 9 do CIRC), a Tabela 3 indica que no período de 2010 a 2019 aumentaram em mais de 29% as declarações cujas correções foram efetuadas a acrescer (caso em que os ajustamentos foram reconhecidos negativamente em resultados, tendo por isso sido acrescidos ao resultado apurado contabilisticamente, por via da correção fiscal, por serem não dedutíveis fiscalmente), bem como aumentaram em quase 118% as declarações cujas correções foram efetuadas a deduzir (caso em que que os ajustamentos foram reconhecidos positivamente em resultados, tendo por isso sido deduzidos ao resultado apurado contabilisticamente, por via da correção fiscal, por serem não tributáveis fiscalmente).

Inversamente, e quanto às correções relativas a instrumentos financeiros derivados, é possível observar-se que houve uma diminuição quer nas declarações com valores a acrescer (que por divergências entre o tratamento contabilístico adotado pelo sujeito passivo e o disposto no artigo 49º do CIRC, não são dedutíveis fiscalmente, pelo que devem ser acrescidos ao resultado apurado contabilisticamente), quer com valores a deduzir (que por divergências entre o tratamento contabilístico adotado pelo sujeito passivo e o disposto no artigo 49º do CIRC, não são tributáveis fiscalmente, pelo que devem ser deduzidos ao resultado apurado contabilisticamente).

Já quanto às correções fiscais referentes a ativos intangíveis, propriedades de investimento e ativos biológicos não consumíveis (a deduzir a parcela do custo de aquisição apurada de acordo com o artigo 45º-A do CIRC) é de destacar, da leitura da Tabela 3, que o número de declarações entregues tem vindo a aumentar consideravelmente, de 117 em 2014 (ano em que iniciou a aplicação do regime), para 767 em 2019.

A Tabela 4 exibe os valores das correções fiscais efetuadas, constante das declarações de rendimentos entregues pelas empresas, no período de 2010 a 2019, e o respetivo impacto no apuramento do resultado fiscal.

No período em análise, e da análise da Tabela 4, denota-se que foram as declarações relativas a ajustamentos decorrentes da aplicação do justo valor (tal como definido no artº 18º, nº 9 do CIRC) que representaram, em 2019, os valores maiores de correção fiscal ao resultado líquido do período. Por um lado, os ajustamentos não dedutíveis, num montante

TABELA 4 – Correções ao resultado líquido do período: valores declarados nas declarações de IRC (2010-2019) (em milhões de euros)

Declarações de IRC	2010	2011	2012	2013	2014	2015	2016	2017	2018	2019	Var. 2010_2019
Ajustamentos não dedutíveis decorrentes da aplicação do justo valor (artº 18º, nº 9 do CIRC) – a acrescer	989	1 671	891	437	952	579	468	240	785	939	-50
Ajustamentos não tributáveis decorrentes da aplicação do justo valor (artº 18º, nº 9 do CIRC) – a deduzir	857	626	488	637	484	907	672	948	1 662	678	-179
Correções relativas a instrumentos financeiros derivados (artº 49º do CIRC) -a acrescer	47	0	49	3	42	29	3	2	2	5	-42
Correções relativas a instrumentos financeiros derivados (artº 49º do CIRC) -a deduzir	13	40	5	36	10	10	6	17	16	22	+9
Gasto fiscal relativo a ativos intangíveis, propriedades de investimento e ativos biológicos não consumíveis (artº 45º -A[1] do CIRC) -a deduzir	-	-	-	-	13	28	26	33	47	64	+51

Fonte: Adaptado: AT http://info.portaldasfinancas.gov.pt/pt/dgci/divulgacao/estatisticas/estatisticas_ir/

[1] Artigo aditado pela Lei nº 2/2014, de 16 de janeiro, pelo que os resultados se referem ao período de 2014 a 2019.

de 939 milhões de euros, que por via da correção fiscal foram acrescidos ao resultado apurado contabilisticamente. Este valor significa que os ajustamentos que foram reconhecidos negativamente em resultados contabilísticos deixaram de impactar no resultado a tributar. Por outro lado, os ajustamentos não tributáveis, que representaram, em 2019, um valor de correção fiscal ao resultado líquido do período num montante de 678 milhões de euros, que por via da correção fiscal foram deduzidos ao resultado apurado contabilisticamente. Este valor significa que os ajustamentos que foram reconhecidos positivamente em resultados contabilísticos deixaram de impactar no resultado a tributar. De referir também que relativamente às correções fiscais referentes a ativos intangíveis, propriedades de investimento e ativos biológicos não consumíveis, a parcela do custo de aquisição a deduzir e apurada de acordo com o artigo 45º-A do CIRC, representou no ano de 2019 o valor de 64 milhões de euros. Este valor significa que os montantes que foram reconhecidos positivamente em resultados contabilísticos deixaram de impactar no resultado a tributar, nomeadamente por serem considerado gasto fiscal por via das correções fiscais efetuadas.

Conclusões

Em Portugal, a contabilidade e a fiscalidade assentam numa relação de dependência parcial, em que a fiscalidade adota o resultado contabilístico e aceita certas normas contabilísticas, sem, contudo, prescindir de regras fiscais próprias (possível de percecionar na análise que se efetuou neste trabalho às correções fiscais ao resultado líquido do período, constantes das declarações de IRC), relativamente a temas mais sensíveis e suscetíveis de juízos de valor e pareceres técnicos que envolvam subjetividade, como é o caso do justo valor.

O justo valor é referenciado no SNC, de um modo geral, em dois modelos de mensuração: no modelo de revalorização (no caso particular dos ativos tangíveis e intangíveis) e no modelo do justo valor (no caso de propriedades de investimento, ativos biológicos e instrumentos financeiros), conduzindo-nos a dois *modus operandi* quanto à contrapartida dos ajustamentos resultantes da aplicação do justo valor: um em que o ajustamento de valor é reconhecido em capital (modelo de revalorização) e outro em que o reconhecimento dos ajustamentos é feito diretamente em resultados (modelo do justo valor). Deste modo, o uso do justo valor ao poder ter impacto no Balanço e/ou na Demonstração dos resultados, pode trazer volatilidade às demonstrações financeiras, dificultando a compreensibilidade do desempenho da entidade (Grenha et al., 2010).

No âmbito da adaptação do normativo do CIRC ao SNC (significando que os montantes que foram reconhecidos positivamente ou negativamente em resultados contabilísticos, e não aceites fiscalmente, deixaram de impactar no resultado a tributar, por via das correções fiscais efetuadas), uma das alterações mais significativas foi a aceitação do justo valor em alguns instrumentos financeiros e nos ativos biológicos (Rodrigues, 2012), conduzindo a uma aproximação entre contabilidade e fiscalidade. Assim, é aceite mensuração ao justo valor através de resultados de alguns instrumentos financeiros (nos casos em que a fiabilidade da determinação do justo valor esteja em princípio assegurada). Há igualmente o acolhimento fiscal do modelo do justo nos ativos biológicos consumíveis (desde que não respeitem a explorações silvícolas plurianuais) e nos produtos agrícolas colhidos de ativos biológicos no momento da colheita.

Já em termos de mensuração dos ativos tangíveis, intangíveis ou propriedades de investimento só é fiscalmente aceite o modelo do custo, apesar de, em termos contabilísticos, haver acolhimento do justo valor.

Referências

Aguiar, N. (2003). *Modelos Normativos de Relação entre Lucro Tributário e Contabilidade Comercial*, Fiscalidade, Edição do Instituto Superior de Gestão, nºs 13/14, Janeiro/Abril: 39-49.

Aslanertik, B. (2009). Fair value considerations during the current financial crisis, EconAnadolu 2009: Anadolu International Conference in Economics, June 17-19, Eskisehir, Turkey.

Courinha, G. L. (2019). *Manual do Imposto sobre o Rendimento das Pessoas Coletivas*, Almedina, Coimbra.

Duque, J. (2008). Em defesa do justo valor, *Revista TOC*, nº 105, Dezembro, pp. 24-35.

Ferreira, R. F. (2003). *Fiscalidade e Contabilidade – Estudos Críticos, Diagnósticos, Tendências*, Editorial Notícias, Lisboa.

Ferreira, R. (2010), "Comentários às NIC", Revista TOC, Edição especial, Janeiro, pp. 53-58

Grenha, Carlos *et al.* (2009), *Anotações ao Sistema de Normalização Contabilística*, Câmara dos Técnicos Oficiais de Contas

Guimarães, J. (2009). A crise financeira e o 'justo valor' na Contabilidade e Auditoria, *Revista Contabilidade & Empresas,* Fevereiro, p.17

Gulin, D. & Hladika, M. (2016). Challenges in Applying the Fair Value Accounting During Financial Crisis. *MultiScience – XXX. microCAD International Multidisciplinary Scientific Conference, Abril,* 21-22.

Lavouras, M. (2015). True and fair view e fair value: análise (des)preocupada da natureza jurídica de dois conceitos nublosos. *Boletim de Ciências Económicas,* Coimbra, Vol. LVIII, p. 335-36

Liberato, H. & Martins, A. (2018). Os principais elementos de divergência entre resultado contabilístico e resultado fiscal em sede do IRC: uma análise macro, R*evista Jurídica Luso-Brasileira,* ano 4, no 6, 2087-2122

Lopes de sá, A.(2008), "'Justo valor' e crise nos mercados, *Revista TOC,* nº 103, Outubro, pp. 32-33

Nascimento, S. & Góis, C. (2014). A influência da fiscalidade na contabilidade: estudo em Portugal. *Revista Universo Contábil,* ISSN 1809-3337 Blumenau. 10(3), 194-217, https://www.occ.pt/news/comcontabau- dit/pdf/57.pdf [8 de março de 2022].

Nobes, C. (1996). International guide to interpreting company accounts 1996-97. Londres: Pearson Professional Limited.

Pires, A., Rodrigues, F., & Mota, S. (2018). Relação entre a contabilidade e a fiscalidade: grau de (des)conformidade e impacto nos resultados divulgados pelas micro e pequenas entidades em Portugal, XXV Jornadas Luso-Espanholas de Gestão Científica, Orense (Espanha).

Rodrigues, J. (2012). A relação entre a contabilidade e a fiscalidade em Portugal: evolução recente e determinantes. Tese de mestrado em Contabilidade. Universidade do Porto. https://repositorio-aberto.up.pt/han- dle/10216/76147 [13 de março de 2022].

Sanches, J. L. S. (1995). *A Quantificação da Obrigação Tributária. Deveres de Cooperação, Autoavaliação e Avaliação Administrativa,* (dissertação de Doutoramento em Ciências Jurídico-Económicas na Faculdade de Direito da Universidade de Lisboa), Cadernos de Ciência e Técnica Fiscal, nº173, DGCI, Lisboa.

Tavares, T. C. C. (1999). *Da relação de Dependência Parcial entre a Contabilidade e o Direito Fiscal na Determinação do rendimento Tributável das Pessoas Colectivas: Algumas Reflexões ao Nível dos Custos,* (dissertação do Curso de Mestrado em

Ciências Jurídico-Económicas da Faculdade de Direito da Universidade de Coimbra), Ciência e Técnica Fiscal, Boletim da DGCI, Outubro-Dezembro, nº 396: 7-177.

Videira, S. (2013). Contabilidade vs Fiscalidade: A adoção das normas internacionais de contabilidade e a sua relevância na determinação do lucro tributável. Tese de mestrado em Direito, Ciências Jurídico-económicas, Universidade do Porto. https://repositorio-aberto.up.pt/bitstream/10216/71629/2/24836.pdf [13 de março de 2022].

6.
A ADOÇÃO DO PADRÃO INTERNACIONAL IFRS E OS DESAFIOS DA RELAÇÃO ENTRE A CONTABILIDADE E O DIREITO NO BRASIL

FABIO PEREIRA DA SILVA
GUSTAVO GONÇALVES VETTORI

Introdução

A relação entre o direito – especialmente o direito tributário – e a contabilidade nunca foi completamente harmoniosa. A adoção das *International Financial Reporting Standards* (IFRS) por meio da Lei nº 11.638/2017 e todas as controvérsias jurídico-contábeis daí decorrentes fizeram com que muitos se esquecessem de que os conflitos entre ambas as ciências sempre estiveram presentes, muito embora seja perceptível que atualmente essas discussões tenham se intensificado.

Em grande medida, a suposta harmonia vivenciada nessa relação, antes da adoção do padrão internacional de contabilidade, foi consequência da prevalência das normas tributárias sobre os propósitos da contabilidade. Se, por um lado, a Lei nº 6.404/76 inaugurou um padrão contábil bastante moderno para o momento em que foi promulgada, por outro, o Decreto Lei nº 1.598/77, dentre outros instrumentos normativos para atender aos interesses do Fisco, impediu não apenas que a contabilidade exercesse seu papel, mas também prejudicou o desenvolvimento da profissão contábil no Brasil, relegada a mero auxiliar dos interesses arrecadatórios do Estado.

É oportuno dizer que o direito tributário e a contabilidade têm funções distintas, muito embora ambas as ciências possam interagir caso seja conveniente para seus próprios propósitos. O direito tributário tem como objetivo central regular a atividade arrecadatória do Estado, ao passo que a contabilidade tem como função primordial fornecer informações de natureza econômica sobre as entidades que reportam, de forma que os seus usuários possam tomar decisões alinhadas aos seus respectivos interesses.

Ocorre que, por exemplo, o direito carece de informações necessárias para a correta identificação da capacidade contributiva, de modo a viabilizar a obrigatoriedade do pagamento de tributos por parte dos contribuintes. O direito tributário, portanto, demanda informações acerca da habilidade econômica do contribuinte para fazer frente à exação fiscal. Para tanto, o direito pode – embora não seja obrigado – fazer uso das informações contábeis, momento em que ambas as ciências passam a se relacionar e em que, como em qualquer relacionamento, abre-se a oportunidade para a presença de conflitos.

Por essa razão é indispensável estudar como interagem o direito tributário e a contabilidade, identificando os conflitos porventura existentes e as eventuais soluções para essas controvérsias, se é que existem. No presente trabalho, pretendemos enfrentar esse desafio, iniciando por traçar um sucinto – e relativamente recente – perfil histórico dessa relação, avaliando as opções adotadas pelo legislador brasileiro para, ao final, indicar nossa opinião sobre o melhor caminho a seguir doravante, reconhecendo que a fluidez das normas contábeis causa desafios hercúleos ao direito tributário, mormente no Brasil, onde adotamos uma legislação codificada e, portanto, estável.

1. A relação entre o direito tributário e a contabilidade

A relação entre o direito tributário e a contabilidade não é recente e, em certa medida, está relacionada com o próprio surgimento do imposto de renda da pessoa jurídica.[1]

[1] Mills, Lillian F.; George A. Plesko. Bridging the Reporting Gap: A Proposal for More Informative Reconciling of Book and Tax Income. **National Tax Journal**, v. 56, n. 4, p.

Heron Charneski realizou detalhada pesquisa em que relata que a maior ou menor aproximação entre a contabilidade e os critérios tributários depende das estruturas contábeis vigentes ao redor do mundo. Países em que prevaleceu o financiamento das atividades empresariais por meio de capital de terceiros, especialmente por instituições financeiras, predominaram padrões contábeis visando guarnecer o interesse desses agentes credores, o que resultou na adoção de princípios como do conservadorismo e do custo histórico com base de valor.[2] Potencialmente, esse padrão é mais objetivo e reduz o lucro reportado, aproximando-se dos princípios tributários, em que prevalecem a segurança jurídica e a legalidade, o que tende a favorecer a relação entre a contabilidade e o direito tributário.[3]

Por outro lado, continua o autor, nos países em que prevaleceu o financiamento por meio de capital próprio, os padrões contábeis tenderam a valorizar conceitos como *essência econômica* e *valor justo*, ou seja, trazem uma visão mais prospectiva do lucro, afastando-se dos princípios conservadores do direito tributário[4], cujo lucro tende a incluir renda já realizada e, consequentemente, de caráter retrospectivo. Naturalmente, esse tipo de abordagem torna a relação entre direito e contabilidade mais conflituosa, dado um maior distanciamento das premissas na mensuração do lucro.

Fundamental destacar que há princípios que são caros ao direito tributário. Um deles refere-se à legalidade. O princípio da legalidade revela a própria essência do direito tributário: regular como o Estado restringe

865-893, 2003, p. 870. Disponível em: http://www.jstor.org/stable/41790253. Acesso em: 31 mar. 2021.

[2] Charneski, Heron. **Normas Internacionais de Contabilidade e Direito Tributário Brasileiro**. São Paulo: Quartier Latin, 2018. (Série Doutrina Tributária, 24), p. 58.

[3] Derzi, Misabel Abreu Machado; Fonseca, Fernando Daniel Moura. A transparência fiscal e o controle da concorrência tributária como fatores de harmonização, em busca da globalização econômica mais eficiente e socialmente mais justa: uma análise do processo brasileiro de convergência ao padrão contábil internacional. *In:* Santi, Eurico Marcos Diniz de (coord.). **Transparência Fiscal e Desenvolvimento**: homenagem ao professor Isaias Coelho. São Paulo: Fiscosoft, 2013. p. 417-442, p. 421-426.

[4] Charneski, Heron. **Normas Internacionais de Contabilidade e Direito Tributário Brasileiro**. São Paulo: Quartier Latin, 2018. (Série Doutrina Tributária, 24), p. 59.

a propriedade privada do contribuinte, arrecadando valores essenciais para cumprimento dos deveres estatais. Luís Eduardo Schoueri traça detalhado histórico acerca do princípio da legalidade, ensinando que ele representa um valor que revela a necessidade de os contribuintes serem consultados em relação à imposição dos tributos, o que é feito por meio de aprovação de órgãos legislativos. Na medida em que os cidadãos têm o direito de participar da vida democrática do Estado, podemos assumir que estão sendo consultados acerca da imposição de tributos, ainda que essa consulta seja indireta, por meio da aprovação de seus representantes legislativos.[5]

Outro princípio fundamental do Direito Tributário refere-se à isonomia, que significa que os contribuintes devem ser tratados de forma análoga, porém considerando suas desigualdades. No Direito Tributário, exceto para os casos em que impera o sinalagma, como é o caso, por exemplo, das taxas, o critério de diferenciação que mais se adéqua aos propósitos fiscais é a capacidade contributiva, tratando-se de verdadeiro corolário do Princípio da Igualdade.[6]

Em linha semelhante, Humberto Avila afirma que, quando estamos diante de tributos que pretendem atingir uma finalidade fiscal, ou seja, sua natureza seja arrecadatória, havendo previsão no ordenamento nesse sentido, será a capacidade contributiva a medida de diferenciação entre os contribuintes.[7] É esse o parâmetro de distribuição igualitária da carga tributária a atender, portanto, o princípio da isonomia, o que nos revela a importância da obtenção de informações que revelem a capacidade contributiva.

É certo que o direito tributário e a contabilidade têm propósitos distintos, conforme inicialmente mencionamos. Sinteticamente, a contabilidade tem por principal objetivo a geração de informações úteis para

[5] SCHOUERI, Luís Eduardo. **Direito Tributário**. 10. ed. São Paulo: Saraiva Educação, 2021, p. 307-314.

[6] SCHOUERI, Luís Eduardo. **Direito Tributário**. 10. ed. São Paulo: Saraiva Educação, 2021, p. 369.

[7] ÁVILA, Humberto. **Teoria da Igualdade Tributária**. 3. ed. São Paulo: Malheiros, 2015, p. 165.

tomada de decisão.[8] O direito tributário, por sua vez, regula a atividade arrecadatória do Estado, que deve ser feita, como vimos, em atendimento, dentre outros, ao princípio da capacidade contributiva.

Marco Aurélio Greco aduz que uma das vertentes teóricas sobre a capacidade contributiva a compreende como algo que indica a sua existência, permitindo a incidência do tributo.[9] O legislador tributário, destarte, busca identificar *proxies* ou sinais exteriores de riqueza que indiquem a existência de capacidade contribuitiva que permita a incidência fiscal legítima.

É nesse momento que se aproximam ambas as ciências, afinal, se a contabilidade tem como propósito produzir informações úteis sobre a situação econômica e o patrimônio das empresas, acaba por ser fonte de elementos que indicam a grandeza a ser tributada ou ao menos servem de parâmetro para a tributação. Em outras palavras, o lucro contábil faz o papel desse "algo" a sinalizar a capacidade contributiva.

Nesse sentido, Victor Borges Polizelli afirma que a principal razão que motiva a aproximação da contabilidade e o direito tributário relaciona-se à dificuldade de mensuração da renda a ser tributada. Segundo o autor, a renda não é um fenômeno facilmente observável, o que acaba por dar azo à relação entre ambas as ciências.[10] Nina Aguiar trilha caminho semelhante ao afirmar que o direito fiscal não tem sido eficiente para alcançar uma definição autônoma da base de cálculo dos impostos que incidem sobre os lucros das empresas, motivo pelo qual o direito se socorre da contabilidade comercial.[11]

Seguindo essa linha de raciocínio, o que estamos defendendo, em outras palavras, é que, em certa medida, o uso das informações contábeis

[8] SALOTTI, Bruno Meirelles *et al.* **Contabilidade financeira**. São Paulo: Atlas, 2019, p. 3.

[9] GRECO, Marco Aurélio. Capacidade Contributiva x Lucro Contábil/ Societário. *In:* ZILVETI, Fernando Aurélio; FAJERSZTAJN, Bruno; SILVEIRA, Rodrigo Maito da (coord.). **Direito Tributário**: Princípio da Realização no Imposto de Renda. Estudos em Homenagem a Ricardo Mariz de Oliveira. São Paulo: IBDT, 2019. p. 73-83, p. 78.

[10] POLIZELLI, Victor Borges. Balanço Comercial e Balanço Fiscal: Relações entre o Direito Contábil e o Direito Tributário e o Modelo Adotado pelo Brasil. **Revista de Direito Tributário Atual**, n. 24, p. 586-608, 2010, p. 592.

[11] AGUIAR, Nina. Lucro tributável e contabilidade na jurisprudência dos tribunais tributários superiores. **Revista Fiscal**, v. 2, p. 7-17, 2008, p. 7.

é conveniente para o direito tributário. Não há uma relação ontológica entre direito e contabilidade que obrigue o legislador fazer uso de informações contábeis na seara tributária. Entretanto, na ausência de melhor fonte de informação sobre o patrimônio das empresas que permita ao Estado auferir a capacidade contributiva, a contabilidade acaba por exercer um papel fundamental para a tributação.[12]

Portanto, diante do contexto relacionado ao financiamento das atividades empresariais e a necessidade do direito tributário de mensurar o patrimônio das empresas para fim de imposição do imposto de renda da pessoa jurídica, diversos modelos de relação entre a contabilidade e o direito se desenvolveram.

Heron Charneski faz um aprofundado apanhado de cada modelo teórico desenvolvido. Resumidamente, pertinente citar o modelo sustentado por Nina Aguiar, em que haveria um balanço único e um balanço duplo. Nesse último inexistiria relação entre o balanço contábil e o fiscal, cada qual prevendo seus próprios critérios de mensuração do lucro, conforme seus respectivos propósitos. Na sistemática de balanço único teríamos três possibilidades, a depender da aproximação entre direito e contabilidade: dependência total, em que o direito comercial é responsável pela regulação do lucro e que também servirá para fins tributários; dependência inversa, no qual o direito tributário concorre com o direito comercial normatizando a mensuração do lucro contábil; dependência com ajustes, em que a legislação tributária aceita o lucro contábil, porém determina a realização de ajustes para fins de mensuração do lucro fiscal.[13]

Outro modelo extensamente conhecido é o proposto por Lamb, Nobes e Roberts, e que identifica cinco categorias: desconexão entre lucro contábil e fiscal; identidade entre lucro contábil e fiscal; liderança

[12] Não iremos nos adentrar na polêmica acerca da existência ou não de capacidade contributiva de pessoas jurídicas. Do ponto de vista pragmático, a contabilidade acaba por auxiliar o fisco a mensurar o patrimônio a ser tributado. Para uma discussão sobre a capacidade contributiva de empresas sugerimos SCHOUERI, Luís Eduardo; BARBOSA, Mateus Calicchio. Imposto de Renda e Capacidade Contributiva: a Periodicidade Anual e Mensal no IRPJ. **Revista Direito Tributário Atual**, n. 47, p. 569-613, 1º sem. 2021.

[13] CHARNESKI, Heron. **Normas Internacionais de Contabilidade e Direito Tributário Brasileiro**. São Paulo: Quartier Latin, 2018. (Série Doutrina Tributária, 24), p. 59.

da contabilidade; liderança do direito tributário; dominância do direito tributário.[14]

Por fim, Heron Charneski cita outro modelo igualmente conhecido e apresentado por José Casalta Nabais, indicando a prevalência de três tipos de relação entre a contabilidade e o direito: dependência total, em que lucro contábil e fiscal coincidem; autonomia, no qual a mensuração do lucro contábil e fiscal é feita de forma independente; dependência parcial, em que o lucro contábil é ponto de partida para mensuração do lucro fiscal.[15]

Basicamente, a diferença está no grau de aproximação entre o lucro contábil e o fiscal, podendo chegar, nos limites extremos, à total separação ou total identificação entre ambas as grandezas. Em tese, quanto maior essa distância, maior o custo de conformidade, haja vista que restaria ao contribuinte o dever de mensurar o lucro duas vezes. Por outro lado, com a identificação entre o lucro contábil e o lucro fiscal, controvérsias podem surgir em razão dos objetivos distintos da contabilidade e o direito.

2. Breve história da relação entre o direito tributário e a contabilidade no Brasil

Em 15 de dezembro de 1976 foi promulgada a Lei nº 6.404/1976, que dispõe sobre as Sociedades por Ações. Trata-se de um diploma legal extenso regulamentando as sociedades por ações no Brasil, sejam elas de capital fechado ou aberto. Dentre tantos dispositivos, para o propósito do presente trabalho, destaca-se o Capítulo XV, que trata do "Exercício Social e Demonstrações Financeiras".

Analisando o cenário à época, percebe-se que a normatização contábil até então vigente era considerada obsoleta, especialmente em um contexto em que o mercado acionário estava em pleno desenvolvimento no país. Até então, as empresas estavam obrigadas a adotar o padrão contido no Decreto-lei nº 2.627/1940, que apresentava uma influência da conta-

[14] Charneski, Heron. **Normas Internacionais de Contabilidade e Direito Tributário Brasileiro**. São Paulo: Quartier Latin, 2018. (Série Doutrina Tributária, 24), p. 59.
[15] Charneski, Heron. **Normas Internacionais de Contabilidade e Direito Tributário Brasileiro**. São Paulo: Quartier Latin, 2018. (Série Doutrina Tributária, 24), p. 60.

bilidade europeia, ao passo que empresas que reportavam ao mercado americano adotavam as práticas estrangeiras para atender as exigências das suas sedes. A própria academia reconhecia a obsolescência do padrão legal vigente, sendo marcante o fato de que o Departamento de Contabilidade da Faculdade de Economia, Administração e Contabilidade da Universidade de São Paulo (FEAUSP) adotava o ensino dos padrões americanos de contabilidade, mais adequados para o momento histórico então vivido.[16] A promulgação da Lei das S.A., portanto, representou a confirmação da ascensão da escola norte-americana de contabilidade em detrimento da escola italiana, até então predominante no Brasil.[17]

É possível dizer, realmente, que o padrão adotado pela Lei nº 6.404/76 era adequado para o momento histórico vivenciado no país, em que o mercado acionário estava se expandindo e havia necessidade de adoção de normatização contábil concernente ao que era aplicado pelas maiores empresas, que, em sua maioria, se concentravam nos Estados Unidos, detentor do mercado de capitais mais desenvolvido do mundo.

Entretanto, a promulgação da Lei das S.A. logo atraiu a atenção das autoridades fiscais, que avaliaram a necessidade de adaptação da legislação do imposto de renda frente às novas regras contábeis constantes do bojo do texto legislativo. É nesse contexto que foi promulgado o Decreto-Lei nº 1.598/77, cuja redação ficou a cargo de Bulhões Pedreira, sendo explícita a mensagem nesse sentido: "O PRESIDENTE DA REPÚBLICA, no uso das atribuições que lhe confere o artigo 55, item II, da Constituição, e tendo em vista a necessidade de adaptar a legislação do imposto sobre a renda às inovações da lei de sociedades por ações (Lei nº 6.404, de 15 de dezembro de 1976), DECRETA:"

Segundo Alexandre Evaristo Pinto, Fabio Pereira da Silva e Eliseu Martins, o modelo adotado pelo Decreto-Lei é de dependência parcial ao

[16] Sayed, Samir; Kassuba, Cristiane Tiemi; Duarte, Sergio Lemos. A Lei das Sociedades Anônimas e o Processo de Convergência para os Padrões Internacionais Contados Pela História Oral e de Vida. **Revista de Gestão, Finanças e Contabilidade**, v. 7, p. 252-270, jan./abr. 2017, p. 259-262.

[17] Pinto, Alexandre Evaristo; Silva, Fabio Pereira da; Martins. Eliseu. O *Enforcement* das Normas Contábeis e o Alcance do Artigo 58 da Lei nº 12.973/2014. **Revista de Direito Contábil Fiscal**, v. 1, n. 1, p. 15-42, jan./jun. 2019, p. 23.

lucro contábil. Em outras palavras, parte-se do lucro contábil calculado segundo os padrões vigentes, então são realizados ajustes extracontábeis em documento fiscal próprio para esse fim, no caso o Livro de Apuração do Lucro Real (LALUR).[18]

Note-se que a sistemática adotada pela Lei das S.A. pressupunha que o cálculo do lucro real partiria do lucro contábil, porém não haveria influência reversa, ou seja, a lei tributária não afetaria a aplicação das normas contábeis, sendo os ajustes fiscais realizados em registros auxiliares, conforme dispunha a redação original do artigo 177, parágrafo segundo. Pretendia-se, portanto, que a contabilidade não fosse distorcida pelas normas tributárias, preservando o campo de atuação de cada ciência.[19]

Ocorre que esse pressuposto, peremptório para a independência da contabilidade, não foi observado, na medida em que o Decreto-Lei nº 1.598/1977 e outro diplomas normativos, especialmente emitidos pelas autoridades fiscais, induziam a adoção de práticas contábeis visando atender os interesses do fisco, e não com o desiderato de cumprir o objetivo da contabilidade, qual seja, revelar a realidade econômica das entidades que reportam.[20]

Segundo João Francisco Bianco e Marcio Pedrosa Junior, além da interferência da administração tributária, que tornava peremptório o prévio registro contábil, conforme ditames exigidos pela legislação tributária, para atender finalidades fiscais, a inexistência de um mercado de capitais desenvolvido acabou por influenciar o cenário vigente, levando a distorção das informações contábeis em detrimento dos seus propósitos.[21]

[18] PINTO, Alexandre Evaristo; SILVA, Fabio Pereira da; MARTINS. Eliseu. O *Enforcement* das Normas Contábeis e o Alcance do Artigo 58 da Lei nº 12.973/2014. **Revista de Direito Contábil Fiscal**, v. 1, n. 1, p. 15-42, jan./jun. 2019, p. 24.

[19] CARNEIRO, Erymá. **O Balanço e as Demonstrações Financeiras na Nova Lei das S.A.** Rio de Janeiro: Edição do Autor, 1978, p. 109-110.

[20] PINTO, Alexandre Evaristo; SILVA, Fabio Pereira da; MARTINS. Eliseu. O *Enforcement* das Normas Contábeis e o Alcance do Artigo 58 da Lei nº 12.973/2014. **Revista de Direito Contábil Fiscal**, v. 1, n. 1, p. 15-42, jan./jun. 2019, p. 25.

[21] BIANCO, João Francisco; PEDROSA JUNIOR, Marcio. Condições para um diálogo normativo entre o direito contábil e o direito tributário. *In:* ZILVETI, Fernando Aurélio; FAJERSZTAJN, Bruno; SILVEIRA, Rodrigo Maito da (coord.). **Direito Tributário**: Princípio da Realização

Na prática, portanto, o que observamos no período compreendido entre a promulgação da Lei nº 6.404/76 e a Lei nº 11.638/2007 foi a dominância do direito tributário sobre a contabilidade, ou, conforme assevera Victor Borges Polizelli[22], a legislação brasileira seguia um modelo de liderança do Direito Tributário, o que prejudicou de forma brutal o desenvolvimento da ciência contábil no Brasil, uma vez que teve como consequência a necessidade dos profissionais da contabilidade em atenderem os interesses do fisco reproduzido na legislação e normas tributárias até então em vigência, em detrimento do retrato da essência dos eventos econômicos das entidades que reportavam.

Finalmente, em 28 de dezembro de 2007 foi promulgada a Lei nº 11.638/2007, que deu início ao processo legal de convergência das normas contábeis brasileiras ao padrão IFRS.[23] Conforme relatam Alexandre Evaristo Pinto, Fabio Pereira da Silva e Eliseu Martins, a adoção do padrão IFRS não tinha por objetivo cessar as constantes influências do direito tributário na contabilidade, porém a lei propiciou nova oportunidade para dissociação entre ambas as ciências ou, ao menos, a interrupção da influência deletéria do direito na contabilidade.[24]

Da mesma forma como ocorreu quando da promulgação da Lei nº 6.404/76, a adoção de novo padrão contábil acarretou enorme preocupação para o Fisco. O receio, ao nosso ver legítimo, decorre do fato de o artigo 6º do Decreto-Lei nº 1.598/77 concretizar a dependência parcial entre o lucro real e o lucro contábil, ou seja, parte-se deste para chegar à base de cálculo do imposto de renda naquela sistemática. Ora, como decorrência lógica, qualquer mudança no lucro contábil tem o potencial

no Imposto de Renda. Estudos em Homenagem a Ricardo Mariz de Oliveira. São Paulo: IBDT, 2019. p. 163-185, p. 167.

[22] Polizelli, Victor Borges. Balanço Comercial e Balanço Fiscal: Relações entre o Direito Contábil e o Direito Tributário e o Modelo Adotado pelo Brasil. **Revista de Direito Tributário Atual**, n. 24, p. 586-608, 2010, p. 608.

[23] Não é inapropriado dizer, contudo, que o processo de convergência começou alguns anos antes, com a criação do Comitê de Pronunciamentos Contábeis (CPC), por meio da resolução CFC nº 1.055/07/10/2005.

[24] Pinto, Alexandre Evaristo; Silva, Fabio Pereira da; Martins. Eliseu. O *Enforcement* das Normas Contábeis e o Alcance do Artigo 58 da Lei nº 12.973/2014. **Revista de Direito Contábil Fiscal**, v. 1, n. 1, p. 15-42, jan./jun. 2019, p. 26.

de modificar o lucro real, sendo absolutamente compreensível a apreensão do fisco em relação à adoção de um novo padrão contábil.

Em um primeiro momento, para regular o período de transição, a Lei nº 11.941/2009 dispôs sobre a criação do Regime Tributário de Transição (RTT), uma engenhosa, porém, burocrática, sistemática em que o lucro contábil seria calculado conforme padrão em vigência adotado pela Lei nº 11.638/2007 e, posteriormente, para fins exclusivamente fiscais, tal lucro seria recalculado desconsiderando as novas normas contábeis, de forma que encontrássemos um segundo lucro, tal qual era calculado antes da vigência da Lei nº 11.638/2017.

Tais ajustes eram realizados por meio do Controle Fiscal Contábil de Transição (FCONT), instituído pelo artigo 7º da Instrução Normativa RFB nº 949/2009. Sua função era justamente controlar os ajustes do lucro líquido previamente à realização dos ajustes do lucro real, ou seja, antes de serem consideradas as adições, exclusão e compensação previstas no artigo 6º do Decreto-Lei nº 1.598/77.

Entendemos que, nesse momento de transição, a relação entre o direito e a contabilidade passou a adotar um regime próximo ao completo distanciamento, afinal o cálculo do lucro real deixou de ser feito com base no lucro contábil das empresas, exigindo-se todo um processo de expurgo do lucro líquido por meio do FCONT.

Certamente tratava-se de uma solução paliativa. Conforme o decorrer dos anos, paulatinamente se tornava mais difícil a realização de ajustes visando encontrar o lucro contábil pré-IFRS, especialmente considerando que as normas contábeis continuaram a evoluir com a adoção de novos CPCs regulando a contabilidade das empresas. Lado outro, o lucro líquido utilizado para fins de cálculo do lucro real fora congelado, de forma a considerar a legislação até então vigente em 31 de dezembro de 2007.

Finalmente, em 13 de maio de 2014 foi promulgada a Lei nº 12.973/2014, que, dentre vários objetivos, destacava o fim do RTT e a integração definitiva do novo padrão contábil ao Decreto-Lei nº 1.598/77. Adotou-se, novamente, um modelo de dependência parcial entre o direito tributário e a contabilidade: parte-se do lucro líquido contábil de acordo com a normatização comercial vigente para, então, serem realizados os ajustes previstos na legislação tributária, mormente na própria Lei nº 12.973/14.

Em suma, o Brasil historicamente vem adotando modelos de relação entre a contabilidade e o direito em que prevalece a dependência parcial (dependência com ajustes) entre o lucro fiscal e o lucro contábil, excetuado pelo interregno da vigência do RTT, cujo modelo se aproximou da autonomia (desconexão entre lucro fiscal e lucro contábil). Contudo, a partir da adoção do padrão IFRS, o que se viu foi a proliferação de controvérsias jurídico-tributárias, mesmo após a vigência da Lei nº 12.973/2014, que pretendia dar mais segurança jurídica aos contribuintes.

É sobremodo importante assinalar que, dentre as muitas mudanças por quais a contabilidade brasileira passou em razão da adoção do padrão IFRS, uma das principais foi o rompimento com a tradição normativa local, que consagra a forma jurídica.[25] No padrão IFRS prevalece uma visão prospectiva do lucro, com a adoção de mensurações ao valor justo, além da prevalência da substância econômica sobre a forma jurídica.

Tais parâmetros introduzidos pelo novo padrão contábil têm o potencial de criar severas controvérsias com o direito, especialmente no campo tributário, o que, inclusive, estamos vivenciando na prática. É indubitável que a contabilidade adota alguns parâmetros subjetivos e estimados, próprio da sua necessidade de retratar a realidade econômica, nem sempre concreta. Por sua vez, o direito tributário, por atender ao Princípio da Segurança Jurídica, busca apoiar-se em demonstrações concretas de capacidade contributiva e, em relação ao imposto de renda, pretende tributar renda realizada, o que pode ser um contrassenso quando confrontado com a contabilidade e sua visão prospectiva do lucro.

Em outras palavras, muito embora o lucro contábil possa representar de maneira mais fiel o retorno de um investimento, acaba por envolver mensurações subjetivas e de difícil verificação, o que pode ser inapropriado para a tributação[26], que demanda parâmetros mais estáveis, próprios da aplicação do princípio da segurança jurídica.

Realmente, o tradicional modelo de dependência parcial, que parece tão conveniente ao direito na busca por sinalizações de riqueza que

[25] SILVA, Fabio Pereira da; FLORES. Eduardo. Lucro Contábil *versus* lucro real: aproximações e distanciamentos. **Revista Dialética de Direito Tributário**. v. 1, p. 28-53, 2015.

[26] CINDY, Wong Siu Ching. Is Accounting Profits still an appropriate basis for Income Taxation? **Tax Academy of Singapore.** Singapura, 2020, p. 13.

representem a capacidade econômica do contribuinte, parece potencializar esses conflitos, conforme pretendemos aprofundar a seguir.

3. O modelo de dependência parcial e as problemáticas decorrentes da adoção do IFRS no Brasil

Conforme tivemos oportunidade de expor, o padrão IFRS tem características que distanciam a mensuração do lucro contábil dos princípios que são essenciais para o direito tributário, em especial a segurança jurídica. A contabilidade atual, no nobre propósito de retratar com fidelidade a situação econômica das entidades, baseia-se na prevalência da essência econômica e, se não abandona, ao menos flexibiliza a adoção do custo histórico como base de valor, permitindo, em alguns casos, a adoção da mensuração ao valor justo.

Dado o caráter limitado do escopo do presente estudo, não nos aprofundamos em detalhar críticas e méritos da adoção do valor justo, sendo suficiente reproduzir as lições de Sérgio de Iudícibus, que reconhece as problemáticas relacionadas à avaliação a valor justo, dada a subjetividade inerente envolvendo os vocábulos *valor* e *justo*, o que dificulta a mensuração por parte da contabilidade.[27]

Oportuno ainda mencionar as reflexões de Eliseu Martins, que relata os desafios relacionados à atribuição de valor a ativos e passivos na hipótese de inexistir mercado ativo, dando margem à utilização de técnicas sujeitas a erros e manipulações.[28] É bom ressaltar, contudo, que esse problema está relacionado a equívocos de aplicação do valor justo, e não exatamente por demérito da técnica avaliativa, com o que Eliseu Martins

[27] Iudícibus, Sérgio de. Essência sobre a forma e o valor justo: duas faces da mesma moeda. *In:* Mosquera, Roberto Quiroga; Lopes, Alexsandro Broedel (coord.). **Controvérsias jurídico-contábeis (aproximações e distanciamentos)**. v. 1. São Paulo: Dialética, 2010, p. 464-478, p. 464.

[28] Martins, Eliseu. Ensaio sobre a evolução do uso e das características do valor justo. *In:* Mosquera, Roberto Quiroga; Lopes, Alexsandro Broedel (coord.). **Controvérsias jurídico-contábeis (aproximações e distanciamentos).** v. 1. São Paulo: Dialética, 2010, p. 138-146, p. 144.

indica concordar ao lançar questionamentos sobre o fato de o valor histórico poder ser igualmente nocivo para os objetivos da contabilidade.[29]

Fato é que para o direito tributário a adoção do valor justo é bastante polêmica. Tomemos como exemplo um imóvel classificado como propriedade para investimentos e que a mensuração adotada pela entidade seja o valor justo. Tal imóvel, suponha-se, foi adquirido há dez anos por R$ 1.000.000,00 e atualmente vale R$ 2.400.000,00. Essa diferença de valor justo adequadamente reconhecido pela contabilidade é considerada uma receita e, portanto, compõe o lucro contábil da entidade.[30] Note-se, entretanto, que tal receita reflete uma expectativa de geração de caixa futura, que não necessariamente se concretizará.

Ocorre, entretanto, que, diante dos parâmetros contidos na legislação pátria, essa receita deve ser desconsiderada para fins tributários. Tal entendimento advém, primordialmente, do conceito de realização da renda, contido no artigo 43 do Código Tributário Nacional (CTN). Basicamente, para que a renda seja tributada ela precisa estar realizada, estando disponível para uso por parte do contribuinte, o que ocorrerá no momento em que houver uma efetiva transação confirmando aquele ganho, como, no caso do exemplo acima, na hipótese de alienação do imóvel.

João Francisco Bianco reconhece que o ativo cuja mensuração seja aumentada em razão da avaliação ao valor justo representa um ganho para a entidade que reporta, na medida em que o mercado está disposto a pagar mais pela aquisição daquele bem ou direito, porém isso não significa que essa renda foi realizada a ponto de permitir a imposição tributária, pois, para tanto, a renda deve estar adquirida em caráter definitivo, incontestável e incondicional, não havendo que se falar em tributação de renda potencial.[31]

[29] Martins, Eliseu. Ensaio sobre a evolução do uso e das características do valor justo. *In:* Mosquera, Roberto Quiroga; Lopes, Alexsandro Broedel (coord.). **Controvérsias jurídico-contábeis (aproximações e distanciamentos).** v. 1. São Paulo: Dialética, 2010, p. 138-146, p. 144.

[30] Para melhor compreensão didática, estamos desconsiderando eventual depreciação da área construída do imóvel.

[31] Bianco, João Francisco. O conceito de valor justo e seus reflexos tributários. *In:* Mosquera, Roberto Quiroga; Lopes, Alexsandro Broedel (coord.). **Controvérsias jurídico-**

Sérgio André Rocha segue mesma linha, afirmando que as avaliações contábeis decorrentes da prevalência da essência sobre a forma revelam expectativas de acréscimo patrimonial e, portanto, ainda não incorporadas definitivamente ao patrimônio da entidade. Em razão disso, o autor é enfático ao defender que todos os ajustes no valor de um ativo ou de um passivo devem ser neutros tributariamente até que definitivamente realizados.[32]

Fernando Tonanni e Bruno Gomes discorrem sobre a natureza do valor justo defendendo tratar-se de ganho ou perda potencial, cujo montante estimado pode ser modificado conforme as oscilações naturais do mercado. Nessa medida, não envolve renda realizada e, como consequência, não está sujeita à tributação.[33] Compartilha de opinião semelhante, Elidie Palma Bifano, para quem o valor justo representa um valor passível de concretização, porém a ser confirmado no futuro, não podendo ser considerado renda para fins tributários enquanto não for definitivamente incorporado ao patrimônio do contribuinte.[34]

Alexandre Evaristo Pinto, ao seu turno, parece ter uma posição mais flexível ao reconhecer que o acréscimo patrimonial decorrente da avaliação ao valor justo pode ter reflexos econômicos em proveito da entidade, como, por meio de obtenção de capital no mercado, por exemplo. De toda forma, o autor esclarece que, mesmo admitindo essa premissa, a realização da renda exigiria que o ativo mensurado ao valor justo integrasse

-contábeis (aproximações e distanciamentos). v. 5. São Paulo: Dialética, 2014. p. 160-174, p. 164.

[32] Rocha, Sérgio André. Questões fundamentais do imposto de renda após a MP nº 627. *In:* Mosquera, Roberto Quiroga; Lopes, Alexsandro Broedel (coord.). **Controvérsias jurídico-contábeis (aproximações e distanciamentos).** v. 5. São Paulo: Dialética, 2014. p. 379-392, p. 390.

[33] Tonanni, Fernando; Gomes, Bruno. O conceito e a natureza jurídica do ajuste a valor justo e seu tratamento nas reorganizações societárias. *In:* Mosquera, Roberto Quiroga; Lopes, Alexsandro Broedel. **Controvérsias jurídico Contábeis (Aproximações e Distanciamentos)**. v. 6. São Paulo: Dialética, 2015. p. 210-246, p. 220-228.

[34] Bifano, Elidie Palma Bifano. Renda realizada e IFRS. *In:* Zilveti, Fernando Aurélio; Fajersztajn, Bruno; Silveira, Rodrigo Maito da (coord.). **Direito Tributário**: Princípio da Realização no Imposto de Renda. Estudos em Homenagem a Ricardo Mariz de Oliveira. São Paulo: IBDT, 2019. p. 242-272, p. 259.

um mercado ativo e com liquidez, o que afastaria qualquer pretensão de tributação de itens imobilizados, por exemplo.[35]

Como podemos observar, mesmo diante de uma posição mais flexível acerca da tributação do valor justo, não há abandono do princípio da realização da renda, de modo que as variações na mensuração de ativos e passivos decorrentes da aplicação do conceito de *valor justo* dependeria da efetiva realização desse ganho ou perda para que decorressem reflexos tributários.

É oportuno mencionar que a exigência da realização da renda para fins tributários não é exclusividade brasileira, estando presente, com algumas nuances, em diversos diplomas legislativos estrangeiros. Cite-se, à guisa de exemplo, Portugal, onde o princípio da realização é aplicado, com exceção para a tributação de instrumentos derivativos.[36]

Em suma, temos aqui talvez o principal ponto de conflito entre a contabilidade e o direito, afinal o lucro líquido, a partir da adoção do padrão de IFRS, pode conter receitas ou despesas decorrentes da mensuração de ativos e passivos a valor justo, e, não havendo o expurgo para fins de apuração da base de cálculo do imposto de renda, estaríamos diante de uma afronta ao princípio da realização da renda.

Evidentemente que esse problema não existia durante a vigência do RTT. Conforme assinalamos, nesse interregno houve uma separação entre o lucro contábil e o lucro fiscal; eis que, antes do cálculo do lucro real, as entidades deviam depurar do lucro contábil elementos concernentes às novas regras contábeis em vigência. Dessa forma, eventual mensuração a valor justo seria expurgada antes da realização dos tradicionais ajustes determinados pela legislação fiscal.

Por sua vez, a Lei nº 12.973/2014, ao que parece, adotou como premissa que a mensuração ao valor justo não envolve renda realizada, inde-

[35] Pinto, Alexandre Evaristo. A avaliação a valor justo e a disponibilidade econômica de renda. *In:* Mosquera, Roberto Quiroga; Lopes, Alexsandro Broedel (coord.). **Controvérsias jurídico-contábeis (aproximações e distanciamentos).** v. 6. São Paulo: Dialética, 2015. p. 13-46, p. 42.

[36] Aguiar, Nina; Tormenta, Júlio. Accounting and Taxation: Portugal. *In:* Grandinetti, Mario (ed.). **Corporate Tax Base in the Light of the IAS/IFRS and EU Directive**: a comparative approach. Alphen aan den Rijn, Netherlands: Kluwer Law International, 2016. p. 163-182, p. 187.

pendentemente dos seus diferentes níveis de hierarquia, determinando, especialmente no artigo 13, sua exclusão (no caso de ganho) ou sua adição (no caso de perda), de modo que não seja computada na determinação do lucro real, ainda que tenha exigido, para esses fins, o controle do valor em subconta contábil, permitindo a plena rastreabilidade por parte da autoridade fiscal sobre o ajuste realizado.

Sobre o tema, Alexandre Evaristo Pinto, Ariovaldo dos Santos e Fabio Pereira da Silva advertem que o legislador utilizou a expressão *realização* de forma constante no texto da lei, indicando estar presente a intenção legislativa em atender ao critério estabelecido pelo artigo 43 do CTN relacionado ao princípio da realização da renda.[37] A mesma posição é externada por Gustavo Lian Haddad, para quem a Lei nº 12.973/2014 foi fortemente influenciada pelo princípio contido no CTN[38], e por Heron Charneski, que assevera que o legislador deu grande prestígio para o critério da realização.[39]

Em tese, portanto, a Lei nº 12.973/2014 teria resolvido o problema decorrente da adoção de um padrão contábil que privilegia uma visão prospectiva do lucro, afinal o texto legal menciona dezenas de vezes o termo *realização* e seus derivados, a indicar que lucro não realizado não deve ser oferecido à tributação e que a perda não realizada não é dedutível.

Entretanto, conforme alerta Ricardo Mariz de Oliveira, a cada dia em que os operadores do direito se dedicam a analisar o conteúdo da Lei nº 12.973/2014, percebem novas nuances e controvérsias decorrentes da

[37] PINTO, Alexandre Evaristo; SANTOS, Ariovaldo dos; SILVA, Fabio Pereira da. Dos métodos e critérios contábeis introduzidos pelas Leis nºs 11.638/2007 e 11.941/2009. *In:* DONIAK JR., Jimir (coord.). **Novo RIR**: aspectos jurídicos relevantes do Regulamento de Imposto de Renda 2018. São Paulo: Quartier Latin, 2019. p. 253-584, p. 266.

[38] HADDAD, Gustavo Lian. Realização da renda em restruturações societárias. *In:* ZILVETI, Fernando Aurélio; FAJERSZTAJN, Bruno; SILVEIRA, Rodrigo Maito da (coord.). **Direito Tributário**: Princípio da Realização no Imposto de Renda. Estudos em Homenagem a Ricardo Mariz de Oliveira. São Paulo: IBDT, 2019. p. 363-404, p. 387-379.

[39] CHARNESKI, Heron. Contabilidade Societária do padrão IAS/ IFRS *vs* Contabilidade Fiscal no contexto da Realização da Renda. *In:* ZILVETI, Fernando Aurélio; FAJERSZTAJN, Bruno; SILVEIRA, Rodrigo Maito da (coord.). **Direito Tributário**: Princípio da Realização no Imposto de Renda. Estudos em Homenagem a Ricardo Mariz de Oliveira. São Paulo: IBDT, 2019. p. 186-211, p. 205.

adoção do novo padrão contábil, que não foram previamente percebidas, o que, segundo o autor, pode ser estendido aos legisladores que podem não ter se dado conta de todas as consequências advindas desse processo.[40] Tome-se como exemplo a chamada *transação de capital* envolvendo empresas integrantes do mesmo grupo econômico, em que, em razão do que dispõe o Pronunciamento CPC nº 36, são consideradas transações entre sócios, motivo pelo qual não há registro no resultado das pessoas jurídicas, muito embora, para o direito tributário, tais transações potencialmente representam fato gerador do imposto de renda.

Não é despiciendo ressaltar que, desde o início do processo de adoção do padrão contábil internacional, um mote vem sendo constantemente repetido: neutralidade tributária. Isso significa, em tese, que as mudanças propostas pela contabilidade não trariam impactos tributários. Devemos reconhecer que se trata de um desafio hercúleo, considerando que, como dissemos, o direito tributário tem o lucro contábil como "ponto de partida" para aferição de capacidade contributiva a justificar a incidência do imposto de renda da pessoa jurídica.

Basta dizer, para citar um exemplo bastante ilustrativo, a controvérsia decorrente do Parecer PGFN/CAT 202/2013, quando a Procuradoria externou sua posição de que a isenção de dividendos estava limitada àqueles calculados conforme o lucro contábil pré-IFRS, o que gerou críticas por parte da doutrina, por entender que *dividendos* é um conceito societário, inexistindo um critério fiscal autônomo, sendo, pois, um absoluto contrassenso admitir o cálculo com base em legislação revogada.[41]

Mesmo considerando essa exceção, é possível assumir que, durante a vigência do RTT, a manutenção da neutralidade foi praticamente bem-sucedida. Inclusive, a pretensão pela neutralidade, curiosamente, constou expressamente no parágrafo primeiro do artigo 15 da Lei nº 11.941/2009, que estabeleceu o RTT e determinou que ele vigeria "até

[40] Oliveira, Ricardo Mariz de. **Fundamentos do Imposto de Renda (2020).** v. 2. São Paulo: IBDT, 2020, p. 1367.

[41] Schoueri, Luís Eduardo; Tersi, Vinicius Feliciano. A Limitação à Isenção dos Dividendos pelo Parecer PGFN/CAT 202/2013. *In:* Mosquera, Roberto Quiroga; Lopes, Alexsandro Broedel. **Controvérsias jurídico Contábeis (Aproximações e Distanciamentos).** v. 4. São Paulo: Dialética, 2013. p. 104-121, p. 104-121.

a entrada em vigor de lei que discipline os efeitos tributários dos novos métodos e critérios contábeis, buscando a neutralidade tributária".

Consequentemente, o mote da neutralidade sempre esteve presente em todo o processo de adoção de um novo padrão contabilístico, porém a prática contábil e jurídica tem mostrado que a plena neutralidade é uma utopia, o que vem sendo percebido por toda a comunidade acadêmica, inclusive pelas próprias autoridades fiscais. É nesse ponto que surge umas das principais questões envolvendo o processo de adoção do novo padrão contábil, relacionada justamente a até que ponto o legislador, por meio da Lei nº 12.973/2014, obteve sucesso na busca pela neutralidade.

João Francisco Bianco e Marcio Pedrosa Junior entendem que a Lei nº 12.973/2014 contém normas a serem divididas em três grupos: normas de simples adaptação; normas de neutralização; normas de recepção das regras contábeis.[42] Ricardo Mariz de Oliveira segue trilha semelhante, muito embora mencione apenas dois tipos de normas contidas no referido diploma legal: a primeira delas seriam as normas de simples adaptação, em que o legislador objetivou ajustar a norma tributária original às novas nomenclaturas contábeis, como o termo *ativo permanente*, por exemplo, inexistente na contabilidade atual; o segundo grupo é composto pelas normas neutralizantes, cujo objetivo foi neutralizar os efeitos das novas práticas contábeis no lucro líquido, visto serem inconvenientes para o sistema tributário por estarem em desacordo com os princípios do Sistema Tributário Nacional.[43], [44]

[42] Bianco, João Francisco; Pedrosa Junior, Marcio. Condições para um diálogo normativo entre o direito contábil e o direito tributário. *In:* Zilveti, Fernando Aurélio; Fajersztajn, Bruno; Silveira, Rodrigo Maito da (coord.). **Direito Tributário**: Princípio da Realização no Imposto de Renda. Estudos em Homenagem a Ricardo Mariz de Oliveira. São Paulo: IBDT, 2019. p. 163-185, p. 170.

[43] Oliveira, Ricardo Mariz de. **Fundamentos do Imposto de Renda (2020).** v. 2. São Paulo: IBDT, 2020, p. 1366.

[44] Outros países passaram por um processo semelhante de adaptação da legislação tributária em consequência da adoção do padrão IFRS. Foi o caso de Portugal, conforme aduzem Nina Aguiar e Júlio Tormenta (Accounting and Taxation: Portugal. *In:* Grandinetti, Mario (ed.). **Corporate Tax Base in the Light of the IAS/IFRS and EU Directive**: a comparative approach. Alphen aan den Rijn, Netherlands: Kluwer Law International, 2016. p. 163-182, p. 185).

Nessa linha de compreensão, podemos concluir que o legislador tratou de incluir no corpo da Lei normas de feição neutralizante. A prática, entretanto, vem mostrando dia após dia que as novas normas contábeis não foram integralmente neutralizadas, impactando o cálculo do lucro líquido sem que o legislador tenha previsto qualquer ajuste para fins tributários e, em alguns casos, esses registros de natureza contábil parecem não se alinhar com os princípios e as regras do Sistema Tributário Nacional.

O problema toma corpo quando lembramos que o artigo 6º do Decreto-Lei nº 1.598/1997 determina que o "lucro real é o lucro líquido do exercício ajustado pelas adições, exclusões ou compensações prescritas ou autorizadas pela legislação tributária". Em outras palavras, isso dá margem para interpretações no sentido de que tudo aquilo que integrar o lucro líquido e ao qual não haja prescrição legal expressa determinando o ajuste tem impacto no cálculo do lucro real.

Nessa hipótese, estaríamos admitindo que o legislador, caso não tenha previsto nenhum ajuste por meio da Lei nº 12.973/2014, anuiu com o impacto contábil das novas práticas, seja por ação ou omissão. Dizendo de forma diferente: quisesse que alguma norma contábil do novo padrão não impactasse o direito tributário, teria ele determinado expressamente o ajuste; se assim não fez, é porque aceitou a consequência fiscal.

Trata-se de uma posição bastante questionável. Fabio Pereira da Silva e Vitória Queiroz Santos são veementes ao afirmar que partir do pressuposto que o silêncio do legislador significa sua anuência equivale a exigir onisciência acerca de infindáveis impactos tributários decorrentes da adoção do novo padrão contábil, o que soa irrazoável, especialmente se considerarmos que, após mais de dez anos de calorosos debates acerca do tema, ainda não há consenso envolvendo diversos pontos controversos.[45]

Sobre o tema, Elidie Palma Bifano nota que há uma série de situações em que se verifica a inexistência de norma específica tributária neutralizando as novas práticas da contabilidade. Isso não significa, segundo a autora, que os registros contábeis devem ser aceitos para fins fiscais,

[45] Silva, Fabio Pereira da; Santos, Vitória Queiroz. As Implicações Contábeis e Tributárias do Earn-out nas operações de M&A. *In:* Oliveira, Eduardo Alves de; Silva, Verônica Aparecida Magalhães da. **Tributação**: temas atuais. Barueri: Atlas, 2022. p. 371-399, p. 190.

defendendo que sejam cotejados com o artigo 43 do CTN, evitando que seja tributada renda que não constitua efetivo acréscimo patrimonial.[46]

Essa posição é compartilhada por Ricardo Mariz de Oliveira, que sugere cautela na análise do conteúdo da Lei nº 12.973/2014. Afirma que o intérprete deve percorrer um caminho cuidadoso: deve adotar a premissa que o objetivo da norma era a neutralidade, tal qual indica o parágrafo primeiro, do artigo 15 da Lei nº 11.941/2009; deve submeter a norma ao teste de validade jurídica, confirmando seu alinhamento com os preceitos contidos no Sistema Tributário Nacional; por fim, deve se lembrar de que o legislador pode não ter antevisto todos os impactos decorrentes do processo de adoção do padrão internacional de contabilidade.[47] Por fim, o autor ainda adiciona que o artigo 58 da Lei nº 12.973/2014 deve ser interpretado como uma forma de neutralizar tributariamente as mudanças das práticas contábeis posteriores à lei, e não como uma forma de convalidação de todas as práticas introduzidas até então.[48]

Por falar no artigo 58, é oportuno destacar que sua inclusão no texto legal é motivo de elogios, afinal o que se pretendeu foi, novamente, neutralizar o impacto na adoção de novas práticas contábeis, posteriores à Lei nº 12.973/2014, garantindo segurança jurídica ao contribuinte. Ocorre que, se, por um lado, referido dispositivo legal garante que a contabilidade pode adotar novas práticas sem que isso tenha impacto no cálculo dos tributos federais, por outro, é fonte de novas controvérsias, pois cria um regime, ainda que parcial, semelhante ao RTT.

É dizer: diante de uma nova prática contábil adotada após a Lei nº 12.973/2014, cabe ao contribuinte verificar qual a orientação da Secretaria da Receita Federal, visando seguir os procedimentos de anulação de eventuais efeitos na apuração dos tributos federais, o que equivale desconsiderar, para fins tributários, a contabilidade então vigente.

[46] Bifano, Elidie Palma Bifano. Renda realizada e IFRS. *In:* Zilveti, Fernando Aurélio; Fajersztajn, Bruno; Silveira, Rodrigo Maito da (coord.). **Direito Tributário**: Princípio da Realização no Imposto de Renda. Estudos em Homenagem a Ricardo Mariz de Oliveira. São Paulo: IBDT, 2019. p. 242-272, p. 259.

[47] Oliveira, Ricardo Mariz de. **Fundamentos do Imposto de Renda (2020).** v. 2. São Paulo: IBDT, 2020, p. 1372.

[48] Oliveira, Ricardo Mariz de. **Fundamentos do Imposto de Renda (2020).** v. 2. São Paulo: IBDT, 2020, p. 1383-1384.

Tal realidade impõe reconhecermos que o caminho a ser percorrido pelo contribuinte para cálculo do imposto de renda da pessoa jurídica tornou-se uma verdadeira epopeia, não necessariamente nessa ordem: primeiro, apura o lucro líquido contábil; segundo, caso a contabilidade tenha mudado após a Lei nº 12.973/2014 e a autoridade fiscal determine a anulação dos efeitos dessa alteração, deve expurgar do lucro líquido o impacto das novas práticas; depois, realiza os ajustes expressamente determinados na legislação tributária; por fim, ainda que não encontre determinações expressa de ajustes, deve cotejar as grandezas que compõem o lucro líquido com o artigo 43 do CTN e demais princípios e normas do Sistema Tributário Nacional, a fim de encontrar alguma incongruência, como renda não realizada, por exemplo.

Malgrado o esforço do legislador, é imperioso reconhecer que o atual cenário aumenta o custo de conformidade dos contribuintes, potencializando conflitos de natureza tributária. Segundo Ricardo Mariz de Oliveira, não obstante a intenção legislativa, o fato é que não se obteve sucesso em reduzir a insegurança jurídica e não há operacionalidade razoável a permitir a neutralização das novas práticas contábeis, o que seria consequência do hiato existente entre as perspectivas contábeis e a realidade do nosso sistema normativo, cujos objetivos são sabidamente divergentes. Ademais, alerta para as constantes modificações das diretrizes contábeis próprias da necessidade decorrente de se retratar a realidade econômica das transações.[49]

Conforme mencionamos inicialmente, a relação entre a contabilidade e o direito jamais foi plenamente harmoniosa. A presença de conflitos é decorrência natural dos objetivos diversos de cada ciência. Reconhecer esse cenário não significa negar que, a partir da introdução dos ditames legais estatuídos pela Lei nº 11.638/2007, as controvérsias se multiplicaram, como ilustramos acima. E parece correto concluir que a Lei nº 12.973/2014 nem de longe conseguiu pôr fim a todas as controvérsias decorrentes desse processo.

Diante desse contexto, a Receita Federal do Brasil iniciou estudos visando propor mudanças no método de cálculo do lucro real, de forma

[49] OLIVEIRA, Ricardo Mariz de. **Fundamentos do Imposto de Renda (2020).** v. 2. São Paulo: IBDT, 2020, p. 1397.

a minimizar os problemas advindos da introdução do novo padrão contábil. Segundo foi possível acompanhar em apresentações públicas realizadas pela Receita Federal no decorrer de 2019, o órgão reconhece que a contabilidade tem objetivos diversos do direito e há um choque entre a visão prospectiva do lucro contábil, focado na essência econômica e na visão retrospectiva do direito, cuja base de cálculo é calcada na objetividade da aquisição da renda.

Igualmente, preocupa o órgão federal o problema supra-apontado referente à flexibilidade das normas contábeis: a economia é dinâmica e retratar sua essência demanda que a contabilidade se adapte rapidamente, motivo pelo qual as mudanças na estrutura contábil são constantes e nada indica que cessarão, o que causa arrepios nas autoridades fiscais.

Dados relacionados à quantidade de ajustes a serem realizados no lucro contábil para encontrar o lucro real são ilustrativos para compreender a extensão do problema. Segundo divulgado pela Receita Federal, durante as apresentações acima mencionadas, atualmente há 346 ajustes no Lalur, entre adições e exclusões possíveis ao lucro contábil. Desse montante, 216, ou seja, 63% decorrem da aplicação dos novos critérios contábeis.[50] E a tendência é o aumento do número de ajustes, afinal essa é a consequência lógica da aplicação do artigo 58 da Lei nº 12.973/2014 frente às constantes atualizações da normatização contábil.

O cenário atual, portanto, exige cuidadosa reflexão. Por um lado, é preciso ser firme ao registrar que a adoção dos padrões internacionais de contabilidade no Brasil é um marco histórico, motivo de efusivos aplausos por representar a aplicação de práticas contábeis que têm por objetivo fornecer informações úteis aos usuários da informação contábil. Do mesmo modo, eventuais mudanças nas normas contábeis cujo objetivo seja atingir os propósitos da contabilidade são igualmente positivas para o desenvolvimento da economia nacional. Portanto, é inadmissível qualquer posição que represente dar passos atrás nesse processo

De outra ponta, é necessário assumir que essa fluidez das normas contábeis bem como sua visão prospectiva do lucro vêm causando infindáveis

[50] Oliveira, Ricardo Mariz de. **Fundamentos do Imposto de Renda (2020).** v. 2. São Paulo: IBDT, 2020, p. 1397.

controvérsias jurídicas, sendo bem-vindos todos os debates que tenham o propósito de discutir qual o caminho a seguir doravante, ou seja, até que ponto a contabilidade e o direito tributário devem se relacionar, permitindo a constante evolução da contabilidade, sem deixar de lado a necessidade de adequada regulamentação da atividade arrecadatória do Estado.

4. Uma possível solução: adoção do modelo de balanço duplo

Como anotamos inicialmente, existem diversos níveis de relação entre o direito e a contabilidade, desde a completa dissociação até a integração absoluta. Apesar disso, a experiência internacional nos demonstra que grande parte dos países adota um modelo de dependência parcial.[51]

Oportuno mencionar que muito se diz a respeito de as controvérsias jurídico-contábeis no Brasil serem consequência da opção local de adoção do padrão IFRS no balanço consolidado e individual de forma obrigatória, ao contrário do que grande parte dos países fez, em que as novas práticas se restringem às demonstrações consolidadas.

É inegável que a opção brasileira traz consequências tributárias importantes, haja vista que, quando mencionamos que o lucro líquido é o ponto de partida para cálculo do imposto de renda da pessoa jurídica, por óbvio não estamos nos referindo ao lucro contábil consolidado. A adoção, portanto, de um padrão contábil pensado para demonstrações financeiras consolidadas, também nas demonstrações individuais, traz impactos severos ao cálculo do imposto de renda.

Alguns países, como é o caso da Alemanha, optaram pela manutenção de um GAAP (*Generally Accepted Accounting Principles*) local nas demonstrações individuais, por envolver normas contábeis muito mais conservadoras do que o padrão IFRS e, portanto, mais alinhadas aos princípios

[51] Para um apanhando geral sobre a relação do direito e da contabilidade, especialmente após o movimento de padronização contábil sugerimos Aguiar, Nina; Tormenta, Júlio. Accounting and Taxation: Portugal. *In:* Grandinetti, Mario (ed.). **Corporate Tax Base in the Light of the IAS/IFRS and EU Directive**: a comparative approach. Alphen aan den Rijn, Netherlands: Kluwer Law International, 2016. p. 163-182.

do direito tributário.[52] Contudo, a despeito de esse ser um caminho a ser ponderado, é importante que se diga que mesmo os países que adotam uma normatização local vêm revelando uma tendência de aproximação desse GAAP ao padrão IFRS. Ao nosso sentir, esse cenário decorre justamente da capacidade superior do IFRS em promover o verdadeiro propósito da contabilidade, de modo que esperamos, ao longo do tempo, cada vez mais uniformidade na contabilidade, independentemente de sua aplicação nas demonstrações financeiras consolidadas ou individuais.[53]

De toda forma, tais controvérsias, conforme demonstram alguns estudos comparativos, a despeito da nossa opção de adoção do novo padrão contábil, tanto para demonstrações financeiras consolidadas como individuais, não é problema exclusivo brasileiro.[54] Na verdade, a origem do problema é anterior e envolve justamente a dificuldade de conceituar o que é *renda*.

Certamente há vários conceitos de *renda*, cada qual constituindo-se de abstrações da realidade, conforme alertam João Francisco Bianco e Marcio Pedrosa Junior, para quem não há, em princípio, um conceito mais preciso do que outro, importando mais o objetivo de cada ciência, que se vale de seus próprios parâmetros.[55] Não por outro motivo, Kevin Holmes afirma que a palavra *renda* significa diferentes coisas para diferentes pessoas.[56]

[52] EGGERT, Andreas. Accounting and Taxation: Germany. *In:* GRANDINETTI, Mario (ed.). **Corporate Tax Base in the Light of the IAS/IFRS and EU Directive**: a comparative approach. Alphen aan den Rijn, Netherlands: Kluwer Law International, 2016. p. 115-124, p. 130.

[53] Evidentemente que com as adaptações peremptórias entre o balanço individual e consolidado.

[54] Veja-se, nesse sentido, GRANDINETTI, Mario (ed.). **Corporate Tax Base in the Light of the IAS/IFRS and EU Directive**: a comparative approach. Alphen aan den Rijn, Netherlands: Kluwer Law International, 2016. p. 163-182.

[55] BIANCO, João Francisco; PEDROSA JUNIOR, Marcio. Condições para um diálogo normativo entre o direito contábil e o direito tributário. *In:* ZILVETI, Fernando Aurélio; FAJERSZTAJN, Bruno; SILVEIRA, Rodrigo Maito da (coord.). **Direito Tributário**: Princípio da Realização no Imposto de Renda. Estudos em Homenagem a Ricardo Mariz de Oliveira. São Paulo: IBDT, 2019. p. 163-185, p. 165.

[56] HOLMES, Kevin. Should accountants determine how much tax we pay? International Accounting Standards vs Taxable Income and Capital Gains. **New Zealand Journal of**

Do ponto de vista econômico, *renda* possui um alcance bastante abstrato, querendo significar bem-estar individual. Trata-se, como se nota, de um conceito muito amplo e de difícil aplicação prática, especialmente para fins jurídicos-tributários.[57] O direito, por sua vez, adota um conceito mais restrito, normalmente vinculado ao acréscimo patrimonial calculado em um determinado interregno.

Nessa linha, Holmes desenvolveu uma pirâmide para retratar os conceitos de *renda*, a seguir reproduzida[58]:

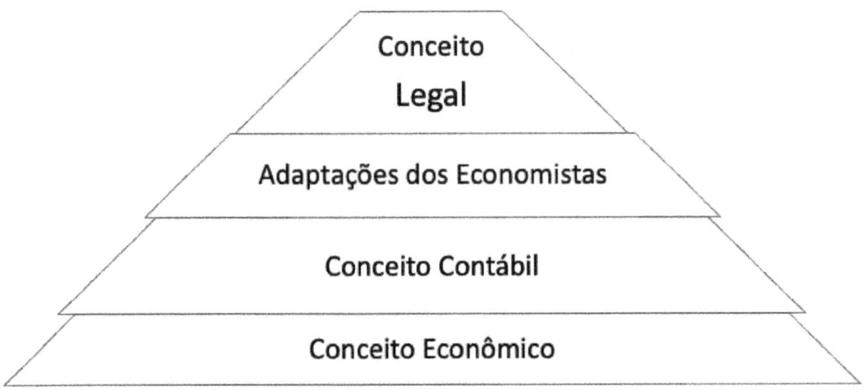

Segundo o autor, o conceito econômico envolve alterações de valores, ainda que não realizados, despesas de consumo e renda psíquica. Por sua vez, o conceito contábil abarcaria transações de mercado, ganhos realizados e alguns ganhos não realizados. A partir da necessidade prática, os

Tax Law and Policy, v. 14, p. 316-329, Sept. 2008, p. 317.

[57] No direito tributário é muito propalado o conceito SHS de renda. Em razão do escopo limitado do presente, indicamos para aqueles que desejarem se aprofundar sobre o conceito e sua aplicabilidade no direito pátrio, a leitura da Tese de Victor Borges Polizelli (**O princípio da realização da renda e sua aplicação no imposto de renda de pessoas jurídicas.** 2009. Dissertação (Mestrado em Direito) – Universidade de São Paulo, São Paulo, 2009. Disponível em: https://www.teses.usp.br/teses/disponiveis/2/2133/tde-18112011-145517/ publico/Versao_Integral.pdf. Acesso em: 15 fev. 2021).

[58] HOLMES, Kevin. **The Concept of Income**: A multi-disciplinary analysis. Amsterdam, Netherlands: IBFD, 2001. (IBFD Doctoral Series, 1), p. 241.

economistas propuseram a adoção da avaliação da renda considerando a periodicidade, produtividade e a permanência. Por fim, o conceito legal considera, especialmente, a realização a partir de uma transação que separe a renda da fonte.

O que Kevin Holmes propõe é a reflexão no sentido de que a contabilidade costumava mensurar a renda levando em consideração o custo histórico e a realização da renda com base em transações de mercado. Entretanto, mais recentemente, a contabilidade passou a adotar um conceito de *renda* mais próximo do econômico, incluindo ganhos não realizados do ponto de vista transacional.[59], [60] É dizer: o conceito contábil move-se mais perto da base da pirâmide, havendo maior alinhamento com o conceito econômico. Como consequência, há um maior distanciamento com o conceito tradicionalmente utilizado pelo direito tributário.

O autor vê com bons olhos essa aproximação e defende maior alinhamento entre o conceito jurídico e contábil de renda, por entender que este possui uma natureza mais adequada, com substância econômica, além de ajudar a simplificar o sistema e reduzir o custo de conformidade tributária.[61] O autor ainda afirma que grande parte da diferença entre o lucro contábil e tributário é temporal, de modo que o alinhamento não teria grandes efeitos deletérios.[62]

No Brasil, Luis Eduardo Schoueri percorre trilha semelhante, traçando robustos argumentos no sentido de que a Lei nº 11.638/2007 permitiu à contabilidade se desvincular das formas do Direito Civil, tendo como propósito aferir o acréscimo patrimonial sob a ótica mais econô-

[59] HOLMES, Kevin. **The Concept of Income**: A multi-disciplinary analysis. Amsterdam, Netherlands: IBFD, 2001. (IBFD Doctoral Series, 1), p. 130-153.

[60] HOLMES, Kevin. Should accountants determine how much tax we pay? International Accounting Standards vs Taxable Income and Capital Gains. **New Zealand Journal of Tax Law and Policy**, v. 14, p. 316-329, Sept. 2008, p. 319.

[61] HOLMES, Kevin. Should accountants determine how much tax we pay? International Accounting Standards vs Taxable Income and Capital Gains. **New Zealand Journal of Tax Law and Policy**, v. 14, p. 316-329, Sept. 2008, p. 325.

[62] HOLMES, Kevin. Should accountants determine how much tax we pay? International Accounting Standards vs Taxable Income and Capital Gains. **New Zealand Journal of Tax Law and Policy**, v. 14, p. 316-329, Sept. 2008, p. 327.

mica do que jurídica, o que não seria incongruente com a disponibilidade econômica prevista no artigo 43 do CTN.[63]

Em tese, portanto, assumindo que o lucro contábil se aproximou do conceito de *renda econômica*, seria mais adequado o alinhamento do direito com a contabilidade, pois a tributação teria como base uma realidade econômica a retratar com mais precisão a renda do contribuinte. Esse alinhamento seria positivo, ainda, por reduzir o custo de *compliance*, haja vista que o contribuinte não necessitaria passar por todo o processo de expurgo do lucro contábil exigido atualmente pela legislação.[64] Por fim, segundo Luis Eduardo Schoueri, diminuir o distanciamento entre resultados contábeis e os tributos recolhidos poderia reduzir a abstração da tributação, permitindo maior compreensão do povo.[65] Afinal, pode parecer incongruente a distribuição de lucros em que computados, por exemplo, ganhos relacionados à avaliação do valor justo, ao mesmo tempo em que essa grandeza não é passível de tributação, o que dificulta o entendimento da população em geral do motivo da diferença de tratamento.

Ricardo Mariz de Oliveira discorda dessa posição. Para o autor, a total convergência entre lucro contábil e a base de cálculo dos tributos implicaria a tributação de renda "meramente econômica", o que, segundo aduz, demandaria uma reforma radical do Sistema Tributário Nacional. Dessa forma, entende ser mais plausível a independência total do lucro

[63] Schoueri, Luís Eduardo. O mito do Lucro Real na passagem da Disponibilidade jurídica para a Disponibilidade Econômica. *In:* Mosquera, Roberto Quiroga; Lopes, Alexsandro Broedel. **Controvérsias jurídico Contábeis (Aproximações e Distanciamentos)**. v. 1. São Paulo: Dialética, 2010. p. 241-264, p. 264; e Schoueri, Luís Eduardo. Nova contabilidade e tributação da propriedade à beneficial ownership. *In:* Mosquera, Roberto Quiroga; Lopes, Alexsandro Broedel. **Controvérsias jurídico Contábeis (Aproximações e Distanciamentos)**. v. 5. São Paulo: Dialética, 2014. p. 200-221, p. 220.

[64] Cindy, Wong Siu Ching. Is Accounting Profits still an appropriate basis for Income Taxation? **Tax Academy of Singapore.** Singapura, 2020, p. 5.

[65] Schoueri, Luís Eduardo. Nova contabilidade e tributação da propriedade à beneficial ownership. *In:* Mosquera, Roberto Quiroga; Lopes, Alexsandro Broedel. **Controvérsias jurídico Contábeis (Aproximações e Distanciamentos)**. v. 5. São Paulo: Dialética, 2014, p. 221.

tributável em relação ao contábil, embora reconheça haver, de qualquer modo, inconvenientes iniciais.[66]

Há que se destacar que, ainda que superemos os desafios mencionados por Ricardo Mariz de Oliveira sobre a tributação de renda "meramente econômica", há outros fatores que vão de encontro com a ideia de total alinhamento entre a contabilidade e o direito.

O primeiro deles é que a definição da *base de cálculo tributária* deixaria de ser prerrogativa do legislador, sendo diretamente influenciada por órgãos supranacionais privados, como é o caso do *International Accounting Standards Board* (IASB). Há quem entenda que essa sistemática poderia influenciar os normatizadores, cientes de que as práticas por eles impostas teriam efeito tributário, inclusive sujeitando-os à pressão externa. Nessa linha, os Estados podem relutar em "abrir mão" de parte de sua soberania tributária, além de o processo de regulamentação contábil tornar-se mais político e complexo em razão de possíveis influências externas, o que pode resultar em redução da qualidade das informações contábeis.[67]

Entretanto, Kevin Holmes entende que a hipótese não é realística, pois não acredita que os normatizadores contábeis contrariariam o propósito fundamental da contabilidade por desejarem minimizar a tributação das entidades.[68]

Há razão no argumento do autor, nada indicando que os normatizadores agiriam conscientemente visando reduzir a tributação por meio de imposição de prática contábil que retrate lucro destoante da realidade econômica da empresa. Há que considerar, contudo, dois fatores. Primeiro, é absolutamente plausível que os normatizadores, ainda que de forma inconsciente, sintam-se pressionados ao saberem que qualquer prática contábil nova pode ter relevantes impactos tributários. Em

[66] OLIVEIRA, Ricardo Mariz de. **Fundamentos do Imposto de Renda (2020).** v. 2. São Paulo: IBDT, 2020, p. 1404-1405.

[67] CINDY, Wong Siu Ching. Is Accounting Profits still an appropriate basis for Income Taxation? **Tax Academy of Singapore.** Singapura, 2020, p. 8, 10.

[68] HOLMES, Kevin. Should accountants determine how much tax we pay? International Accounting Standards vs Taxable Income and Capital Gains. **New Zealand Journal of Tax Law and Policy**, v. 14, p. 316-329, Sept. 2008, p. 327.

segundo lugar, Kevin Holmes parece ignorar o fato de que entre a adoção de uma nova prática contábil por parte de uma entidade normatizadora, como é o caso do IASB, e a aplicação concreta da norma por parte dos contadores, há um longo caminho a ser percorrido.

Suponha-se que o profissional da contabilidade, diante de uma decisão de natureza subjetiva, própria da contabilidade, onde deva exercer aquilo que se convencionou chamar de subjetivismo responsável, tenha ciência de que, a depender do seu julgamento, a empresa terá que pagar ou economizará milhões em tributos. Ainda que se parta do pressuposto de que esse profissional optará pela alternativa que represente de forma mais fiel a realidade econômica, seria ingênuo não admitir a possibilidade da sua decisão estar sujeita a pressões de toda sorte.

Wong Siu Ching Cindy menciona que o alinhamento entre o lucro contábil e o fiscal poderia, em tese, evitar esse cenário, pois criaria uma espécie de sistema de "freios e contrapesos": na medida em que infla o lucro contábil, resulta em maior tributação, e reduzir o lucro tributário resulta em reporte de lucros que podem afetar a percepção do investidor sobre a empresa; a tendência seria a redução de oportunidades de manipulações, dadas as consequências contrapostas.[69]

O raciocínio é engenhoso, porém carece de comprovação empírica. Ao nosso ver, esse cenário envolve mais uma oportunidade para que as entidades gerenciem seus resultados conforme seus interesses momentâneos: haverá um incentivo adicional para o gerenciamento, relacionado ao impacto tributário, nos momentos em que a gestão não estiver interessada em reportar significativos lucros contábeis.

Ademais, mesmo Kevin Holmes admite que, muito embora seja favorável ao maior alinhamento entre a contabilidade e o direito, a total conexão é simplesmente impossível. Isso porque, esclarece o autor, o direito tributário tem outros propósitos que não apenas a arrecadação tributária.[70] Os Estados desejam não apenas arrecadar tributos, mas se certifi-

[69] Cindy, Wong Siu Ching. Is Accounting Profits still an appropriate basis for Income Taxation? **Tax Academy of Singapore.** Singapura, 2020, p. 6.

[70] Holmes, Kevin. Should accountants determine how much tax we pay? International Accounting Standards vs Taxable Income and Capital Gains. **New Zealand Journal of Tax Law and Policy**, v. 14, p. 316-329, Sept. 2008, p. 328.

car de que possuem instrumentos para influenciar a economia e assegurar a estabilidade econômica nacional.[71] Cite-se, à guisa de exemplo, a praxe de permitir a depreciação acelerada para incentivar investimentos.

Como se depreende, a contabilidade tem como pressuposto retratar de forma acurada a riqueza e o prospecto financeiro dos negócios, ao passo que o direito tributário regula a arrecadação tributária, mas também pode ser função dos tributos alcançar certos objetivos de política econômica.[72]

Em virtude dessas considerações, parece-nos que o total alinhamento entre a contabilidade e o direito é impraticável, especialmente considerando o sistema jurídico posto no Brasil. Mesmo entre alguns países da comunidade europeia cuja adoção do IFRS deu-se de maneira abrangente, há um movimento para maior independência entre a contabilidade e a tributação.[73]

Kevin Holmes defende a adoção de caminho inverso. Segundo o autor, se não é possível um total alinhamento, a aproximação seria bem-vinda, adotando-se as mensurações contábeis como a base da tributação, sendo elas afastadas em situações excepcionais para refletir diferenças relacionadas às intenções de política tributária.[74]

Embora não seja uma hipótese a ser imediatamente descartada, parece-nos que essa proposta nos mantém diante das mesmas problemáticas atuais, afinal não coloca termo nas discussões sobre o princípio da realização, tampouco resolve o problema relacionado às diversas atualizações da normatização contábil e a necessidade de o legislador antever

[71] Cindy, Wong Siu Ching. Is Accounting Profits still an appropriate basis for Income Taxation? **Tax Academy of Singapore.** Singapura, 2020, p. 7.

[72] Logan, David S. Three Differences Between Tax and Book Accounting that Legislators Need to Know. **Tax Foundation**, n. 277, p. 1-5, 27 July 2011. Disponível em: https://taxfoundation.org/three-differences-between-tax-and-book-accounting-legislators-need-know/. Acesso em: 24 set. 2021, p. 5.

[73] James, Simon. The relationship between accounting and taxation. **Working Paper**, n. 2, p. 1-23, 2002. Disponível em: https://core.ac.uk/download/pdf/12824388.pdf. Acesso em: 24 set. 2021, p. 18-19.

[74] Holmes, Kevin. Should accountants determine how much tax we pay? International Accounting Standards vs Taxable Income and Capital Gains. **New Zealand Journal of Tax Law and Policy**, v. 14, p. 316-329, Sept. 2008.

com precisão todos os impactos que novas práticas podem ter no cálculo dos tributos, cenário que vivemos atualmente.

Mais e mais, corporifica-se, pois, a ideia de que essa discussão é infindável, não havendo "bala de prata" que solucione de vez as controvérsias entre o direito e a contabilidade. Não por outro motivo que a discussão proposta no presente trabalho é reproduzida em larga medida em diversos países ao redor do mundo, haja vista a dificuldade (ou impossibilidade) de se atingir uma solução que atenda todos os interesses da contabilidade e do direito. Tome-se como exemplo o caso da Nova Zelândia, onde a tentativa de incorporar a contabilidade para fins tributários resultou em uma sistemática pouco clara, com muitas exceções e regras extras que tornam o cálculo do tributo ainda mais complexo e demonstra que a perfeita harmonização é utopia.[75]

Considerando todos esses fatores, a Receita Federal do Brasil parece caminhar na direção de propor uma sistemática de cálculo própria para o lucro real, sem partir do lucro contábil, ou seja, um maior ou total distanciamento entre a contabilidade e o direito. Contudo, do que se viu até aqui nas apresentações realizadas pelas autoridades tributárias, no fundo a proposta soa mais como uma nova roupagem da sistemática atual, na medida em que, embora não parta do lucro líquido, partir-se-ia dos registros contábeis em busca de uma "demonstração de resultado fiscal". Em outras palavras, ao invés de partir do lucro contábil e depois ajustá-lo, seriam selecionados os registros contábeis indicados na legislação que comporiam o lucro real, em uma sistemática de ajustes dos registros contábeis que não parece ser tão distante da atual.

Embora as críticas possam ser precipitadas haja vista que as discussões ainda são muito incipientes, parece-nos que a proposta não tem o potencial de afastar as controvérsias atualmente presentes na área tributária, afinal as dúvidas hoje presentes no momento de ajustar o lucro líquido permaneceriam na oportunidade de o contribuinte decidir quais grandezas contábeis devem ser incluídas na "demonstração do resultado

[75] ALLEY, Clinton; JAMES, Simon. **The Interface Between Financial Accounting and Tax Accounting**: A Summary of Current Research. (Hamilton, New Zealand: University of Waikato, 2005. (Accounting Working Paper Series, 84), p. 16.

fiscal". No fundo, seriam as mesmas dúvidas que atualmente surgem no momento do ajuste do lucro líquido.

Em vista desse cenário, parece-nos que seria oportuno avaliar uma nova sistemática onde o cálculo do lucro tributário seria detalhadamente sistematizado pela lei tributária, sem a necessidade de se partir do lucro líquido, tal qual defende Ricardo Mariz de Oliveira, no que chama "nova lei geral do imposto de renda"[76]. A contabilidade, nesse formato, seria utilizada de forma subsidiária, sempre que a lei nada dispuser sobre determinado evento econômico e, ainda nessa hipótese, somente teria aplicação tributária quando observados os demais princípios informadores do direito tributário, incluindo a realização da renda. Seria um modelo parecido com o adotado nos Estados Unidos, onde, segundo João Francisco Bianco e Marcio Pedrosa Junior, há uma separação mais ampla entre o direito e a contabilidade, prevendo-se uma regra residual no sentido de que, ausente regra tributária específica, a contabilidade societária deve prevalecer para fins tributários.[77] Calcula-se, portanto, um lucro fiscal, e a contabilidade é usada de forma acessória para esse propósito.

Haverá aqueles que dirão que essa sistematização aumentaria o custo de *compliance*, visto que os contribuintes estariam sujeitos ao cálculo de dois lucros totalmente diversos. Respeitosamente, eventuais críticas nesse sentido seriam completamente desconectadas da realidade, afinal, atualmente, as empresas já estão obrigadas ao cálculo de duas grandezas completamente distintas.

Ora, basta rememorar o caminho a ser percorrido atualmente pelos contribuintes no cálculo do lucro tributável: primeiro, parte do lucro líquido contábil e, segundo, caso a contabilidade tenha mudado após a Lei nº 12.973/2014 e a autoridade fiscal determine a anulação dos efeitos dessa alteração, ele deve expurgar do lucro líquido o impacto das novas

[76] OLIVEIRA, Ricardo Mariz de. **Fundamentos do Imposto de Renda (2020).** v. 2. São Paulo: IBDT, 2020, p. 1404.

[77] BIANCO, João Francisco; PEDROSA JUNIOR, Marcio. Condições para um diálogo normativo entre o direito contábil e o direito tributário. *In:* ZILVETI, Fernando Aurélio; FAJERSZTAJN, Bruno; SILVEIRA, Rodrigo Maito da (coord.). **Direito Tributário**: Princípio da Realização no Imposto de Renda. Estudos em Homenagem a Ricardo Mariz de Oliveira. São Paulo: IBDT, 2019. p. 163-185, p. 167.

práticas; então, realiza os ajustes expressamente determinados na legislação tributária. Por fim, ainda que não encontre determinações expressas de ajuste na lei, deve cotejar as grandezas que compõem o lucro líquido com o artigo 43 do CTN e demais princípios e normas do Sistema Tributário Nacional.

Parece-nos ilustrativo que o contexto atual já é suficientemente complexo a justificar o estudo de novas sistemáticas para cálculo do imposto sobre a renda, ainda que seja por meio de projetos-piloto visando obter dados concretos que nos permitam avaliar os prós e contras de cada proposta.

Não se nega que qualquer caminho eventualmente adotado pode se mostrar, na prática, ineficiente e origem de ainda mais controvérsias tributárias. Negar, contudo, a possibilidade de criação de regras tributárias próprias para cálculo da base do imposto de renda, sem que se parta do lucro contábil, significa "fechar os olhos" para todos os problemas que contribuintes, autoridades fiscais e academia vêm enfrentando diariamente na interpretação das controvérsias jurídico-contábeis.

O que não pode ser admitido, em hipótese nenhuma, é qualquer discussão que resulte na influência do direito tributário na produção de informações contábeis, o que tem potencial de distorcer os objetivos da contabilidade, reportando-se informações menos relevantes para a tomada de decisões de natureza econômica, como demonstram estudos empíricos.[78]

Feita essa indispensável ressalva, de resto, nenhuma hipótese deve ser, em princípio, descartada.

Conclusões

A adoção dos padrões internacionais de contabilidade no Brasil representou um avanço dirigido ao objetivo de permitir que entidades revelem sua realidade econômica patrimonial e financeira, possibilitando aos usuários dessas informações tomarem decisões de natureza econômica

[78] Veja-se, nesse sentido, Ashiq Ali e Lee-Seok Hwang (Country-Specific Factors related to Financial Reporting and the Value Relevance of Accounting Data. **Journal of Accounting Research**, v. 38, n. 1, p. 1-21, 2000. Disponível em: https://www.jstor.org/stable/2672920. Acesso em: 4 maio 2020).

alinhadas com seus interesses particulares. Trata-se de um progresso formidável, não apenas para nosso mercado acionário, mas para o desenvolvimento do ambiente de negócios em geral no Brasil.

Tal constatação não é contraditada pelo reconhecimento de que o padrão IFRS, ao adotar uma visão mais prospectiva do lucro, tem dificultado a relação da ciência contábil com o direito, especialmente o tributário. Em hipótese alguma, entretanto, esse efeito indesejável da adoção do novo padrão contabilístico pode ensejar debates que, em alguma medida, representem um retrocesso na busca pelo cumprimento do nobre objetivo da contabilidade.

Contudo, o *status quo* envolvendo a relação entre o direito e a contabilidade deve ser debatido de forma abrangente, de forma livre e sem amarras, incluindo a discussão acerca da possibilidade de adoção de caminhos que nos levem a um maior distanciamento do direito e da contabilidade no que se refere ao cálculo do importo de renda.

Nessa linha, nossa proposta envolve a discussão envolvendo a adoção de uma sistemática de cálculo dos tributos sobre o lucro com base num padrão legal descasado da contabilidade, que seria aplicável exclusivamente de forma acessória, nas hipóteses em que a lei for omissa sobre a mensuração da grandeza que comporá a base de cálculo dos tributos.

É possível que essa não seja a melhor solução, dentre as alternativas viáveis, porém, como dissemos, nenhum caminho deve ser *a priori* descartado e antes que os prós e contras sejam debatidos intensamente.

Referências

AGUIAR, Nina. Lucro tributável e contabilidade na jurisprudência dos tribunais tributários superiores. Revista Fiscal, v. 2, p. 7-17, 2008.

—; TORMENTA, Júlio. Accounting and Taxation: Portugal. *In:* GRANDINETTI, Mario (ed.). Corporate Tax Base in the Light of the IAS/IFRS and EU Directive: a comparative approach. Alphen aan den Rijn, Netherlands: Kluwer Law International, 2016. p. 163-182.

ALI, Ashiq; HWANG, Lee-Seok. Country-Specific Factors related to Financial Reporting and the Value Relevance of Accounting Data. Journal of Accounting Research, v. 38, n. 1, p. 1-21, 2000. Disponível em: https://www.jstor.org/stable/2672920. Acesso em: 4 maio 2020.

ALLEY, Clinton; JAMES, Simon. The Interface Between Financial Accounting and Tax Accounting: A Summary of Current Research. (Hamilton, New Zealand: University of Waikato, 2005. (Accounting Working Paper Series, 84).

ÁVILA, Humberto. Teoria da Igualdade Tributária. 3. ed. São Paulo: Malheiros, 2015.

BIANCO, João Francisco. O conceito de valor justo e seus reflexos tributários. *In:* MOSQUERA, Roberto Quiroga; LOPES, Alexsandro Broedel (coord.). Controvérsias jurídico-contábeis (aproximações e distanciamentos). v. 5. São Paulo: Dialética, 2014. p. 160-174.

—; PEDROSA JUNIOR, Marcio. Condições para um diálogo normativo entre o direito contábil e o direito tributário. *In:* ZILVETI, Fernando Aurélio; FAJERSZTAJN, Bruno; SILVEIRA, Rodrigo Maito da (coord.). Direito Tributário: Princípio da Realização no Imposto de Renda. Estudos em Homenagem a Ricardo Mariz de Oliveira. São Paulo: IBDT, 2019. p. 163-185.

BIFANO, Elidie Palma Bifano. Renda realizada e IFRS. *In:* ZILVETI, Fernando Aurélio; FAJERSZTAJN, Bruno; SILVEIRA, Rodrigo Maito da (coord.). Direito Tributário: Princípio da Realização no Imposto de Renda. Estudos em Homenagem a Ricardo Mariz de Oliveira. São Paulo: IBDT, 2019. p. 242-272.

CARNEIRO, Erymá. O Balanço e as Demonstrações Financeiras na Nova Lei das S.A. Rio de Janeiro: Edição do Autor, 1978.

CHARNESKI, Heron. Contabilidade Societária do padrão IAS/ IFRS *vs* Contabilidade Fiscal no contexto da Realização da Renda. *In:* ZILVETI, Fernando Aurélio; FAJERSZTAJN, Bruno; SILVEIRA, Rodrigo Maito da (coord.). Direito Tributário: Princípio da Realização no Imposto de Renda. Estudos em Homenagem a Ricardo Mariz de Oliveira. São Paulo: IBDT, 2019. p. 186-211.

—. Normas Internacionais de Contabilidade e Direito Tributário Brasileiro. São Paulo: Quartier Latin, 2018. (Série Doutrina Tributária, 24).

CINDY, Wong Siu Ching. Is Accounting Profits still an appropriate basis for Income Taxation? Tax Academy of Singapore. Singapura, 2020.

DERZI, Misabel Abreu Machado; FONSECA, Fernando Daniel Moura. A transparência fiscal e o controle da concorrência tributária como fatores de harmonização, em busca da globalização econômica mais eficiente e socialmente mais justa: uma análise do processo brasileiro de convergência ao padrão contábil internacional. *In:* SANTI, Eurico Marcos Diniz de (coord.). Transparência Fiscal e Desenvolvimento: homenagem ao professor Isaias Coelho. São Paulo: Fiscosoft, 2013. p. 417-442.

EGGERT, Andreas. Accounting and Taxation: Germany. *In:* GRANDINETTI, Mario (ed.). Corporate Tax Base in the Light of the IAS/IFRS and EU Directive: a comparative approach. Alphen aan den Rijn, Netherlands: Kluwer Law International, 2016. p. 115-124.

GRANDINETTI, Mario (ed.). Corporate Tax Base in the Light of the IAS/IFRS and EU Directive: a comparative approach. Alphen aan den Rijn, Netherlands: Kluwer Law International, 2016.

GRECO, Marco Aurélio. Capacidade Contributiva x Lucro Contábil/ Societário. *In:* ZILVETI, Fernando Aurélio; FAJERSZTAJN, Bruno; SILVEIRA, Rodrigo Maito da (coord.). Direito Tributário: Princípio da Realização no Imposto de Renda. Estudos em Homenagem a Ricardo Mariz de Oliveira. São Paulo: IBDT, 2019. p. 73-83.

HADDAD, Gustavo Lian. Realização da renda em restruturações societárias. *In:* ZILVETI, Fernando Aurélio; FAJERSZTAJN, Bruno; SILVEIRA, Rodrigo Maito da (coord.). Direito Tributário: Princípio da Realização no Imposto de Renda. Estudos em Homenagem a Ricardo Mariz de Oliveira. São Paulo: IBDT, 2019. p. 363-404.

HOLMES, Kevin. Should accountants determine how much tax we pay? International Accounting Standards vs Taxable Income and Capital Gains. New Zealand Journal of Tax Law and Policy, v. 14, p. 316-329, Sept. 2008.

—. The Concept of Income: A multi-disciplinary analysis. Amsterdam, Netherlands: IBFD, 2001. (IBFD Doctoral Series, 1).

IUDÍCIBUS, Sérgio de. Essência sobre a forma e o valor justo: duas faces da mesma moeda. *In:* MOSQUERA, Roberto Quiroga; LOPES, Alexsandro Broedel (coord.). Controvérsias jurídico-contábeis (aproximações e distanciamentos). v. 1. São Paulo: Dialética, 2010, p. 464-478.

JAMES, Simon. The relationship between accounting and taxation. Working Paper, n. 2, p. 1-23, 2002. Disponível em: https://core.ac.uk/download/pdf/12824388.pdf. Acesso em: 24 set. 2021.

LOGAN, David S. Three Differences Between Tax and Book Accounting that Legislators Need to Know. Tax Foundation, n. 277, p. 1-5, 27 July 2011. Disponível em: https://taxfoundation.org/three-differences-between-tax-and-book-accounting-legislators-need-know/. Acesso em: 24 set. 2021.

MARTINS, Eliseu. Ensaio sobre a evolução do uso e das características do valor justo. *In:* MOSQUERA, Roberto Quiroga; LOPES, Alexsandro Broedel (coord.). Controvérsias jurídico-contábeis (aproximações e distanciamentos). v. 1. São Paulo: Dialética, 2010, p. 138-146.

MILLS, Lillian F.; GEORGE A. Plesko. Bridging the Reporting Gap: A Proposal for More Informative Reconciling of Book and Tax Income. National Tax Journal, v. 56, n. 4, p. 865-893, 2003. Disponível em: http://www.jstor.org/stable/41790253. Acesso em: 31 mar. 2021.

OLIVEIRA, Ricardo Mariz de. Fundamentos do Imposto de Renda (2020). v. 2. São Paulo: IBDT, 2020.

PINTO, Alexandre Evaristo. A avaliação a valor justo e a disponibilidade econômica de renda. *In:* MOSQUERA, Roberto Quiroga; LOPES, Alexsandro Broedel (coord.). Controvérsias jurídico-contábeis (aproximações e distanciamentos). v. 6. São Paulo: Dialética, 2015. p. 13-46.

—; SANTOS, Ariovaldo dos; SILVA, Fabio Pereira da. Dos métodos e critérios contábeis introduzidos pelas Leis nºs 11.638/2007 e 11.941/2009. *In:* DONIAK JR., Jimir (coord.). Novo RIR: aspectos jurídicos relevantes do Regulamento de Imposto de Renda 2018. São Paulo: Quartier Latin, 2019. p. 253-584.

PINTO, Alexandre Evaristo; SILVA, Fabio Pereira da; MARTINS. Eliseu. O *Enforcement* das Normas Contábeis e o Alcance do Artigo 58 da Lei nº 12.973/2014. Revista de Direito Contábil Fiscal, v. 1, n. 1, p. 15-42, jan./jun. 2019.

POLIZELLI, Victor Borges. Balanço Comercial e Balanço Fiscal: Relações entre o Direito Contábil e o Direito Tributário e o Modelo Adotado pelo Brasil. Revista de Direito Tributário Atual, n. 24, p. 586-608, 2010.

—. O princípio da realização da renda e sua aplicação no imposto de renda de pessoas jurídicas. 2009. Dissertação (Mestrado em Direito) – Universidade de São Paulo, São Paulo, 2009. Disponível em: https://www.teses.usp.br/teses/disponiveis/2/2133/tde-18112011-145517/publico/Versao_Integral.pdf. Acesso em: 15 fev. 2021.

ROCHA, Sérgio André. Questões fundamentais do imposto de renda após a MP nº 627. *In:* MOSQUERA, Roberto Quiroga; LOPES, Alexsandro Broedel (coord.). Controvérsias jurídico-contábeis (aproximações e distanciamentos). v. 5. São Paulo: Dialética, 2014. p. 379-392.

SALOTTI, Bruno Meirelles; LIMA, Gerlando Augusto Sampaio Franco de; MURCIA, Fernando Dal-Ri; MALACRIDA, Mara Jane Contrera; PIMENTEL, Renê Coppe. Contabilidade financeira. São Paulo: Atlas, 2019.

SAYED, Samir; KASSUBA, Cristiane Tiemi; DUARTE, Sergio Lemos. A Lei das Sociedades Anônimas e o Processo de Convergência para os Padrões Internacionais Contados Pela História Oral e de Vida. Revista de Gestão, Finanças e Contabilidade, v. 7, p. 252-270, jan./abr. 2017.

SCHOUERI, Luís Eduardo. Direito Tributário. 10. ed. São Paulo: Saraiva Educação, 2021.

—. Nova contabilidade e tributação da propriedade à beneficial ownership. *In:* MOSQUERA, Roberto Quiroga; LOPES, Alexsandro Broedel. Controvérsias jurídico Contábeis (Aproximações e Distanciamentos). v. 5. São Paulo: Dialética, 2014. p. 200-221.

—. O mito do Lucro Real na passagem da Disponibilidade jurídica para a Disponibilidade Econômica. *In:* MOSQUERA, Roberto Quiroga; LOPES, Alexsandro Broedel. Controvérsias jurídico Contábeis (Aproximações e Distanciamentos). v. 1. São Paulo: Dialética, 2010. p. 241-264.

—; BARBOSA, Mateus Calicchio. Imposto de Renda e Capacidade Contributiva: a Periodicidade Anual e Mensal no IRPJ. Revista Direito Tributário Atual, n. 47, p. 569-613, 1º sem. 2021.

—; TERSI, Vinicius Feliciano. A Limitação à Isenção dos Dividendos pelo Parecer PGFN/CAT 202/2013. *In:* MOSQUERA, Roberto Quiroga; LOPES, Alexsandro Broedel. Controvérsias jurídico Contábeis (Aproximações e Distanciamentos). v. 4. São Paulo: Dialética, 2013. p. 104-121.

SILVA, Fabio Pereira da; FLORES. Eduardo. Lucro Contábil *versus* lucro real: aproximações e distanciamentos. Revista Dialética de Direito Tributário. v. 1, p. 28-53, 2015.

—; SANTOS, Vitória Queiroz. As Implicações Contábeis e Tributárias do Earn-out nas operações de M&A. *In:* OLIVEIRA, Eduardo Alves de; SILVA, Verônica Aparecida Magalhães da. Tributação: temas atuais. Barueri: Atlas, 2022. p. 371-399.

TONANNI, Fernando; GOMES, Bruno. O conceito e a natureza jurídica do ajuste a valor justo e seu tratamento nas reorganizações societárias. *In:* MOSQUERA, Roberto Quiroga; LOPES, Alexsandro Broedel. Controvérsias jurídico Contábeis (Aproximações e Distanciamentos). v. 6. São Paulo: Dialética, 2015. p. 210-246.

7. LUCRO CONTÁBIL E LUCRO TRIBUTÁRIO

ELIDIE PALMA BIFANO
RAFAEL PALMA BIFANO

Introdução

É com imensa satisfação que recebemos, na pessoa do Ilustre Professor Alexandre Evaristo Pinto, convite para tomar parte no Projeto "Lucro Contábil e Lucro Tributário - Diálogos entre Brasil e Portugal". O Projeto, desenvolvido pelo Núcleo de estudos sobre práticas em IFRS (NEP IFRS) e o Laboratório de Contabilidade Internacional da FEA/USP (LABIN) objetiva estudar as relações entre o lucro contábil e o lucro no Direito Tributário e no Direito Empresarial[1], após a adoção das normas contábeis internacionais (IFRS).

Como proposta de trabalho, os organizadores elaboraram diversas questões que devem ser respondidas em forma de artigo, cabendo aos autores desenvolver comentários e aportar argumentos que, eventualmente, julguem pertinentes ou relevantes para a construção das respostas.

Sem dúvida que a tarefa que se propõe é de extremo interesse, pelo menos no contexto brasileiro, dadas as dificuldades de adaptação e apli-

[1] No Brasil o Direito Empresarial é parte do Código Civil que revogou, a Parte Primeira do Código Comercial de 1850, sem unificar Direito Privado e Direito Comercial, mas apenas as obrigações a ele associadas no chamado Direito de Empresa. O tema aqui tratado, demonstrações financeiras, é objeto da Lei n. 6404/76, Lei das Sociedades por Ações.

cação das práticas de IFRS em termos societários e tributários, visto que elas foram forjadas em países de direito anglo saxônico, dito costumeiro, baseado mais em precedentes judiciais do que em normas integrantes do sistema jurídico, além de operarem com uma visão, no mais das vezes, econômica dos objetivos pretendidos com os negócios.

No Brasil, desde a Lei n. 4.625/22 que introduziu o Imposto sobre a Renda, no País, a tributação das pessoas jurídicas sempre se fez pelo então denominado conjunto líquido dos rendimentos de qualquer origem, apurado a partir dos registros contábeis, conquanto essa norma carecesse de melhor apuro técnico quanto ao seu linguajar. As normas que a sucederam, ainda na primeira metade do século XX, mantiveram os mesmos critérios de considerar os resultados líquidos, ingressos menos saídas. Na segunda metade do século XX subsistem os mesmos padrões de base de cálculo desse tributo, conforme se observa na Lei n. 4506/64, lei básica do Imposto sobre a Renda, bem como no Decreto-Lei n. 1598/77 que, na sequência, fez importantes alterações na legislação. Ambas as normas estão até hoje vigentes a despeito das muitas alterações sofridas.

É tradição, no Brasil, desde o Decreto-Lei n. 2627/40, que introduziu a antiga lei de sociedades por ações, que as normas voltadas à escrituração mercantil e à elaboração das demonstrações financeiras estejam contempladas na lei societária, o que se repetiu quando em 1976 foi editada a então nova lei de sociedades por ações, Lei n. 6.404/76, ainda em vigor. Assim, a Lei n. 6.404/76, em seu Capítulo XV, contempla, dentre outras, regras sobre o exercício social e as demonstrações financeiras[2], critérios de escrituração, avaliação de ativos e passivos, apuração e demonstração de resultados, bem como regras para apropriação e distribuição de lucros.

Destaque-se que por ocasião da edição da Lei n. 6.404/76, sua Exposição de Motivos, sob n. 196/76, vinda do Ministério da Fazenda e encaminhada pela Mensagem n. 204/76, do Poder Executivo, assim se referia ao Capítulo XV:

[2] No Brasil existem as seguintes demonstrações financeiras previstas na Lei n. 6404/76: balanço patrimonial e notas explicativas; demonstração dos lucros ou prejuízos acumulados; demonstração do resultado do exercício; demonstração dos fluxos de caixa; e demonstração do valor adicionado, esta última se companhia aberta.

"(...)
A escrituração da companhia está sujeita ao regime geral da escrituração comercial e deve ser mantida de acordo com a técnica contábil. (...)
A omissão, na lei comercial, de um mínimo de normas sobre demonstrações financeiras levou à crescente regulação da matéria pela legislação tributária, orientada pelo objetivo da arrecadação de imposto. A proteção dos interesses dos acionistas, credores e investidores do mercado recomenda que essa situação seja corrigida, restabelecendo-se a prevalência – para efeitos comerciais – da lei de sociedades por ações na disciplina das demonstrações financeiras."

O uso da lei ordinária, no caso, para dispor sobre a matéria contábil mostrou-se insuficiente para acompanhar a evolução do mundo dos negócios e, portanto, a própria contabilidade, visto que a lei só pode ser alterada pelo Congresso Nacional, após o devido processo legal. Passados mais de trinta anos da entrada em vigor da Lei n. 6404/76, o uso indiscriminado de critérios tributários na apuração dos resultados societários seguia sendo praticado, a despeito de diversas medidas para inibir tal emprego estivessem sendo adotadas, de tal forma que somente em 2007 foi editada a Lei n. 11.638, que introduziu no País os padrões internacionais de contabilidade, os *International Financial Reporting Standards* (IFRS). A Exposição de Motivos da Lei n. 11638/07 deu ênfase aos novos padrões contábeis e à sua total segregação dos padrões tributários como se observa:

9. O processo de harmonização das normas contábeis nacionais com os padrões internacionais de contabilidade – objetivo maior da Lei nº 11.638, de 2007 – deve prolongar-se pelos próximos anos, razão pela qual, há necessidade de que o RTT não seja aplicável apenas no ano de 2008, mas também no ano de 2009, e, se necessário, nos anos subseqüentes, quando, então, ao se descortinar o novo padrão da contabilidade empresarial a ser adotado no País, possa-se regular definitivamente o modo e a intensidade de integração da legislação tributária com os novos métodos e critérios internacionais de contabilidade. Nesse contexto, o § 1º do art. 15 da proposição em tela prevê a aplicação do RTT até que seja editada lei regulando definitivamente os efei-

tos tributários das mudanças nos critérios contábeis, a qual pretende-se que seja neutra, ou seja, que não afete a carga tributária.

Na forma ditada por sua Exposição de Motivos, a Lei n. 11638/14 determinou que os novos padrões contábeis fossem neutros para fins fiscais, ou seja, não afetassem a carga tributária, e ao longo de sete anos a contar de sua edição os contribuintes conviveram com o chamado Regime Tributário de Transição (RTT), o qual determinou que os padrões contábeis aplicáveis, para fins tributários, seriam aqueles vigentes em 31.12.2007 (arts. 16 e segs. da Lei n. 11.941/09). A partir da Lei n. 11638/07 o Comitê de Pronunciamentos Contábeis (CPC)[3], entidade sem personalidade jurídica formada principalmente por profissionais da contabilidade e representantes de agentes reguladores dos diversos segmentos da economia, passou a emitir recomendações, orientações e interpretações sobre matéria contábil. Essas manifestações somente são de obrigatória observância pelas sociedades se forem objeto de incorporação e normatização pelos agentes reguladores dos vários segmentos da economia, o que pode não ocorrer, como é o caso do Banco Central do Brasil que determina que as instituições financeiras adotem, para fins locais, as regras contábeis por ele dispostas. Com isso a Contabilidade, no Brasil, passou a acompanhar os padrões internacionais, essencial no mundo globalizado, além de ganhar uma nova dinâmica.

Por fim é relevante destacar que, por ocasião da edição da Lei n. 11638/07, a contabilidade, no Brasil estava extremamente influenciada pelas práticas fiscais, a tal ponto que as demonstrações financeiras perdiam muito em termos de utilidade para os investidores, além de não se conectarem com os padrões adotados em outros países. Nesses termos a adoção dos IFRS, no Brasil, permitiu que os investimentos internacionais adquirissem uma nova dinâmica.

[3] Criado pela Resolução CFC nº 1.055/05, o CPC tem como objetivo "o estudo, o preparo e a emissão de documentos técnicos sobre procedimentos de Contabilidade e a divulgação de informações dessa natureza, para permitir a emissão de normas pela entidade reguladora brasileira, visando à centralização e uniformização do seu processo de produção, levando sempre em conta a convergência da Contabilidade Brasileira aos padrões internacionais".

Com estes breves comentários sobre o contexto legislativo tributário e da contabilidade no Brasil, à época da adoção dos IFRS, passa-se a responder às perguntas formuladas pelo Núcleo de estudos sobre práticas em IFRS (NEP IFRS) e ao Laboratório de Contabilidade Internacional da FEA/USP (LABIN).

1. Questões

1.1 Como foi o processo de adoção às normas internacionais de contabilidade no seu país? A adoção se deu de forma obrigatória ou optativa? A adoção se restringiu às demonstrações consolidadas ou também atingiu as demonstrações individuais?

Do ponto de vista legislativo, e de acordo com o contexto histórico que se expôs, a discussão sobre a harmonização das práticas contábeis brasileiras às práticas internacionais teve início com o Projeto de Lei n. 3.741/2000, apresentado pelo então ministro Pedro Sampaio Malan, como resultado de amplas discussões tidas no âmbito da Comissão de Valores Mobiliários (CVM)[4], tendo por objetivo melhor adequar a divulgação de informações contábeis, por companhias abertas brasileiras, aos padrões internacionais, intencionando uma maior receptividade de capital estrangeiro. O referido projeto somente foi aprovado no ano de 2007, após amplas discussões no Congresso Nacional e grande debate com as entidades representativas das empresas e dos profissionais da contabilidade.

As normas internacionais de contabilidade resultaram introduzidas no País pela Lei n. 11.638/07, alterando-se a Lei n. 6.404/76, no capítulo referente às demonstrações contábeis e à escrituração contábil. Com isso essas matérias passaram a ser de obrigatória observância pelas empresas brasileiras, sejam sociedades por ações ou não, visto que esse capítulo da Lei n. 6404/76, de acordo com a lei, a doutrina e a jurisprudência, aplica-se a todos os tipos societários. As manifestações do CPC em si, não têm qualquer força normativa, a qual é dada, entretanto, pelas entidades que as adotam, como é o caso do Conselho Federal de Contabilidade

[4] Autarquia dotada de personalidade jurídica de direito público criada pela Lei n. 6385/76, vinculada ao Ministério da Economia, que tem o objetivo de fiscalizar, normatizar, disciplinar e desenvolver o mercado de valores capitais

(CFC)[5], bem como da CVM que, além de integrarem o CPC, também exigem das entidades e pessoas que se submetem a suas regras, a observância compulsória dos IFRS, depois do devido processo de aprovação e incorporação.

Em sua concepção original, a adoção das práticas internacionais se daria apenas por companhias abertas, sendo facultativa para aquelas que são fechadas. Tratava-se, efetivamente, de uma norma versando sobre demonstrações contábeis consolidadas, com menos ênfase na reconstrução do arcabouço da contabilidade societária brasileira. Contudo, ao término do processo legislativo, o resultado que se verificou com a publicação da Lei 11.638/07 foram profundas modificações na contabilidade societária, de observância obrigatória por todas as sociedades constituídas no Brasil, em nível individual. Dessa forma, os IFRS passaram a gerar efeitos plenos para fins societários, em especial no que se refere à apuração e distribuição de dividendos, bem como para apuração do Imposto sobre a Renda das pessoas jurídicas, quando calculado a partir do lucro líquido contábil.

Além disso, é certo que ao longo do tempo o CPC vem introduzindo regras específicas para alguns tipos de entidades para as quais a complexidade da aplicação dos IFRS não se justificaria, como é o caso dos Pronunciamentos CPC s/n. CPC ME – Contabilidade para Pequenas e Médias Empresas com Glossário de Termos e CPC Liquidação, voltado à Entidades em Liquidação.

1.2 Qual a relação entre o lucro contábil e a apuração do imposto de renda corporativo ('lucro fiscal')? O legislador tributário adotou o lucro contábil como base de cálculo para o imposto de renda ou exigiu ajustes específicos? O lucro contábil segundo o padrão IFRS foi adotado para fins de distribuição de dividendos para investidores? Esta questão será respondida de forma desdobrada, conforme sua formulação.

[5] Autarquia dotada de personalidade jurídica de direito público criada pela Lei n. 6385/76, vinculada ao Ministério da Economia, que tem o objetivo de fiscalizar, normatizar, disciplinar e desenvolver o mercado de valores capitais.

a) Qual a relação entre o lucro contábil e a apuração do imposto de renda corporativo ('lucro fiscal')?

No Brasil, a base de cálculo do Imposto sobre a Renda da Pessoas Jurídicas é o Lucro Real, ou lucro líquido apurado de acordo com a Contabilidade, ajustado por adições e exclusões previstas em lei. Embora essa seja a regra geral de apuração desse imposto, no caso das pessoas jurídicas, estatisticamente, a menor parte desses contribuintes a utiliza. É a única das formas de cálculo que efetivamente parte de informações contábeis, o já referido lucro contábil, para que, após devidamente ajustado, se obtenha o montante da renda tributável.

Além do lucro real, como base de cálculo do imposto sobre a renda, há mais quatro regimes para sua apuração, por pessoas jurídicas, autorizados em lei, a saber:

- Regime do SIMPLES: aplicável às micro e pequenas empresas, que não considera elementos contábeis para a sua apuração, mas sim informações obtidas de outras fontes tais como o valor do faturamento mensal.
- Regime Especial de Tributação -RET: restrito às sociedades que realizam incorporações imobiliárias, no qual a base de cálculo é o valor recebido pela venda de unidades imobiliárias.
- Regime do Lucro Presumido: facultativo para sociedades cuja receita bruta anual não supere o valor de R$ 78 milhões e vedado para algumas entidades tais como, por exemplo, instituições financeiras. Utiliza como base de cálculo um "lucro" que se presume para determinada atividade, a partir da receita bruta, sobre a qual se aplicam percentuais de lucratividade definidos em lei, também para cada atividade. Prescinde, no geral, da contabilidade, embora possa ser pautado por informações contábeis, a critério da pessoa jurídica optante.
- Regime do Lucro Arbitrado: trata-se de forma de apuração da renda tributável, utilizado pela autoridade tributária ou pelo contribuinte, opcionalmente, observadas as disposições legais, assemelhado ao Lucro Presumido, para situações nas quais em que realmente for impossível a apuração da base de cálculo do tributo por meio dos dois outros métodos previstos no Código Tributário Nacional (CTN), a renda real ou Lucro Real e a renda presumida ou Lucro Presumido.

b) O legislador tributário adotou o lucro contábil como base de cálculo para o imposto de renda ou exigiu ajustes específicos?

No que tange à apuração do Imposto sobre a renda com base no Lucro Real, historicamente, o legislador vem relacionando uma série de ajustes a serem feitas ao lucro contábil. Tais ajustes podem ser categorizados da seguinte maneira:

I. Adições permanentes: acréscimos ao lucro contábil de custos/despesas/gastos ou parcelas desses itens consideradas não essenciais para a fonte produtora de rendimentos da pessoa jurídica. Exemplos de despesas indedutíveis são multas fiscais e ajustes decorrentes da aplicação dos métodos de preços de transferência. Podem, também, ser tidas como adições permanentes as reversões de exclusões temporárias, que serão melhor explicadas adiante.
II. Adições temporárias: acréscimos ao lucro contábil de custos/despesas/gastos nele computados, os quais somente poderão ser deduzidos em exercícios futuros, tais como provisões, dado que não há certeza de que venham a resultar em perdas definitivas. Em exercício futuro, no qual a provisão se tornar uma obrigação definitiva, realiza-se a exclusão do correspondente valor para a apuração do imposto.
III. Exclusões permanentes: dedução de valores computados ao lucro contábil que não são considerados como sujeitos à tributação pela legislação do imposto sobre a renda, como a receita de dividendos, bem como valores de despesas, computados em competências anteriores a título de adições temporárias e que atenderam aos critérios tributários para se tornarem dedutíveis, conforme comentado anteriormente.
IV. Exclusões temporárias: dedução de valores relativos a ingressos/receitas cuja tributação pode ser diferida, consoante a legislação, tais como o fornecimento de bens para órgãos públicos, bem como de despesas que podem ser deduzidas antecipadamente da base de cálculo do imposto, por permissão legal, mas que não foram computadas no lucro contábil do período.

1.3 O lucro contábil segundo o padrão IFRS foi adotado para fins de distribuição de dividendos para investidores?

Consoante já abordado, o padrão IFRS foi adotado para o balanço individual, portanto, os dividendos assim como ocorre com o Imposto sobre a Renda, são calculados e distribuídos com base no balanço individual preparado a partir do padrão IFRS.

1.4 Quais vantagens e desvantagens de um modelo em que o lucro contábil seja integralmente utilizado como "lucro fiscal"?

A contabilidade, por sua própria definição, tem por objetivo fornecer informações úteis aos seus usuários, sobre a situação patrimonial e performance da entidade que reporta. Tal informação envolve estimativas e julgamentos, baseando-se em conjuntos de premissas adotados por cada entidade específica. Considerando as práticas adotadas pelo Brasil, que são as IFRS, a ênfase dada à chamada avaliação ao valor justo, tanto para ativos, quanto para passivos, confere uma relevância ainda maior ao peso dos julgamentos e premissas que são eleitas a critério de cada entidade.

Nesse contexto, a simples adoção do lucro contábil conflita com alguns dos mais essenciais princípios da tributação da renda no Brasil, a saber: (i) capacidade contributiva; (ii) renda realizada e (ii) a isonomia entre os contribuintes. Explica-se:

– Capacidade contributiva e renda realizada: o Imposto sobre a Renda está fundado no princípio da capacidade contributiva, abraçado pela Constituição Federal e inscrito no seu art. 145, § 1º, e que deve orientar o legislador ordinário na elaboração das leis em matéria tributária, nos seguintes termos:

> "§ 1º Sempre que possível, os impostos terão caráter pessoal e serão graduados segundo a capacidade econômica do contribuinte, facultado à administração tributária, especialmente para conferir efetividade a esses objetivos, identificar, respeitados os direitos individuais e nos termos da lei, o patrimônio, os rendimentos e as atividades econômicas do contribuinte." (g/n)

O CTN, em sua tarefa de lei complementar à Constituição Federal, assim define o fato gerador do Imposto sobre a Renda.

"Art. 43. O imposto, de competência da União, sobre a renda e proventos de qualquer natureza tem como fato gerador a aquisição da disponibilidade econômica ou jurídica:
I – de renda, assim entendido o produto do capital, do trabalho ou da combinação de ambos;

II – de proventos de qualquer natureza, assim entendidos os acréscimos patrimoniais não compreendidos no inciso anterior.
(...)" (g.n)

O CTN atribui à renda, além da qualidade de representar acréscimo patrimonial, a necessidade de que tal acréscimo seja disponível, para que se complete o fato gerador do tributo. A renda acrescida resulta do conjunto de entradas deduzidas das saídas patrimoniais em uma entidade, em determinado período, enquanto a renda disponível é aquela da qual o beneficiário tem a faculdade de usar, gozar e dispor e essa conclusão implica qualificá-la como realizada.

Outro aspecto fundamental e definitivo para solucionar a questão da disponibilidade e sua tributação deve considerar que, no caso do Imposto sobre a Renda, isto é, sobre acréscimos patrimoniais, somente com a renda disponível, realizada nos termos acima, podem ser dela retirados os tributos devidos, ou seja, não há capacidade contributiva, ou de pagar tributos, antes de sua realização. Com isso, a realização da renda é essencial para dar cumprimento ao princípio da capacidade contributiva, pois caso contrário, será atingida parcela de patrimônio do contribuinte não vinculada ao fato gerador da renda, apropriação indevida de patrimônio.

Assim, é razoável afirmar-se que o conjunto de regras da Contabilidade exerce a tarefa de medir os fenômenos econômicos de acordo com os critérios nela contidos e uma vez tenham/possam eles, nascer. Portanto há uma diferença substancial entre medir renda, acréscimo patrimonial, para fins tributários, e medir fenômenos econômicos suscetíveis de gerar renda, como é o caso do valor justo.

– Isonomia: ao se admitir que premissas internas de cada entidade influenciem na mensuração da renda tributável seria verificada uma situação em que uma sociedade, cujo perfil seja mais arrojado, por exemplo em termos de mensuração de ativos ao valor justo, iria recolher mais tributos se comparada a outra cujo perfil seja mais conservador, muito embora possam se encontrar em situação absolutamente igual quanto ao seu mercado de atuação e perspectivas, ou seja, tributar-se-ia uma simples diferença de cultura empresarial.

1.5 Quais são as vantagens e desvantagens de um modelo em que o lucro fiscal seja indiferente ao lucro contábil?

Embora se possa cogitar da adoção do lucro societário para cálculo do Imposto sobre a Renda, o que reduziria substancialmente o custo da observância[6], o principal obstáculo para tanto é o conjunto de princípios constitucionais, como aqui referidos, de obrigatória observância pelo legislador ordinário, para fins de tributação. O princípio da capacidade contributiva e seu desdobramento, a renda realizada, para fins de Imposto sobre a Renda, orientam, a nosso ver, toda a abrangência desse tributo. Dessa forma, a despeito das complexidades que hoje possam ser geradas pela elaboração de um lucro tributável diverso do lucro líquido contábil, essa nos parece, no contexto constitucional brasileiro, a única opção possível.

Além disso, é interessante observar que o lucro contábil, há exatos cem anos, foi eleito como base de cálculo do Imposto sobre a Renda das Pessoas Jurídicas e, dessa adoção, nos parece, só resultam vantagens. A Contabilidade é orientada por um conjunto de regras que os profissionais da área devem observar, sob pena de incorrerem em erros, o que traz garantia de que a base de cálculo do Imposto sobre a Renda é sólida. A Contabilidade é objeto de escrituração acompanhada pelos sócios e demais interessados, e pelo Poder Público através de seus órgãos de fiscalização mercantil. Por fim, a maior parte das empresas é objeto de auditoria independente, que examina e avaliza os números apurados pela Contabilidade. Com tudo isso é certo que tais dados desfrutam de credibilidade e certeza, não havendo por que descontinuar/alterar tal metodologia de apuração, observadas as determinações constitucionais.

[6] Termo adotado no Brasil, em algumas circunstâncias para substituir a expressão *compliance*.

1.6 Quais são os critérios usados pelo legislador para definir os ajustes a serem feitos ao lucro contábil para se chegar no "lucro fiscal", isto é, na base de cálculo do imposto de renda?

Reitera-se que os ajustes ao lucro líquido, para fins de apuração do lucro real, base de cálculo do Imposto sobre a Rena, decorrem de princípios constitucionais cujo objetivo é proteger o contribuinte de eventual exigência indevida do legislador ordinário.

1.7 Tendo em vista que é comum que haja algum grau de comunicação entre o lucro contábil e o lucro fiscal, como foi operacionalizada a realização de ajustes ao lucro contábil? O que é melhor entre a realização de ajustes extracontábeis na apuração da base de cálculo do imposto de renda em livros fiscais ou a realização de uma contabilidade tributária?

A própria Lei n. 6404/76, assim dispõe sobre o tema em seu art. 177:

> "(...)
> § 2º A companhia observará exclusivamente em livros ou registros auxiliares, sem qualquer modificação da escrituração mercantil e das demonstrações reguladas nesta Lei, as disposições da lei tributária, ou de legislação especial sobre a atividade que constitui seu objeto, que prescrevam, conduzam ou incentivem a utilização de métodos ou critérios contábeis diferentes ou determinem registros, lançamentos ou ajustes ou a elaboração de outras demonstrações financeiras."

Os ajustes entre o lucro contábil e o lucro real, base de cálculo do Imposto sobre a Renda, devem ser operacionalizados no chamado Livro de Apuração do Lucro Real (LALUR), criado pelo Decreto-Lei n. 1598/77, art. 8º. Entretanto, destaque-se que as novas práticas contábeis, os IFRS, são neutros para fins fiscais, portanto, não se trata sequer, no caso brasileiro, de diferenças de tratamento, mas de neutralidade fiscal, o que é diverso dos ajustes que se fazem no lucro contábil para fins fiscais. Ainda que as autoridades solicitem que as verbas contábeis vinculadas aos IFRS sejam objeto de escrituração no LALUR, será por mero controle, visto que elas não se enquadram no conceito de adições/exclusões do lucro líquido.

Com isso pode-se afirmar que o caminho a ser percorrido para apuração do Imposto sobre a Renda, no Brasil, passa pelas seguintes etapas:

Lucro líquido contábil
±Neutralização dos IFRS no lucro líquido
Lucro líquido, após neutralização dos IFRS
±Ajuste do lucro líquido por adições/exclusões previstas em lei
Lucro Real, base de cálculo do Imposto sobre a Renda

Muito se tem discutido a respeito da elaboração de uma contabilidade tributária, ao invés de se manterem os ajustes extracontábeis na apuração da base de cálculo do imposto sobre a renda em livros fiscais. A nosso ver, a tradição que se formou no País, desde a entrada em vigor do Decreto-Lei n. 1598/77, permite afirmar que o modelo dos ajustes é mais coerente com as disposições constitucionais vigentes. A proposta de uma contabilidade fiscal aumentaria a complexidade da evidenciação/comprovação dos registros, sem qualquer vantagem.

No que tange aos IFRS, sendo neutros por determinação legal na medida em que se afastam dos princípios constitucionais por não indicarem capacidade contributiva ou renda realizada, qualquer ajuste ao lucro líquido carece de fundamento e de maiores considerações, sendo a norma constitucional suficiente para tanto. Com isso é certo que todos os procedimentos de registro introduzidos pelo Fisco, nada acrescentam para o contribuinte servindo, apenas, como elemento de segurança e controle das próprias autoridades.

1.8 A adoção do padrão IFRS na contabilidade alterou o lucro contábil, que passou a refletir em alguns casos resultados de avaliações a valor justo. De acordo com a legislação de seu país, há fundamentação jurídica para a tributação do valor justo, incluindo situações de reorganizações societárias (incorporação, cisão ou fusão) e transações de transferências do ativo (aumento ou redução de capital, permuta)? Os diferentes níveis de hierarquia do valor justo alteram a conclusão no que tange à tributação ou distribuição do resultado positivo decorrente da avaliação a valor justo?

De acordo com a Lei n. 6.404/76 e com as manifestações do CPC, o valor justo é o preço que seria obtido na venda de um ativo ou que seria pago na liquidação de um passivo em condições de mercado normais, sem quaisquer elementos de favorecimento. A metodologia contábil de avaliação a valor justo, utilizando elementos do mercado, reveste-se da natureza prospectiva, visto que não se refere a negócios efetivados e concluídos, mas sim a negócios suscetíveis de serem contratados. O valor justo, hoje reconhecido nas demonstrações financeiras, é único no tempo, pois na próxima medição será outro por força das próprias condições do mercado. É certo que para um investidor, usuário das demonstrações financeiras, esse dado é relevante, pois lhe permite tomar decisões, agora, momento da avaliação, em operações que consideram geração de resultados futuros, inclusive fluxos de caixa.

Com isso, é imperioso concluir que a avaliação de ativos e passivos a valor justo é um critério de mensuração pautado em estimativas e presunções, caracterizado pela subjetividade e pela incerteza. A despeito disso, para os usuários das demonstrações financeiras o reconhecimento do valor justo indica que a entidade dispõe de riqueza que pode diferenciá-la para fins de investimento.

Para fins tributários, o valor justo foi objeto de neutralização, na Lei n. 12.973/14 e essa neutralização não é benesse concedida ao contribuinte, trata-se de simples metodologia que consiste em reconhecer um fenômeno econômico, pelo valor que esse bem pode ou poderia ser negociado em dado momento, sempre futuro em relação à data de sua avaliação. Contudo, enquanto não negociado esse bem, não há garantia de que esse montante, o valor justo, se incorporará, em definitivo, ao patrimônio social, ao contrário, se houver uma mudança no mercado o valor desse item deve ser novamente ajustado para refletir essa mudança. Esse processo acompanhará o bem até que ele saia do patrimônio de uma entidade e como consequência, se dê por realizado. Com isso, a nosso ver, os princípios da capacidade contributiva e da renda realizada foram plenamente observados pelo legislador, na Lei n. 12.973/14.

1.9 No caso da não tributação do resultado positivo decorrente de valor justo, qual a solução adotada pela legislação de seu país para operacionalização de tal controvérsia? Há alguma exigência de controle da parcela do ativo relativa ao valor justo para que haja rastre-

abilidade de tal montante? O eventual descumprimento de tal controle pode ensejar a tributação do valor justo?
Como se viu, a solução adotada pela legislação brasileira no que se refere aos efeitos decorrentes de mensurações ao valor justo foi a de neutralizá-los para fins de apuração do imposto sobre a Renda. Em termos procedimentais a Lei n. 12.973/14 criou um mecanismo denominado sub-contas contábeis, nas quais são destacadas as parcelas correspondentes aos acréscimos ou decréscimos no valor de ativos e passivos, como resultado da sua avaliação ao valor justo.

Essas subcontas são descritas e listadas por meio dos leiautes que compõe o Sistema Público de Escrituração Digital (SPED), sobretudo no que se refere à Escrituração Contábil Digital (ECD) e à Escrituração Contábil Fiscal (ECF), que são enviadas anualmente pelos contribuintes para a Secretaria da Receita Federal do Brasil (RFB). Antes da criação do mecanismo das sub-contas, os ajustes decorrentes de mensuração de ativos ou passivos ao seu valor justo eram controlados mediante registros nas partes "A" e "B" do Livro de Apuração do Lucro Real, sendo que, no período em que vigeu o RTT, foi criado um livro específico, também compondo o conjunto do SPED, denominado Controle Fiscal de Transição (FCont).

No que se refere à possibilidade de tributação de parcelas de valor justo, como reflexo da não-observância dos requisitos formais de controle dos saldos, destaque-se que, muito embora haja previsão para tal efeito na Lei n. 12973/14, é nosso entendimento que se trata de um mero dever instrumental, portanto, sem o condão de converter em renda realizada aquilo que não o é. Tal vertente de interpretação já foi inclusive confirmada por tribunal administrativo[7].

Conclusões

Como se observa das respostas dadas aos questionamentos apresentados, a legislação tributária brasileira conduz a um cenário no qual o lucro apurado pela simples aplicação das práticas contábeis não converge com a base de cálculo do Imposto sobre a Renda sobre ele incidente.

[7] Acórdão Carf n. 1401-003.873

Não obstante, dado que a convergência às normas internacionais é um processo contínuo, até porque elas, de per si, são dinâmicas e passam por constantes reformas e alterações, é possível que, futuramente, haja um maior nível de aproximação entre os conceitos de lucro contábil e de renda tributável. Além disso, é de todo conveniente, como um caminho alternativo, a compulsória aplicação dos IFRS apenas às demonstrações consolidadas, hipótese em que as exigências burocráticas seriam substancialmente menores.

8. RELACIONAMENTO ENTRE LUCRO TRIBUTÁVEL E LUCRO CONTÁBIL – A EXPERIÊNCIA BRASILEIRA

LUÍS EDUARDO SCHOUERI
GUSTAVO LIAN HADDAD

1. Modelos de relacionamento entre lucro tributável e lucro contábil

Identificam-se três modelos teóricos para explicar a relação entre a apuração do lucro tributável das pessoas jurídicas, regida pela legislação fiscal, e a apuração do lucro contábil, determinada pela legislação comercial: (i) autonomia; (ii) dependência total; e (iii) dependência parcial[1].

No modelo de autonomia, o lucro tributável seria apurado de modo independente do lucro contábil, submetido a critérios e procedimentos determinados pelo legislador fiscal sem referência aos critérios e procedimentos contábeis regidos pela legislação comercial.

O modelo de dependência total, ao revés, caracteriza-se pela circunstância de que a legislação fiscal tomaria o lucro contábil, tal como apurado no balanço comercial, como base de cálculo do imposto de renda corporativo.

Em denso estudo de direito comparado, Nina Aguiar conclui que ambos os modelos, formas extremadas de regular a relação entre lucro

[1] Nabais, José Casalta. *Direito Fiscal.* 3ª. ed. Coimbra: Almedina, 2005. p. 576; Aguiar, Nina. *Tributación y Contabilidad: Uma Perspectiva Histórica y de Derecho Comparado.* Granada: Ruiz de Aloza Editores, 2012. p. 441.

tributável e lucro contábil, são poucos difundidos nos países industrializados e raramente encontrados (a exceção seria o sistema mexicano, fortemente caracterizado por autonomia normativa e procedimental entre o lucro contábil e o lucro tributável)[2].

Tem prevalecido, na generalidade dos países (inclusive no Brasil, como se verá adiante), modelo de dependência parcial, em que a legislação fiscal toma o lucro contábil, tal como apurado segundo a legislação comercial, como referência inicial e ponto de partida para o procedimento de apuração da base de cálculo do imposto de renda, mas impõe uma série de ajustes positivos e negativos, realizados extracontabilmente (sem efeito nas demonstrações financeiras), para se apurar o lucro tributável[3].

As vantagens do modelo são de fácil compreensão, voltadas à simplificação de procedimentos e à redução de custos para o cumprimento das obrigações tributárias, vantagens estas não afetadas, ao menos no Brasil e como se discutirá adiante, com a adoção do padrão contábil internacional (*International Financial Standards* – "IFRS").

Dois recortes específicos buscam investigar aspectos particulares da relação entre Direito e Contabilidade no modelo de dependência parcial.

O primeiro se refere à existência de conexão normativa[4] (também chamada de conformidade material[5]) entre a regulação do lucro tributável e do lucro contábil. Trata-se de conexão estabelecida por técnica legislativa de reenvio ou remissão, a partir da qual a lei fiscal remete a conceitos e efeitos da legislação comercial e os assume na apuração do lucro tributável, salvo quando ela mesma (lei fiscal) estabeleça regime distinto.

Indicativo da existência de tal conexão é o comando que decorre da conjugação dos enunciados dos artigos 258 e 259 do atual Regulamento

[2] Aguiar, Nina. *Tributación y Contabilidad: Uma Perspectiva Histórica y de Derecho Comparado.* Granada: Ruiz de Aloza Editores, 2011. p. 441.

[3] Aguiar, Nina. *Tributación y Contabilidad: Una Perspectiva Histórica y de Derecho Comparado.* Granada: Ruiz de Aloza Editores, 2011. p. 444-446.

[4] Polizelli, Victor Borges. Balanço Comercial e Balanço Fiscal: Relações entre o Direito Contábil e o Direito Tributário e o Modelo Adotado no Brasil. Direito Tributário Atual, v. 24. São Paulo: Dialética, 2010. p. 593-594.

[5] Aguiar, Nina. *Tributación y Contabilidad: Una Perspectiva Histórica y de Derecho Comparado.* Granada: Ruiz de Aloza Editores, 2011. p. 251-252.

do Imposto de Renda brasileiro ("RIR")[6]. Estabelecem os dispositivos que o lucro real (lucro tributável segundo um dos regimes previstos no ordenamento brasileiro) é o lucro líquido (este apurado em observância dos preceitos da lei comercial) ajustado por adições, exclusões e compensações prescritas ou autorizadas, devendo a apuração do lucro líquido preceder à determinação do lucro real.

O segundo recorte busca aferir a presença de conexão formal[7] (também chamada de relação de conexão concreta[8]) entre lucro tributável e lucro contábil. Cuida-se de averiguar se qualificações e valorações adotadas na contabilidade mercantil são vinculantes na apuração do lucro tributável, salvo quando expressamente excepcionadas pela lei fiscal[9].

Enquanto a conexão normativa opera no plano da construção da norma tributária geral e abstrata, remetendo-a à legislação comercial, a conexão formal atua vinculando o contribuinte às opções e valorações que tenha adotado na escrituração mercantil, notoriamente quando mais de uma for possível.

Pode haver conexão normativa sem conexão formal, exigindo esta um *plus* em relação àquela. Posto que não expressamente prevista no direito brasileiro, vislumbram-se traços de conexão formal na apuração da renda tributável no Brasil, como se discutirá mais adiante.

No contexto brasileiro, é possível divisar três períodos distintos de caracterização do relacionamento entre lucro tributável e lucro contábil, para os fins de que trata o presente artigo.

O primeiro anterior à adoção do padrão IFRS na contabilidade mercantil, o segundo após tal introdução, porém antes da regulação de seus efeitos pela lei fiscal, e o terceiro, que vigora atualmente, em que convi-

[6] Decreto n. 9.580, de 2018.

[7] Aguiar, Nina. *Do Commercial Accounts and the Tax Base Have to Be Aligned?* Trabalho apresentado na *Max Planck European Postdoctoral Conference on Tax Law*, de 21 e 22 de novembro de 2011. p. 3-4. Disponível em: http://hdl.handle.net/10198/6348, acesso em 16/06/2022.

[8] Polizelli, Victor Borges. Balanço Comercial e Balanço Fiscal: Relações entre o Direito Contábil e o Direito Tributário e o Modelo Adotado no Brasil. Direito Tributário Atual, v. 24. São Paulo: Dialética, 2010. pp. 594-595.

[9] Burns, Lee; Krever, Richard. *Taxation of Income from Business and Investment, In:* Thuronyi, Victor. *Tax Law Design and Drafting, vol. II.* Washington DC: IMF, 1998. p. 677.

vem adoção plena das IFRS na contabilidade e modelo de dependência parcial na apuração do lucro tributável.

Releva apresentar algumas considerações específicas acerca dos dois primeiros períodos para se demonstrar como desaguaram na conformação do regime que vigora atualmente.

2. Período anterior à adoção do padrão IFRS

2.1 Dependência parcial com conexão normativa

Seguiu-se à edição da nova Lei das Sociedades Anônimas em 1976 (Lei n. 6.404) o Decreto-lei n. 1.598, de 1977, ("DL 1.598"), diploma de apurado primor técnico que elegeu o lucro líquido apurado segundo a contabilidade mercantil (e a normatização contábil) como ponto de partida da apuração da base de cálculo do Imposto de Renda das Pessoas Jurídicas ("IRPJ")[10], em modelo de dependência parcial com conexão normativa a que nos referimos anteriormente.

Vale ressaltar que houve grande debate sobre o caminho a seguir na adaptação da legislação tributária às novidades da Lei n. 6.404. O Ministério da Fazenda divulgou à época anteprojeto de lei para reformular e consolidar a legislação do IRPJ, que caminhava na direção de modelo de autonomia entre lucro contábil e lucro tributável.

Contudo, em função do grande número de sugestões e comentários recebidos e do pouco tempo disponível para analisá-los antes da entrada em vigor na nova Lei, o Poder Executivo optou pela edição do DL 1.598, como solução temporária (que acabou se tornando definitiva) para introduzir as alterações necessárias à legislação tributária de modo a adaptá-la à nova lei societária[11].

O DL 1.598, cujas disposições, em grande medida, vigoram até hoje, definiu conceitos legais de origem contábil, como receita bruta, custos e despesas, lucro operacional, lucro não operacional etc. Acolheu o regime contábil de competência no reconhecimento de receitas, custos e despesas e regulou com minudência os diversos ajustes necessários à apuração

[10] Art. 6º, § 1º, do DL 1.598, atualmente incorporado ao art. 258 do RIR.

[11] Cf. Polizelli, Victor Borges. O Princípio da Realização da Renda – Reconhecimento de receitas e despesas para fins do IRPJ. São Paulo: Quartier Latin – IBDT, 2012, p. 119-120.

do lucro real, efetuados fora da escrituração mercantil no chamado Livro de Apuração do Lucro Real ("Lalur") e que consistem em adições, exclusões ou compensações.

As adições se prestam a neutralizar o efeito de custos, despesas e perdas reconhecidos no lucro contábil, mas considerados não dedutíveis na apuração do lucro tributável, e a operacionalizar ajustes temporais de tributação do lucro entre diversos períodos de apuração.

Exclusões, a seu turno, neutralizam o efeito de receitas e ganhos reconhecidos no lucro contábil que a lei fiscal escolhe não tributar, inclusive por razões de política legislativa. Também servem para operacionalizar ajustes temporais de tributação do lucro entre diversos exercícios.

As compensações, por fim, têm a função de viabilizar a compensação de prejuízos fiscais acumulados em períodos anteriores com o lucro tributável de períodos futuros, observados limites previstos em lei.

2.2 Conexão formal

Ainda que o DL 1.598 (e alterações posteriores) não tenha sido expresso a respeito, é possível vislumbrar traços da presença de conexão formal no sistema, vinculando o lucro tributável a escolhas e valorações formuladas na contabilidade, notoriamente no campo das deduções.

Manifestação da referida conexão foi formulada pela administração fiscal no Parecer Normativo n. 96, de 1978, expressando entendimento no sentido de não permitir a utilização de ajustes extracontábeis no Lalur para registrar o efeito de custos e despesas que deveriam, por sua natureza, estar registrados na escrituração mercantil, ou para complementar o valor de tais custos e despesas. Não tendo havido a apropriação contábil de tais valores, não caberia "suprir" o efeito por meio de exclusão na apuração do lucro tributável, por meio do Lalur.

Por exemplo, não cabia a dedução da despesa de depreciação, para fins fiscais, pela taxa fixa anual (por exemplo de 10%), enquanto o reconhecimento da despesa contábil seria feito pela taxa de vida útil (por exemplo 5%).

A jurisprudência administrativa, na maior parte dos casos levados a sua apreciação, referendou tal posicionamento, exigindo o adequado reconhecimento contábil de custos e despesas para sua dedução fiscal, salvo nas hipóteses em que, por sua natureza, cuidava-se de deduções exclusivamente fiscais[12].

Situação comum era a de contribuinte que identificava despesas que não haviam sido apropriadas na escrituração contábil em períodos passados e pretendia vê-las produzir efeito fiscal mediante retificação do Lalur apenas. O máximo que aceitou a jurisprudência administrativa foi tolerar, em alguns casos, que não se refizessem as demonstrações contábeis de períodos encerrados, exigindo, no entanto, que a despesa reconhecida tivesse ao menos afetado o saldo de lucros ou prejuízos acumulados relativo a tais períodos[13].

2.3 Heterointegração e dependência inversa

Por outro lado, a qualidade técnica na regulação do IRPJ pelo DL 1.598 aliada a um mercado de capitais incipiente e pouco regulado durante as décadas de oitenta e noventa fez com que, por comodidade ou conveniência, aquela que havia sido concebida para ser uma normatização de sobreposição – a regulação do DL 1.598/77, que capturava os diferentes dados contábeis e a eles conferia tratamento tributário específico – passou a ser instrumento de mudança dos próprios dados capturados e tomados como ponto de partida, sendo vários os exemplos em que a regulação tributária fez com que a praxe contábil fosse alterada.

Inverteu-se, em muitos casos, a lógica da conexão formal, fazendo com que as escolhas da legislação fiscal passassem a influir decisivamente na preparação do balanço mercantil e na apuração do lucro contábil, em casos de ausência de normatização contábil ou mesmo em situações em que a normatização contábil fosse conflitante com a opção fiscalmente mais vantajosa.

Esse fenômeno foi identificado por Nina Aguiar em outras jurisdições em dois contextos.

O primeiro, denominado heterointegração[14], envolve situações em que a lei fiscal atua em campos em que a lei comercial é silente ou inci-

12 Primeiro Conselho de Contribuintes, Acórdão n. 101-95.787, de 18/10/2006.

13 Primeiro Conselho de Contribuintes, Acórdão n, 108-08.781, de 26/04/2006.

14 Aguiar, Nina. *Tributación y Contabilidad: Uma Perspectiva Histórica y de Derecho Comparado.* Granada: Ruiz de Aloza Editores, 2011. pp. 457-459.

piente prescrevendo ou pressupondo determinado registro contábil, fazendo as vezes da legislação mercantil.

Tal fenômeno se manifestou no Brasil, antes da adoção do padrão IFRS, em relação à exigência de desdobramento do custo de aquisição de participações societárias, com registro contábil de ágio ou deságio, regulada pela legislação fiscal (art. 20 do DL 1.598 e art. 7º da Lei n. 9.532, de 1996) e adotada em textos normativos contábeis (Instrução CVM n. 01, de 1978[15] e NPC Ibracon n. 6, de 1981[16]).

O segundo contexto envolve situações em que a adoção do critério previsto na lei fiscal representa, em verdade, desvio em relação às previsões da lei comercial.

Exemplo de tal fenômeno, a que Nina Aguiar reserva a denominação de dependência inversa em sentido estrito[17], foi a adoção generalizada, na contabilidade das empresas brasileiras antes da adoção do padrão IFRS, das taxas de depreciação fixas determinadas pela legislação fiscal, não obstante o padrão contábil adequado então vigente considerar mais adequada a utilização do prazo de vida útil esperado de cada bem[18].

[15] "XX – Para efeito de contabilização, o custo de aquisição de investimento em coligada ou em controlada deverá ser desdobrado e os valores resultantes desse desdobramento contabilizados em subcontas separadas:
a) equivalência patrimonial baseada em balanço patrimonial ou em balancete de verificação levantado até, no máximo, sessenta dias antes da data da aquisição pela investidora ou pela controladora, consoante o disposto no Inciso XI
b) ágio ou deságio na aquisição, representado pela diferença para mais ou para menos, respectivamente, entre o custo de aquisição do investimento e a equivalência patrimonial.
XXI – o ágio ou deságio computado na ocasião da aquisição do investimento deverá ser contabilizado com indicação do fundamento econômico que o determinou:
a) diferença para mais ou para menos entre o valor de mercado de bens do ativo e o valor contábil desses mesmos bens na coligada ou na controlada;
b) diferença para mais ou para menos na expectativa de rentabilidade baseada em projeção do
resultado de exercícios, futuros;
c) fundo de comércio, intangíveis ou outras razões econômicas. (...)"

[16] Itens 24 e 25.

[17] Aguiar, Nina. *Tributación y Contabilidad: Una Perspectiva Histórica y de Derecho Comparado.* Granada: Ruiz de Aloza Editores, 2011. pp. 459-460.

[18] NPC Ibracon n. 7/2001, itens 7 e seguintes.

As distorções causadas pela dependência inversa na qualidade da informação prestada nas demonstrações financeiras, com prejuízo da visão fiel e justa do lucro contábil, não passaram despercebidas pela doutrina contábil[19]. A despeito disso, fato é que, durante aquele período, se a adoção de determinado critério contábil fosse imprescindível ao aproveitamento de determinado benefício de redução do lucro tributável, tal critério era prestigiado ainda que em detrimento da consideração da essência contábil[20]. Por exemplo, lembra-se que a restrição à dedução de despesas, se não refletidas na contabilidade, levou à generalização da prática de se registrarem, contabilmente, valores de depreciação segundo o teto permitido pela legislação tributária, sem compromisso, destarte, com a vida útil efetivamente apurada para o bem.

Não obstante, o desenvolvimento do mercado de capitais nos anos dois mil, com a multiplicação do número de empresas de capital aberto e o fortalecimento dos órgãos de regulação e fiscalização contábil, tornou premente a adoção do padrão contábil internacional, e com ele a mudança de patamar na relação entre a contabilidade e a normatização do IRPJ.

Em 2007 foi aprovada a Lei n. 11.638 ("Lei 11.638") com o escopo de alinhar a contabilidade brasileira aos padrões internacionais (especificamente aos adotados pelo *International Accounting Standards Board* ("IASB") por meio dos IFRS), considerados mais aptos a produzir demonstração clara e fiel da situação patrimonial das entidades.

A mudança, ademais, permitiria maior comparabilidade para o investidor internacional, acostumado ao padrão IFRS, diminuindo custos de "tradução" e contribuindo para inserção das empresas brasileiras em mercados externos[21].

19 Martins, Eliseu. Gelbcke, Ernesto. Santos, Ariovaldo. Iudícibus, Sérgio de. Manual de Contabilidade Societária – Aplicável a Todas as Sociedades, 2ª ed. São Paulo: Atlas, 2010. p. 1-2.

20 Lopes, Tatiana. Custos Políticos Tributários: o Impacto do Tamanho na Alíquota Tributária Efetiva. Tese de Doutorado, FEA-USP, p. 71-72. Disponível em www.teses.usp.br, consulta em 16/06/2022.

21 Lopes, Alexsandro Broedel; Mosquera, Roberto Quiroga. O Direito Contábil. Fundamentos Conceituais, Aspectos da Experiência Brasileira e Implicações. *In*: Lopes, Alex-

3. Período intermediário. Padrão IFRS com neutralidade fiscal

3.1 Primazia da essência econômica, visão prospectiva do patrimônio e subjetivismo responsável

A adoção do padrão IFRS trouxe à contabilidade brasileira uma compreensão baseada menos em regras e mais em princípios. Muitas regras (no sentido de comando hipotético-condicionais) ainda são construídas a partir dos diplomas normativos contábeis, mas abriu-se espaço maior à autuação de princípios (no sentido de comandos para a promoção de um estado ideal de coisas). Princípios têm "aptidão para produzir efeitos em diferentes níveis e funções"[22], sendo relevantes ao presente trabalho a "eficácia direta interna"[23], que corresponde a uma função integrativa do direito (princípios permitem a construção de regras para hipótese não expressamente previstas nos enunciados normativos), e a "eficácia indireta interna"[24], dentro da qual se identifica a função interpretativa (princípios guiam a interpretação dos enunciados normativos expandindo ou delimitando seus significados).

Três princípios ou diretrizes emergem com força no padrão IFRS, em certa mudança de paradigma em relação ao regime contábil anterior: primazia da essência econômica sobre a forma jurídica, visão prospectiva de patrimônio e subjetivismo responsável.

Em trabalho da década de setenta, Fábio Konder Comparato criticava veemente a ideia de que o contador pudesse "julgar, segundo critérios próprios e diversos das regras de direito vigentes", a substância das operações a serem contabilizadas, propugnando a ideia de que o registro contábil deveria atender à forma jurídica das operações[25].

sandro Broedel; MOSQUERA, Roberto Quiroga (coord.) Controvérsias Jurídico-Contábeis (Aproximações e Distanciamentos). São Paulo: Dialética, 2010. p. 63-64.

[22] ÁVILA, Humberto. Teoria dos Princípios: da definição à aplicação dos princípios jurídicos, 10ª ed. São Paulo: Malheiros, 2009. p. 97.

[23] ÁVILA, Humberto. Teoria dos Princípios: da definição à aplicação dos princípios jurídicos, 10ª ed. São Paulo: Malheiros, 2009. p. 97.

[24] ÁVILA, Humberto. Teoria dos Princípios: da definição à aplicação dos princípios jurídicos, 10ª ed. São Paulo: Malheiros, 2009. p. 98

[25] COMPARATO, Fábio Konder. O Irredentismo da 'Nova Contabilidade' e as Operações

Fato é que, ainda que a normatização dos órgãos profissionais e reguladores enunciasse o princípio da prevalência da substância econômica sobre a forma[26], a existência de regras específicas para as várias situações submetidas a registro contábil e a praxe empresarial abriam pouca margem à superação da forma jurídica como condicionante do registro contábil.

O padrão IFRS prestigia o princípio, que ademais de informar o conteúdo de várias regras construídas a partir dos pronunciamentos contábeis, é colocado no centro do julgamento exercido pelo contador em sua atividade. Por exemplo, o item 4.6 do Pronunciamento sobre a Estrutura Conceitual Básica (Pronunciamento 00) do Comitê de Pronunciamento Contábeis ("CPC") enuncia que "ao avaliar se um item se enquadra na definição de ativo, passivo ou patrimônio líquido, deve-se atentar para a sua essência subjacente e realidade econômica, e não apenas para sua forma legal". Conhecido e muito discutido é o caso do arrendamento mercantil financeiro, em que o arrendatário registra o bem arrendado em seu ativo a despeito de não deter sua propriedade[27].

A segunda diretriz que permeia a regulamentação contábil no padrão IFRS é a de uma visão prospectiva do patrimônio[28].

Em alguma intersecção com a ideia anterior de primazia da substância econômica, a visão prospectiva do patrimônio parte da premissa de que o olhar dos usuários das demonstrações financeiras busca utilizar as informações passadas para a tomada de decisões futuras. Se no padrão ante-

de Leasing. In: Revista de Direito Mercantil n. 68. São Paulo: Revista dos Tribunais, out/dez 1987. p. 56.

[26] Por exemplo, a Resolução CFC n. 774, de 1994: "Cumpre também ressaltar que, na realização do objetivo central da Contabilidade, defrontamo-nos, muitas vezes, com situações nas quais os aspectos jurídico-formais das transações ainda não estão completa ou suficientemente elucidados. Nesses casos, deve-se considerar o efeito mais provável das mutações sobre o patrimônio, quantitativa e qualitativamente, concedendo-se prevalência à substância das transações."

[27] Silva, Fabiana Carsoni Alves Fernandes. Direito Tributário e Contabilidade: Independência e Intersecção – a Convivência das Duas Ciências. In: Revista Tributária e de Finanças Públicas 132. São Paulo: Thomson Reuters, jan/fev 2017. p. 222-224.

[28] Cf. Carvalho, Nelson. Essência x Forma na Contabilidade. In: Mosquera, Roberto Quiroga; Lopes, Alexsandro Broedel (coord.) Controvérsias Jurídico-Contábeis (Aproximações e Distanciamentos). São Paulo: Dialética, 2010. p. 371-380.

rior buscava-se uma atitude conservadora, baseada em custos históricos, tendo em vista informar a credores qual seria o patrimônio em caso de liquidação da empresa, o foco atual já não se preocupa com a capacidade de a empresa pagar suas contas; procura, isto sim, informar ao investidor qual o potencial de lucro que aquele investimento poderá trazer. A demonstração financeira que se utilize somente de dados históricos, com superavaliações de passivos e subavaliações de ativos, não projeta informações úteis aos investidores.

É a visão prospectiva do patrimônio que informa, no padrão IFRS, a exigência de avaliação a valor presente e a valor justo de vários elementos patrimoniais antes considerados pelo seu custo histórico.

Como se verá adiante, expandiram-se as hipóteses em que a contabilidade afasta o custo histórico e prescreve a avaliação a valor justo elementos patrimoniais, independentemente da respectiva realização, com o reconhecimento de resultados (ganhos ou perdas) de avaliação a valor justo ("AVJ") vinculados a ativos e passivos diretamente no resultado do período ou em conta de resultados abrangentes, no patrimônio líquido.

Por fim, a doutrina contábil aponta o subjetivismo responsável como diretriz relevante na autuação de quem prepara as demonstrações financeiras[29].

Alessandra Hirano Fuji e Valmor Slomski[30] apontam que a subjetividade é inerente a todo processo de mensuração e, por si só, não deve constituir obstáculo para a precificação e o reconhecimento de elementos patrimoniais no balanço. O que se deve é buscar parâmetros para avaliar o juízo de valor realizado pelo contador, ante as balizas estabelecidas pelo regramento contábil, notadamente pelos Pronunciamentos Técnicos emitidos pelo CPC.

[29] LOPES, Alexandro Broedel. A "Política de Balanço" e o Novo Ordenamento Contábil Brasileiro das Companhias Abertas. In: MOSQUERA, Roberto Quiroga e LOPES, Alexandro Broedel (coord.) Controvérsias jurídico-contábeis (Aproximações e Distanciamentos). v. 2. São Paulo: Dialética, 2011, p. 11-19.

[30] FUJI, Alessandra Hirano; SLOMSKI, Valmor. Subjetivismo Responsável: Necessidade ou Ousadia no Estudo da Contabilidade. *In*: Revista Contabilidade & Finanças – USP 33, São Paulo, 2003. p. 42.

No exercício de tais julgamentos atua o subjetivismo responsável. Este representa a superação da incerteza contábil naquela parcela que se apresenta como risco calculável, "utilizando as técnicas de previsão, quantitativas e de análise mais avançada"[31].

A conjugação de tais diretrizes (primazia da essência econômica, visão prospectiva de patrimônio e subjetivismo responsável) na apuração do lucro contábil gerou, na doutrina de direito tributário, pronta reação, apontando autorizadas vozes que tais fatores levariam a uma consideração econômica de patrimônio incompatível com a tributação da renda em nosso ordenamento, afeita esta ao conceito de acréscimo patrimonial extraído do art. 43 do Código Tributário Nacional ("CTN"), mensurado segundo a disciplina do direito privado[32].

Não cabe, neste espaço, aprofundar as razões que impugnam o acerto de tal visão, bastando referir que o art. 43 do CTN elege não só a aquisição de disponibilidade jurídica, mas também a econômica, como fato gerador do tributo, não parecendo vedar-se ao legislador ordinário a consideração da evolução patrimonial em seu sentido econômico, desde que se trata de renda efetivamente disponível[33].

Dito de outro modo, não haveria impedimento para que o legislador tributário, que historicamente partiu de um lucro contábil apurado segundo contabilidade que mensurava a evolução patrimonial sob a ótica jurídica (do direito civil), passasse a tomar como ponto de partida contabilidade que buscasse capturar "disponibilidades econômicas".

[31] Iudicibus, Sérgio de. Essência sobre a Forma e o Valor Justo: Duas Faces da Mesma Moeda. *In*: Mosquera, Roberto Quiroga; e Lopes, Alexsandro Broedel. (coord.) Controvérsias jurídico-contábeis (Aproximações e Distanciamentos). São Paulo: Dialética, 2010, p. 466.

[32] Mariz de Oliveira, Ricardo. Fundamentos do imposto de renda. São Paulo: Quartier Latin, 2008, p. 39-54, em particular p. 47. Bianco, João Francisco. Aparência econômica e natureza jurídica. *In*: Mosquera, Roberto Quiroga; Lopes, Alexsandro Broedel. (coord) Controvérsias jurídico-contábeis (aproximações e distanciamentos). São Paulo:Dialética, 2010. p. 174-184.

[33] A esse respeito, confira-se Schoueri, Luís Eduardo. O Mito do Lucro Real na Passagem da Disponibilidade Jurídica para a Disponibilidade Econômica. *In*: Mosquera, Roberto Quiroga; Lopes, Alexsandro Broedel. (coord.). Controvérsias jurídico-contábeis (aproximações e distanciamentos). São Paulo:Dialética, 2010. p. 261-262.

De qualquer modo e como se verá em 2.3, não parece ter sido esta, majoritariamente, a escolha do legislador no regime tributário atual, introduzido pela Lei n. 12.973, de 2014 ("Lei 12.973"). Antes de examiná-lo, entretanto, cabem algumas considerações sobre como foi implementado o regime de transição vigente entre 2008 e 2014.

3.2 Convergência plena ao padrão IFRS

A edição da Lei 11.638 iniciou movimento em direção à convergência plena da contabilidade brasileira ao padrão IFRS, culminando com sua adoção obrigatória a partir de 2010 para todas as pessoas jurídicas, independentemente de seu porte e tipo societário[34].

Esse processo foi viabilizado pela criação de um comitê de experts em matéria contábil – o CPC – a cujos trabalhos a própria Lei 11.638[35] passou a dar maior relevância. O CPC ficou responsável por estudar os pronunciamos do IASB, adaptá-los ao direito contábil brasileiro e propor minutas de pronunciamentos a serem editados para regular a contabilização de operações e preparação de demonstrações financeiras no Brasil. Assim que é foram editados vários pronunciamentos e interpretações CPC, tendo correspondência com documentos conhecidos por *standards* e *interpretations* emitidos pelo IASB e/ou seus comitês.

Ao contrário do que ocorreu em outros países, no Brasil o padrão IFRS foi adotado não somente para a preparação de demonstrações financeiras consolidadas, mas também na elaboração das demonstrações financeiras individuais, que se prestam tanto a fins societários (mensuração da posição patrimonial individual e determinação do montante de dividendos distribuíveis[36]) como a fins fiscais (ponto de partida para a apuração do lucro tributável).

[34] Polizelli, Victor Borges. *Accounting and Taxation: Brasil. In:* Grandinetti, Mario. (ed.). *Corporate Tax Base in the Light of the IAS/IFRS and EU Directive 2013/34 – A Comparative Approach.* The Netherlands: Wolters Kluwer, 2016. p. 96.

[35] Art. 10-A da Lei n. 6.835/1976, incluído pela Lei n. 11.638.

[36] Aguiar, Nina. *Do Commercial Accounts and the Tax Base Have to Be Aligned?* Trabalho apresentado na *Max Planck European Postdoctoral Conference on Tax Law*, de 21 e 22 de novembro de 2011. p. 10. Disponível em: http://hdl.handle.net/10198/6348, acesso em 20/06/2022.

3.3 Neutralidade fiscal por meio de duas "contabilidades"

Quando da implantação do padrão IFRS na contabilidade mercantil, a Lei 11.638 se preocupou em prever expressamente que o alinhamento ao padrão internacional não deveria produzir efeitos na apuração do lucro tributável[37]. Tal premissa influenciou decisivamente a relação entre lucro contábil e lucro tributável no segundo período ora examinado.

Em 2009 foi editada a Lei n. 11.941 para criar regime específico de neutralidade fiscal, denominado Regime Tributário de Transição ("RTT"). O RTT foi optativo para os anos de 2008 e 2009 e passou a ser obrigatório a partir de 2010.

No âmbito do RTT, a administração fiscal passou a exigir que o contribuinte fizesse controle dos efeitos provocados pela adoção dos novos padrões na contabilidade societária em demonstração apartada, o FCONT[38], de modo que tais efeitos pudessem ser expurgados do lucro líquido antes das adições e exclusões determinadas pela legislação fiscal. Embora a lei previsse apenas ajustes por meio de adições e exclusões, o FCONT resultava na depuração do lucro contábil para que se chegasse àquele que teria sido apurado segundo as regras contábeis em vigor em 31/12/2007, já não mais aplicáveis a períodos seguintes.

Em outras palavras, o RTT manteve o lucro líquido societário como ponto de partida, mas criou etapa intermediária inexistente no regime original do DL 1.598 examinado em 2.1 acima, voltada ao expurgo dos efeitos das regras contábeis introduzidas após 31 de dezembro de 2007.

Efetuado tal expurgo, o lucro resultante fica sujeito aos mesmos ajustes de adição e exclusão já regulados pelo legislador do IRPJ, efetuados no Lalur.

Sobressaem dois aspectos da adoção do novo padrão contábil e da criação do RTT.

Em primeiro lugar, a contabilidade mercantil deixou de sofrer a influência da legislação tributária, ficando prejudicadas as situações de heterogeneidade e dependência inversa que antes existiam e sofreram acentuada crítica da doutrina contábil.

Por outro lado, o Brasil passou a conviver com dois regimes contábeis.

[37] Art. 177, parágrafo 7º da Lei das Sociedades Anônimas, introduzido pela Lei 11.638.

[38] Art. 7º da Instrução Normativa RFB nº 949/2009.

O primeiro, adotado na escrituração mercantil e nas demonstrações financeiras, adaptado ao Padrão IFRS e apto à produção dos efeitos previstos na legislação comercial, inclusive a distribuição de dividendos.

O segundo regime, utilizado exclusivamente para fins fiscais e composto por regras não mais vigentes, congeladas em marco temporal específico (31/12/2007), fazendo com que duas etapas de ajuste para apuração do lucro tributável passassem a existir.

A primeira, para transposição do lucro contábil para o lucro apurado segundo as regras de 31/12/2007 (FCONT), e a segunda, para os ajustes já previstos na legislação fiscal.

4. Regime atual. Padrão IFRS e regulação fiscal de efeitos correspondentes

4.1 Modelo de dependência parcial com novos fenômenos afetando o lucro contábil

Em 2014 foi editada a Lei 12.973, resultado de conversão em lei da Medida Provisória n. 627, de 2013. A Lei 12.973 extinguiu o RTT e promoveu retorno às origens na técnica adotada para apuração do lucro tributável, em modelo de dependência parcial com conexão normativa.

O lucro contábil apurado na contabilidade societária volta a ser o ponto de partida da apuração do lucro real, eliminando-se a etapa intermediária de expurgo dos efeitos decorrentes das regras contábeis introduzidas após 31 de dezembro de 2007, e mantendo-se a etapa de ajustes extracontábeis decorrentes da aplicação da legislação tributária (adições, exclusões e compensações).

Neste ponto, a técnica da Lei 12.973 é a mesma que estava na origem do DL 1.598, no sentido de que cabe à regulação do IRPJ capturar o lucro societário na sua integralidade e conferir a seus elementos, quando cabível, regime fiscal específico informado pelos princípios que regem a tributação – segurança, capacidade contributiva, praticabilidade, etc.

Mantendo o arcabouço normativo amparado no DL 1.598, a Lei 12.973 a ele acrescenta um conjunto de enunciados prescritivos voltados a regular os efeitos fiscais dos vários fenômenos contábeis que passaram a impactar o lucro contábil a partir da adoção do padrão IFRS.

Para além de alteração na técnica, talvez o impacto mais relevante tenha sido a transformação do modo como o operador do direito tributário deve apreender os fenômenos contábeis decorrentes da adoção do padrão IFRS.

Durante a vigência do RTT, bastava ao jurista examinar se determinado efeito contábil decorria ou não de regras contábeis posteriores a 31 de dezembro de 2007. Em caso afirmativo, tal efeito deveria ser neutralizado via FCONT, encerrando-se aí sua relevância para o IRPJ.

Com a regulação tributária específica promovida pela Lei 12.973 sobre vários fenômenos surgidos com o novo padrão contábil, tornou-se mister identificar de que efeito específico se trata e como ele se opera na contabilidade para poder dele extrair sua integração e subsunção às regras tributárias construídas a partir do texto legal.

Não se trata mais de simplesmente neutralizar o efeito contábil decorrente do novo padrão contábil, mas sim de efetivamente conhecer os institutos que o geraram e identificar as circunstâncias em que eles formam elementos do antecedente da regra-matriz de incidência para determinar as consequências tributárias específicas.

E, no exercício de tal tarefa intelectiva, o intérprete deve conhecer e apreender o objeto sobre o qual a regulação do IRPJ conformada na Lei 12.973 se debruça (o sistema contábil e sua normatização) e identificar a técnica adotada – se a legislação tributária acolhe o fenômeno e seus efeitos na sua integralidade (reenvio), se modifica em parte ou no todo os seus efeitos à vista da conveniência da tributação, ou se os repele.

Diante do significativo volume de novas regras introduzidas pelo padrão IFRS, veiculadas por mais de dezenas de Pronunciamentos do CPC tratando de diferentes campos da normatização contábil, e decorridos mais de cincos anos desde o início da sua adoção em 2009, a técnica escolhida pela Lei 12.973 foi a de identificar as inovações contábeis introduzidas, trazê-las para a lei fiscal e atribuir-lhes efeitos próprios.

Único resquício do regime anterior (o RTT) foi previsão específica segundo a qual o legislador, à vista das limitações em acompanhar a dinâmica da realidade econômica e das normas IFRS que buscam reportá-la, estabeleceu que a alteração de regras contábeis posteriormente à Lei 12.973 teria seus efeitos neutralizados para fins de tributação[39].

[39] Art. 58 da Lei 12.973.

4.2 Critérios informativos

Seria despropositado, nesse espaço, pretender formular exercício de enumeração do tratamento fiscal dos vários efeitos contábeis do padrão IFRS empreendido pelo legislador.

Em vez disso os autores pretendem, nessa etapa, identificar diretrizes que defluem do exame individualizado das escolhas do legislador e mostrar como elas atuaram para regular aspectos relevantes da relação entre lucro contábil e lucro tributável.

a) Apego à noção de patrimônio do direito civil

A visão de patrimônio no padrão IFRS, influenciada pela primazia da essência econômica sobre a forma, identifica bens a partir de sua disposição, a qualquer título, para a geração de riqueza para a entidade. O que se busca não é registrar os bens de que a entidade é proprietária, segundo o direito civil, mas sim aqueles cujos riscos e benefícios lhe afetam diretamente.

É por isso que nem todo o bem de que a entidade é proprietária está em seu ativo, na contabilidade, nem todo ativo contábil representa um bem de que a entidade é proprietária. Não se trata de negar o direito civil, mas de utilizar critério distinto para a aferição do patrimônio contábil.[40].

Como se disse anteriormente, e a despeito de vozes relevantes em sentido contrário, não parece aos autores que haveria impedimento, no art. 43 do Código Tributário Nacional, para que a lei fiscal se servisse da visão do patrimônio contábil, influenciada pela essência econômica, para capturar o acréscimo patrimonial sujeito a tributação.

Dito de outro modo, a lei tributária poderia ter aproveitado o influxo da visão econômica de patrimônio trazida pelo padrão IFRS para atualizar suas referências. Não foi, entretanto, essa a escolha.

Talvez por não ter segurança quanto aos efeitos de uma tal opção, o legislador preferiu manter-se próximo aos dados históricos de que dispunha, não acolhendo, para fins de tributação, os efeitos contábeis do

[40] SCHOUERI, Luis Eduardo. Nova Contabilidade e Tributação: Da Propriedade à *Beneficial Ownership*. In: MOSQUERA, Roberto Quiroga; LOPES, Alexsandro Broedel. (coord.). Controvérsias jurídico-contábeis (Aproximações e Distanciamentos), v. 5. São Paulo: Dialética, 2014, pp. 216-217.

padrão IFRS que representassem distanciamento ou ruptura com a visão de patrimônio (e evolução patrimonial) capturadas pelo direito civil.

Veja-se o tratamento conferido ao arrendamento mercantil financeiro. A contabilidade registra vera alienação de bens financiada pelo arrendante ao arrendatário, com transferência do ativo para o arrendatário e reconhecimento de despesa de juros por este, nos termos do CPC 06.

A Lei 12.973 elimina tais efeitos a partir de apego às formas do direito privado, permitindo a dedução de despesas de arrendamento (aluguel) pelo arrendatário como se o bem arrendado tivesse sido mantido no ativo do arrendante (art. 47), postura que pode merecer ressalvas por não representar aquilo que parece mais intuitivo ao leitor das demonstrações financeiras[41].

O legislador, entretanto, não foi capaz de antever todos os possíveis efeitos, no âmbito da legislação fiscal, que adviriam do tratamento do arrendamento mercantil financeiro como aquisição a prazo pela contabilidade, deixando espaço para situações não expressamente reguladas, que ensejam dúvidas de interpretação.

A contabilidade, no padrão IFRS, reconhece o bem arrendado como direito de uso no ativo do arrendatário, passando este a sofrer depreciação. Por outro lado, em seu passivo, há o registro do valor da aquisição a prazo, sujeito à incorrência de despesas de juros ao longo da vida do arrendamento. A despesa de depreciação e a despesa de juros "substituem" grandezas que, no padrão contábil anterior, eram representadas pela despesa de arrendamento/locação.

Pois bem. Considere-se um bem arrendado utilizado pelo arrendatário em sua atividade industrial. A parcela relativa à despesa financeira do passivo é reconhecida diretamente em resultado e não integra o custo de produção dos bens. A lei fiscal a considera não dedutível, prevendo em seu lugar o ajuste de exclusão (correspondente a uma dedução fiscal) das parcelas do arrendamento mercantil (que, como dito, contém econo-

[41] Schoueri, Luis Eduardo. Nova Contabilidade e Tributação: Da Propriedade à *Beneficial Ownership*. *In:* Mosquera, Roberto Quiroga; Lopes, Alexsandro Broedel (coord.). *Controvérsias jurídico-contábeis (Aproximações e Distanciamentos)*. São Paulo: Dialética, 2014, p. 220-221.

micamente tanto a depreciação do ativo quanto a despesa financeira do passivo). Até aqui, neutralidade.

Ocorre que o registro da despesa financeira no lugar da despesa de arrendamento pode ter outras decorrências.

Considere-se que o arrendatário industrial exporte bens industrializados a partes relacionadas no exterior, aplicando o método do custo mais margem ("CAP") para demonstrar o cumprimento da legislação brasileira de preços de transferência[42]. Para ele, a não integração da despesa financeira ao custo de produção do bem pode ocasionar hesitação quanto ao cômputo ou não, no custo de produção para fins do CAP, do valor de tal encargo financeiro, impactando diretamente o preço mínimo exigido para fins da legislação de preços de transferência e ajuste daí decorrente.

Despesas de depreciação e de locação são computadas no custo de produção segundo a legislação fiscal[43], mas não há menção a encargos financeiros. A questão a ser enfrentada é se, para adequar a aplicação do método CAP à intenção do legislador fiscal de vincular os efeitos fiscais do arrendamento à forma da operação (e não à visão econômica do padrão IFRS), deveria a despesa financeira correspondente ao bem arrendado ser acrescida ao custo de produção, ainda que a contabilidade não o faça e não haja previsão expressa de ajuste na lei fiscal.

Considere-se, em seguida, que tal pessoa jurídica industrial está localizada em região do país beneficiada por redução ou isenção do IRPJ, e seja obrigada à apuração do chamado "lucro da exploração" para dimensionar a parcela de seu resultado beneficiada pela desoneração total ou parcial do imposto.

A legislação estabelece que, na apuração do lucro da exploração (lucro beneficiado pela desoneração), parte-se do lucro contábil (apurado segundo o padrão IFRS atualmente) para em seguida promover alguns ajustes. Um deles é a exclusão (portanto redução do lucro exonerado) da parcela das receitas financeiras excedente às despesas financeiras[44]. Dito de outro modo, o resultado financeiro, se positivo, é retirado do lucro contábil, depurando-se este para se chegar ao lucro efetivamente

[42] Previsto no art. 238, inciso IV do RIR.

[43] Art. 302, inciso III do RIR.

[44] Art. 626, inciso I do RIR.

desonerado. Quando o resultado financeiro líquido é negativo não há ajuste a fazer e ele efetivamente reduz o lucro desonerado.

No padrão contábil anterior ao IFRS, o valor integral da despesa de arrendamento reduzia o lucro contábil e, em razão disso, o lucro da exploração, beneficiado pela desoneração. No padrão IFRS, parte de tal despesa é reconhecida como despesa financeira, e pode não reduzir o lucro da exploração se for neutralizada por uma receita financeira que, não fosse o reconhecimento da despesa, teria sido retirada do lucro da exploração conforme a regra anteriormente enunciada. O exemplo numérico a seguir busca ilustrar o efeito.

	Padrão contábil antigo	Padrão IFRS
Resultado contábil antes do arrendamento	1.000	1.000
(-) Despesa de arrendamento	(400)	0
(-) Despesa de depreciação	0	(320)
(-) Despesa financeira (vinculada ao arrendamento)	0	(80)
(+) Receita financeira	100	100
(=) Lucro líquido	700	700
Cálculo do lucro da exploração (isento)		
Lucro líquido	700	700
(-) Resultado financeiro líquido (receitas menos despesas financeiras)	(100)	(20) ou (100)?
(=) Lucro da exploração (isento)	600	680 ou 600?

Veja-se que, no regime anterior (coluna da esquerda), o lucro isento era reduzido pela receita financeira de $100. No regime atual, a redução do lucro isento pode ser menor ($20 e não $100) caso se considere que a despesa financeira do arrendamento ($80) deve reduzir o resultado financeiro líquido. A questão não tem resposta fácil, podendo ser influenciada tanto pela *ratio* da legislação fiscal quanto pela visão do jurista acerca de como devem ser interpretados enunciados prescritivos de isenção à luz do artigo 111, inciso II do CTN.

Outra manifestação da postura refratária a uma visão contabilística de patrimônio irradia do tratamento atribuído a participações societárias que representam, sob a perspectiva contábil, instrumentos de dívida.

O padrão IFRS considera que o relevante para se diferenciar um instrumento de *equity*, representado no patrimônio líquido da entidade emissora e remunerado por lucros, e um instrumento de dívida, representado no passivo da entidade emissora e remunerado por juros, são as características que dele se extraem para o emitente– subordinação, previsibilidade de retorno etc., como se extrai das previsões do Pronunciamento CPC 39[45].

A Lei 12.973, por outro lado, considera irrelevantes tais distinções, firmando-se, para a fixação do tratamento tributário, na forma jurídica adotada. Em se tratando de ações emitidas por sociedade anônima, o tratamento fiscal será sempre o de instrumento de *equity*, ainda que classificado como dívida na contabilidade. Assim, as remunerações distribuídas pela entidade emitente se caracterizam como dividendos, não dedutíveis para a emissora e não tributáveis para o titular das ações[46].

Por fim, é de se notar início, ainda tímido, da abertura do lucro tributável para a consideração econômica do patrimônio segundo o padrão IFRS.

É que se verifica, por exemplo, no tratamento fiscal dos encargos de amortização de intangíveis. O art. 41 da Lei 12.973[47] e sua regulamentação pelo art. 126 da Instrução Normativa RFB n. 1.700, de 2017[48] adotam técnica de reenvio para permitir a dedução das despesas tal qual registradas na escrituração comercial. Como se sabe, a amortização de intan-

[45] Item 16.

[46] Art 10, parágrafos 2º e 3º da Lei n. 9.249, de 1995, na redação conferida pelo art. 9º da Lei 12.973.

[47] Art. 41. A amortização de direitos classificados no ativo não circulante intangível é considerada dedutível na determinação do lucro real, observado o disposto no inciso III do caput do art. 13 da Lei nº 9.249, de 26 de dezembro de 1995.

[48] Art. 126. A amortização de direitos classificados no ativo não circulante intangível, registrada com observância das normas contábeis, é dedutível na determinação do lucro real e do resultado ajustado, desde que o direito seja intrinsecamente relacionado com a produção ou comercialização dos bens e serviços.

gíveis, no padrão IFRS[49], está atrelada ao prazo de vida útil dos bens, durante o qual se espera sua utilização econômica.

Distanciou-se aqui, o legislador fiscal, da solução adotada para a depreciação de bens do ativo imobilizado, estabelecida em parâmetros fixos sem consideração à realidade econômica capturada pela contabilidade[50].

b) Versão forte do princípio da realização

Como se disse anteriormente, o padrão IFRS é influenciado decisivamente por uma visão prospectiva do patrimônio, que busca capturar, na mensuração de ativos e passivos, o que se espera em sua realização futura.

Se no padrão contábil anterior o princípio da prudência impunha a adoção de tal visão apenas quando representasse estimativa de redução do valor de realização dos ativos (custo ou mercado, dos dois o menor), a perspectiva hodierna, refletida em vários pronunciamentos CPC, é de uma ampliação das hipóteses em que elementos patrimoniais (ativos e passivos) são avaliados a valor justo, no mais das vezes por exigência da regulamentação e não por opção da entidade.

A avaliação a valor justo ("AVJ") é exigida para diferentes situações em que o padrão IFRS reconhece que sua adoção é preferível ao método do custo histórico para a fiel representação da situação patrimonial da entidade. Alguns exemplos:

AVJ de produtos ou serviços recebidos em transações com pagamentos baseados em ações (Pronunciamento CPC 10);

AVJ de ativos adquiridos e passivos assumidos em operações que resultam em combinação de negócios nos termos do Pronunciamento CPC 15;

AVJ de ativos biológicos prevista no Pronunciamento CPC 29;

AVJ de ativos financeiros mantidos ou disponíveis para venda prevista no Pronunciamento CPC 48; e,

AVJ opcional de propriedade (imobiliária) para investimento de que trata o Pronunciamento CPC 28.

A AVJ resulta em perdas ou ganhos que devem ser reconhecidos no resultado do exercício ou no resultado abrangente, conforme o caso, afetando o lucro contábil passível de distribuição como dividendos (no caso

49 Itens 97 e ss. do Pronunciamento CPC 04.

50 Art. 47 da Lei n. 4.506, de 1964, com a redação conferida pelo art. 40 da Lei 12.973.

de AVJs reconhecidas no resultado do exercício) ou o patrimônio líquido, no caso de AVJs reconhecidas no resultado abrangente, tendo como contrapartida neste último caso conta específica de Ajuste a Valor Patrimonial no patrimônio líquido[51].

Diante de tal fenômeno, a Lei 12.974 prestigia versão forte do princípio da realização, segundo o qual mutações patrimoniais só merecem consideração, para fins tributários, quando ocorre o encerramento ou realização das posições jurídicas vinculadas aos respectivos ativos e passivos[52]. Apenas nesse momento tais mutações (representadas por ganhos ou perdas) têm potencial de afetar o lucro tributável.

Assim é que ganhos ou perdas decorrentes de AVJ, reconhecidos na contabilidade, têm seu cômputo no lucro tributável diferido para o momento em que ocorridos determinados eventos: (i) baixa, alienação, depreciação, amortização ou exaustão, no caso de avaliações vinculadas a ativos; ou (ii) liquidação ou baixa, no caso de avaliações vinculadas a passivos[53].

O conservadorismo da lei fiscal brasileira foi tal que aplicou o regime indistintamente a quaisquer ganhos ou perdas de AVJ, independentemente do grau de liquidez do item avaliado. Ao fazê-lo acabou abarcando instrumentos financeiros reconhecidos a valor justo em resultado (item 55 do Pronunciamento CPC 48), ainda que dotados de imediata possibilidade de realização em mercados de negociação regulados.

Importante notar que o diferimento da tributação do ganho ou a dedução da perda de AVJ estão condicionados a que os respectivos valores fiquem registrados, na contabilidade, em subconta específica vinculada ao ativo ou passivo[54]. Trata-se de inventiva solução do legislador para permitir o controle dos valores sem alterar o balanço contábil (e incorrer na dependência inversa a que nos referimos anteriormente), em traço remanescente de conexão formal segundo a qual a escolha contábil vincula a apuração do lucro tributável.

[51] Art. 182, §3º da Lei das Sociedades Anônimas.

[52] Nabais, José Casalta. A Tributação das Empresas pelo Rendimento Real. In Revista de Direito Tributário Atual *n. 41*. São Paulo: IBDT, 1º semestre 2019. p. 565.

[53] Arts. 13 e 14 da Lei n. 12.973.

[54] Arts. 13 e 14 da Lei 12.973.

O legislador também foi cuidadoso em manter expressamente o diferimento do reconhecimento fiscal da AVJ diante de eventos de sucessão (jurídica) patrimonial, como incorporações, fusões e cisões[55], de contribuição de ativos (conferência) em capital de sociedades[56] e de permuta de ativos[57], tudo em busca do momento mais seguro para se considerar realizado o ganho ou a perda.

No caso da contribuição de ativos, entretanto, o texto dos dispositivos aplicáveis da Lei 12.973[58] gera dúvida ao parecer conduzir, à primeira vista, à leitura de que apenas os ganhos e perdas de AVJ reconhecidos em decorrência da própria operação de subscrição estariam abarcados pelo diferimento, não se aplicando este à AVJ que tivesse sido reconhecida em momento anterior e que seria realizada com o evento de alienação correspondente à própria subscrição.

As autoridades tributárias já se debruçaram sobre o tema[59], manifestando entendimento de que o art. 17 da Lei 12.973 se aplica também à AVJ constituída em momento anterior à subscrição, mas desde que ela tenha sido registrada em subconta vinculada ao ativo contribuído já na vigência da Lei 12.973.

Para as AVJs registradas antes da vigência da Lei 12.973, a visão manifestada foi a de que deveriam ser aplicadas as regra de adoção inicial de referida Lei[60], segundo as quais as diferenças positivas ou negativas verificadas entre os saldos contábeis no momento da adoção inicial da Lei

[55] Haddad, Gustavo Lian. Realização da renda em reestruturações societárias. In: Zilveti, Fernando Aurélio.; Fajersztajn, Bruno.; Silveira, Rodrigo Maito. (coord.). Direito tributário: princípio da realização no imposto sobre a renda: estudos em homenagem a Ricardo Mariz de Oliveira. São Paulo: IBDT, 2019, v. 1, p. 363-404.

[56] Arts. 17 a 19 da Lei 12.973.

[57] Art. 13, parágrafo 6º da Lei 12.973.

[58] Cf. art. 17, *caput* da Lei n. 12.973. "O ganho decorrente de avaliação com base no valor justo de bem do ativo incorporado ao patrimônio de outra pessoa jurídica, na subscrição em bens de capital social, ou de valores mobiliários emitidos por companhia, não será computado na determinação do lucro real, desde que o aumento no valor do bem do ativo seja evidenciado contabilmente em subconta vinculada à participação societária ou aos valores mobiliários, com discriminação do bem objeto de avaliação com base no valor justo, em condições de permitir a determinação da parcela realizada em cada período."

[59] Solução de Consulta COSIT n. 163, de 27 de setembro de 2021

[60] Arts. 64-70

(mensurados pelo padrão IFRS) e os respectivos valores mensurados pelo padrão contábil anterior deveriam ser adicionadas/excluídas das bases de cálculo do IRPJ e da CSLL no período de adoção inicial ou, alternativamente, controlados em subcontas para serem adicionados/excluídos no momento da respectiva realização por alienação.

Não parece haver sentido, entretanto, em aceitar a noção de continuidade patrimonial em sociedade investida como justificadora do diferimento fiscal dos ganhos e perdas de AVJ surgidos na conferência de ativos e por outro lado acionar os efeitos fiscais em relação à AVJ reconhecida antes do evento, relacionada aos mesmos ativos (ainda que registrada antes da entrada em vigor da Lei 12.973, uma vez que, escolhida a alternativa do registro em subcontas no momento da adoção inicial, a AVJ anterior deveria estar submetida ao mesmo tratamento das AVJ registradas sob a égide desta Lei).

A noção forte de realização como condição para tributação ou dedução também se manifesta no tratamento fiscal das avaliações a valor presente (para itens de balanço afetados pelo valor do dinheiro no tempo, como recebíveis e contas a pagar)[61] e das perdas por estimativa de recuperabilidade de ativos (*impairments*)[62].

Em ambos os casos o legislador considera que ganhos e perdas reconhecidos em resultado terão seu efeito fiscal diferido (via adições e exclusões) para o momento da ocorrência de eventos específicos relacionados aos ativos e passivos aos quais ganhos e perdas estão atrelados.

Por outro lado, os ganhos por compra vantajosa, reconhecidos na contabilidade nas chamadas operações de combinação de negócio por conta da AVJ dos ativos e passivos envolvidos na operação, tiveram tratamento disforme na lei fiscal conforme a natureza da operação que lhes deu causa.

Tal como reguladas no Pronunciamento CPC 15, as combinações de negócio podem envolver qualquer operação de que resulte a transferência do controle de ativos e passivos formadores de um negócio ou fundo de comércio (*going concern*), independentemente de sua forma[63].

[61] Arts. 4º a 6º da Lei 12.973.

[62] Art. 32 da Lei 12.973.

[63] Apêndice A do CPC 15.

A Lei 12.973 estabeleceu que, quando decorrente de aquisição de participação societária avaliada segundo o método da equivalência patrimonial, o ganho por compra vantajosa reconhecido na aquisição não será tributável imediatamente, diferindo-se tal efeito para o momento em que ocorrer a alienação do investimento[64] ou a junção de patrimônios de investidora e investida mediante incorporação, fusão ou cisão[65]. Tais soluções parecem coerentes com a premissa de tributação atrelada a evento de realização e simétricas em relação ao tratamento do ágio por expectativa futura quando reconhecido no mesmo tipo de operação, cuja dedutibilidade é admitida em momentos parelhos àqueles da tributação do ganho por compra vantajosa[66].

Por outro lado, ganhos por compra vantajosa reconhecidos contabilmente em decorrência de outras formas de combinação de negócio (que não a aquisição de participação societária avaliada por equivalência patrimonial) têm previsão de tributação em 60 parcelas a partir da aquisição, independentemente de evento de realização[67]. Tal previsão se aplica, por exemplo, a ganho por compra vantajosa reconhecido na aquisição de ativos formadores de um fundo de comércio.

Esse encaminhamento resulta inconsistente com a noção forte do princípio da realização da renda que norteou o legislador em vários outros momentos, como explicamos acima, sendo fonte de relevantes objeções por parte da doutrina, inclusive quando a uma possível afronta ao momento adequado para a tributação face à exigência de aquisição de disponibilidade de renda do artigo 43 do CTN[68].

[64] Art. 20, parágrafo 6º do DL 1.598, com a redação conferida pela Lei 12.973.

[65] Art. 23 da Lei 12.973.

[66] Art. 33, inciso II do DL 1.598, com a redação conferida pela Lei 12.973, e art. 22 da Lei 12.973.

[67] Art. 27 da Lei 12.973.

[68] Cfe. Mariz, Ricardo Mariz. Depurações do Lucro Contábil para Determinação do Lucro Tributável. *In:* Lopes, Alexsandro Broedel; Mosquera, Roberto Quiroga. O Direito Contábil. Fundamentos Conceituais, Aspectos da Experiência Brasileira e Implicações. *In*: Lopes, Alexsandro Broedel; Mosquera, Roberto Quiroga (coord.) Controvérsias Jurídico-Contábeis (Aproximações e Distanciamentos), vol. 5. São Paulo: Dialética, 2014. p. 366-374.

4.3 Adoção do IFRS nas demonstrações financeiras individuais e as chamadas transações de capital

Como referimos anteriormente, o padrão IFRS, concebido para demonstrações consolidadas, foi também adotado no Brasil nas demonstrações financeiras individuais, que servem de base para a apuração do lucro societário utilizado para fins fiscais.

As demonstrações consolidadas pressupõem o patrimônio da entidade investidora como includente não somente da parcela de ativos e passivos de sociedades investidas detida pela controladora como também daquela atribuída aos acionistas não controladores de tais sociedades investidas.

Por outro lado, nas demonstrações financeiras individuais a parcela dos não controladores nas sociedades investidas não está refletida nos ativos e passivos da entidade controladora. Na adoção do Padrão IFRS para as demonstrações individuais no Brasil, no entanto, a normatização editada pelo CPC buscou assegurar que o patrimônio líquido das demonstrações individuais de uma entidade controladora tenha a mesma grandeza e composição do patrimônio líquido da mesma entidade nas demonstrações consolidadas[69].

Reflexo de tal diretriz é a previsão, nos itens 23 e B96 do Pronunciamento CPC 36(R3), de que, nas demonstrações consolidadas, as operações de aquisição ou alienação de participação, pela controladora, de que não resulte perda no controle da sociedade investida, devem ser objeto de registro como "transações patrimoniais (ou seja, transações com os sócios, tais quais operações de aquisição de suas próprias ações para manutenção em tesouraria)", com reflexo de eventuais diferente entre valor justo e valor contábil diretamente no patrimônio líquido.

Também chamadas de transações de capital, tais operações seriam vistas assim, na contabilidade, como resultado da aplicação do princípio da primazia essência econômica sobre a forma[70].

[69] Item 8 do Pronunciamento CPC 43(R1).

[70] Bifano, Elidie Palma; Fazersztajn, Bruno. Reflexões sobre o Tratamento Tributário de Ganhos em Transações de Capital. *In*: Pinto, Alexandre Evaristo; Silva, Fabio Pereira; Murcia, Fernando Dal-Ri; Vettori, Gustavo Gonçalves. Controvérsias Jurídico-Contábeis. São Paulo: Atlas, 2020. p. 90-91.

Forte na necessidade de equivalência entre patrimônio líquido na demonstração individual e na consolidada, a Interpretação ICPC 09(R2) também prevê o tratamento de tais operação como transações de capital, com registro em patrimônio líquido[71]. Neste ponto está a origem de algumas controvérsias relacionadas à aquisição ou alienação de participação adicional em sociedade controlada, sem perda de controle. Vejamos.

No caso de aquisição de participação adicional em entidade já controlada a diferença entre o valor pago e o valor contábil do patrimônio líquido da investida é registrado em conta de patrimônio líquido da investidora, havendo referência em exemplo constante da Interpretação ICPC 09(R2) a "ágio em transações de capital"[72].

Ponto de possível contenda é se a diferença assim registrada no patrimônio líquido, por não decorrer de uma operação contabilmente qualificada como combinação de negócios, deveria ter o mesmo tratamento fiscal atribuído pela Lei 12.973 à mais ou menos-valia e ao ágio na aquisição de participação societária avaliada por equivalência patrimonial.

Manifestação em solução de consulta formulada por contribuinte[73] e indicação em exposição de motivos em projeto de lei de reforma do imposto de renda apresentado pelo Poder Executivo em 2021[74] sugerem que a visão da administração fiscal brasileira seria no sentido de inadmitir o aproveitamento fiscal do ágio em transações de capital assim qualificadas pela normatização contábil.

Tal posição, se confirmada, seria objeto de importantes ressalvas, havendo argumentos apoiados no próprio texto da Lei 12.973 e argumentos que escalam ao nível da lei complementar para considerar que a não dedução do ágio comprometeria o princípio da renda líquida[75].

[71] Item 66 da Interpretação ICPC 09(R2)

[72] Item 69, exemplo "Balanço Individual 3 da Cia A", da Interpretação ICPC 09(R2).

[73] Solução COSIT n. 39, de 2000.

[74] Item 9 da exposição de motivos anexa ao Projeto de Lei n. 2.337/2021.

[75] Haddad, Gustavo Lian. Abrantes, Emmanuel Garcia. Convergência, Mas Nem Tanto – O Exemplo do Regime Tributário Aplicável na Aquisição de Participação Societária Adicional em Entidade Já Controlada *In:* Silva, Fabio Pereira da. Murcia, Fernando Dal-Ri. Vettori, Gustavo Gonçalves. Pinto, Alexandre Evaristo. Controvérsias Jurídico-Contábeis, v. 2. São Paulo:Atlas, 2021, p. 246.

Questão de outra ordem, porém de idêntica origem, surge na alienação de participação em sociedade controlada sem que dela resulte perda de controle.

Ganhos ou perdas em tal alienação são registrados em conta de patrimônio líquido, e não em resultado do exercício, havendo quem defenda que, à mingua de previsão expressa na Lei 12.973 para sua adição (ganho) ou exclusão (perda) ao lucro contábil para fins de tributação, não deveriam tais ganhos ou perdas serem computados no lucro tributável[76].

Elidie Bifano e Bruno Fajersztajn assinalam que resultado oposto a tal visão é obtido caso se considere que há na legislação fiscal dispositivo de lei ainda em vigor (art. 31 do DL 1.598), não alterado pela Lei 12.973, que estipula o cômputo no lucro tributável de ganhos ou perdas de capital na alienação de investimentos, sem excepcionar aqueles registrados em patrimônio líquido[77]. Subjacente a tal compreensão estaria uma perspectiva integrada dos diferentes momentos históricos da legislação do IRPJ, cabendo ajustes no Livro de Apuração do Lucro Real quando houver "valores não incluídos na apuração do lucro líquido que, de acordo com a legislação tributária, devam ser computados no lucro tributável", nos termos do art. 6º, parágrafo 2º, alínea b do DL 1.598.

Conclusões

A relação entre lucro contábil e lucro tributável retratada na parte 2 do presente artigo, até a adoção do padrão IFRS, tinha como traço marcante a influência que a legislação tributária exercia na elaboração das demonstrações contábeis (fenômenos da heterointegração ou dependência reversa), típica de situações que autores ingleses que estudaram modelos

[76] Mosquera, Roberto Quiroga; Diniz, Rodrigo Pará. Alienação de Investimentos sem Perda de Controle: Visão Contábil e Impactos Tributários. *In*: Pinto, Alexandre Evaristo; Silva, Fabio Pereira; Murcia, Fernando Dal-Ri; Vettori, Gustavo Gonçalves. Controvérsias Jurídico-Contábeis. São Paulo: Atlas, 2020. p. 335-337.

[77] Bifano, Elidie Palma; Fazersztajn, Bruno. Reflexões sobre o Tratamento Tributário de Ganhos em Transações de Capital. *In*: Pinto, Alexandre Evaristo; Silva, Fabio Pereira; Murcia, Fernando Dal-Ri; Vettori, Gustavo Gonçalves. Controvérsias Jurídico-Contábeis. São Paulo: Atlas, 2020. p. 100-105.

no direito comparado chamaram de Liderança do Direito Tributário ou até Dominância do Direito Tributário[78].

A superação desse traço com a adoção do Padrão IFRS na apuração do lucro contábil a partir de 2008, tornando-o independente das escolhas da legislação tributária, e a introdução da regulação fiscal sobre os novos fenômenos contábeis a partir de 2014, repercutiu no interesse que operadores do Direito Tributário passaram a ter na Contabilidade, como ciência e como conjunto normativo.

Não custa repetir. A adoção do padrão IFRS como ponto de partida para a tributação faz com que o jurista precise conhecer os fundamentos e conteúdo dos novos fenômenos contábeis se quiser bem aplicar as disposições da lei fiscal que a eles remetem, tendo a produção acadêmica que investiga a relação entre Direito e Contabilidade se avolumado ao longo da última década.

Resta saber se, com a experiência adquirida ao longo dos anos, o legislador fiscal se permitirá, no futuro, passos mais ousados no sentido de acolher influxos advindos do padrão IFRS, mitigando o vínculo às formas de direito privado na aferição do lucro tributável em prol de maior proximidade com a realidade econômica do patrimônio, ou se preferirá manter-se forte nas balizas atuais.

[78] LAMBS, Margaret; NOBES, Christopher; ROBERTS, Alan. *International Variations in the Connections Between Tax and Financial Accounting*. In: JAMES, Simon (coord.). *Taxation – Critical Perspectives in the World Economy v. II, parte 5, Legal and Accounting Aspects*. London: Routledge, 2004. p. 174.

9.
LUCRO CONTÁBIL E LUCRO TRIBUTÁRIO NO BRASIL: RELACIONAMENTO, EVOLUÇÃO E CONSOLIDAÇÃO

HERON CHARNESKI

Introdução

Os sistemas normativos contábeis, assim como os ordenamentos jurídicos, apresentam características diversas. Um dos principais fatores causadores de diferenças entre os sistemas contábeis é a prevalência das fontes de financiamento e de propriedade dos negócios: enquanto em determinados países o capital provido por bancos é muito significativo, assim como a concentração de negócios familiares, em outros há um grande número de companhias cujo financiamento depende de milhares de investidores e acionistas (casos dos Estados Unidos e do Reino Unido)[1]. No primeiro grupo, a divulgação financeira externa é largamente destinada a proteger credores e governos, o que acaba desencorajando o desenvolvimento de normas contábeis mais flexíveis e sujeitas a julgamento, ao mesmo tempo que conduz a maior uniformidade e conservadorismo. No segundo grupo, a divulgação financeira externa se destina a investidores interessados em uma estimativa neutra de lucros futuros, o que acaba encorajando o desenvolvimento de normas contábeis com uma função de mercado. É com essa alteração no perfil de destinatário da divulgação

[1] Nobes, Christopher; Parker, Robert. *Comparative international accounting*. 10th ed. London: FT Prentice Hall, 2008. p. 28-33.

financeira da companhia que se situam os principais pilares das normas internacionais de contabilidade. A busca de melhor retratar a realidade econômica, no interesse dos seus destinatários, caracteriza o padrão IAS/IFRS[2] por uma abordagem mais baseada em princípios e noções mais abertas como "essência sobre a forma" e "controle" (*principle-based approach*), que permitem maior julgamento de valor, em detrimento de uma abordagem mais baseada em regras (*rules-based approach*), que reduzem a margem para discricionariedade[3].

A convergência formal e material ao padrão IAS/IFRS, cuja base legal é a Lei nº 11.638, de 2007, tem representado uma profunda revisão normativa e uma mudança de paradigmas da contabilidade no Brasil. Não obstante, a origem da convergência da contabilidade brasileira aos padrões internacionais possui duas características que tornam peculiar esse processo e provocam até hoje, passados quase quinze anos da publicação da Lei nº 11.638/07, pontos de intersecção e atrito entre normas contábeis e normas jurídico-tributárias. Em primeiro lugar, ao contrário da imensa maioria dos outros países, em que as demonstrações contábeis segundo o padrão IAS/IFRS são somente as consolidadas, no Brasil, as demonstrações contábeis sujeitas à convergência são as individuais, que também servem de base para o cálculo e o pagamento de tributos e, como regra, de dividendos, além de constituírem ponto de apoio para diversas outras relações jurídicas[4]. Em segundo lugar, esse processo de convergência da contabilidade brasileira aos padrões internacionais também teve como nota distintiva a sua ancoragem jurídico-positiva. O "Pronunciamento" emitido pelo Comitê de Pronunciamentos Contábeis (CPC) não se encerra como norma técnica de contadores para contadores.

[2] Refere-se ao conjunto de normas contábeis denominadas IAS (*International Accounting Standards*) e IFRS (*International Financial Reporting Standards*), emitidas pelo órgão regulador IASB (*International Accounting Standards Board*), e adotadas na maioria dos principais mercados globais.

[3] Lage, Carlos; Weffort, Elionor Farah Jreige. Estrutura conceitual para a elaboração e apresentação das demonstrações financeiras. In: Ernst & Young, Fipeacfi. Manual de normas internacionais de contabilidade: IFRS versus normas brasileiras. São Paulo: Atlas, 2009. p. 10-11.

[4] Charneski, Heron. *Normas internacionais de contabilidade e direito tributário brasileiro.* Série Doutrina Tributária Vol. XXIV. São Paulo: Quartier Latin, 2018. p. 98-99.

A própria Lei nº 11.638/07, no seu art. 5º, estabeleceu um roteiro de positivação da norma técnica pelos órgãos reguladores (CVM – Comissão de Valores Mobiliários, CFC – Conselho Federal de Contabilidade, e assim por diante), isso sem falar em muitas disposições contábeis reproduzidas diretamente na Lei das S.A. e em outras normas esparsas.

Assim, pretende-se neste texto, a partir de uma breve exposição sobre aspectos conceituais das relações entre contrabilidade e tributação, avaliar a evolução histórica da relação entre os "lucros" tributário e contábil no Brasil[5]. Para tanto, ao longo do texto, serão enfrentadas questões como a forma com que o legislador adotou a escrituração contábil como base de cálculo para o imposto de renda no país, ou exigiu ajustes específicos, antes e após a convergência ao padrão internacional; as vantagens ou desvantagens do modelo legal vigente; e algumas questões ainda controversas, em especial a fundamentação jurídica da tributação do valor justo. Ao final, serão discutidos brevemente alguns caminhos possíveis da relação entre os "lucros" tributário e contábil no país. Passados quase quinze anos da positivação do processo de convergência ao padrão IAS/IFRS, advoga-se que a contabilidade continue sendo o ponto de partida (ainda que não o de chegada) para a apuração do Imposto de Renda das Pessoas Jurídicas (IRPJ) e da Contribuição Social sobre Lucro Líquido (CSLL).

Relação entre lucro contábil e lucro tributário no Brasil antes do padrão IAS/IFRS

Quando da introdução da tributação da renda das pessoas jurídicas no Brasil pelas Leis nº 4.625, de 1922, e nº 4.783, de 1923, a incidência tributária estava baseada em conceitos amplos e sem maior rigor como "conjunto líquido de rendimentos de qualquer origem", com as deduções indicadas por lei, mas sem uma associação direta com uma sistemática

[5] O termo "lucro" é reconhecidamente equívoco, pois também pode haver resultado negativo (o "prejuízo), além de polissêmico; ainda assim, emprega-se o termo pelo seu didatismo e frequência na literatura para explicar a maior ou menor aproximação entre os critérios contábeis e tributários adotados em determinado ordenamento jurídico.

contábil de apuração do lucro[6]. Como relata Aliomar Baleeiro, a estreia do imposto no país foi tímida, em razão de sua limitada disciplina[7].

A alteração desse quadro veio a ocorrer com o Decreto-Lei nº 5.844, de 1943, que, em resposta às novas normas das sociedades por ações instituídas pelo Decreto-Lei 2.627, de 1942, introduziu a tributação das pessoas jurídicas de acordo com "os lucros reais verificados, anualmente, segundo o balanço e a demonstração da conta de lucros e perdas" (art. 32). Nesse período, o "lucro real", como base de cálculo do tributo, não tinha uma conceituação legal exata, sendo pressuposta, mas a adoção da contabilidade, segundo a lei comercial, era exigência da lei em matéria tributária[8]. Assim, este Decreto-Lei de 1943 pode ser considerado o catalisador da tradição brasileira de utilização da contabilidade comercial como elemento de partida para tributação da renda das pessoas jurídicas.

Posteriormente, a Lei nº 4.506, de 1964, apresentou importantes definições como a de "lucro real" (art. 37, § 2º) e "operacional" (este, determinado pela escrituração da empresa, feita com observância das prescrições legais, conforme o art. 42), contendo disposições básicas da legislação tributária até hoje. A contabilidade continua sendo peça fundamental na tributação da renda corporativa.

Marco decisivo para consolidar a aproximação entre o lucro contábil e o lucro tributário foi a edição, em 1976, da Lei nº 6.404, que instituiu nova disciplina para as sociedades por ações, com o objetivo de fortalecimento do mercado de capitais brasileiro. A referida lei, em seu capítulo XV – Exercício Social e Demonstrações Financeiras, trouxe uma série de regras destinadas à escrituração contábil, o chamado "capítulo contábil" da lei. Dentre elas, destaca-se a solução ainda em vigor do § 2º do art. 177, que dispôs, em síntese, que a companhia deve observar

[6] Bifano, Elidie Palma. Evolução do regime contábil tributário no Brasil. In: Mosquera, Roberto Quiroga; Lopes, Alexsandro Broedel (coords.). *Controvérsias jurídico contábeis (aproximações e distanciamentos)*. v. 3. São Paulo: Dialética, 2012. p. 142.

[7] Baleeiro, Aliomar. *O imposto sobre a renda: prática, doutrina e legislação*. Bahia: Editora Baiana, 1938. p. 32.

[8] Bifano, Elidie Palma. Evolução do regime contábil tributário no Brasil... op. cit. p. 146-147.

em registros auxiliares, sem modificação da escrituração mercantil, as disposições da lei tributária, que tratem de métodos ou critérios contábeis diferentes.

Nesse contexto, em 1977 foi editado o Decreto-Lei nº 1.598 com o objetivo de adaptar a legislação do imposto sobre a renda às inovações trazidas pela legislação societária. Não obstante o anteprojeto do decreto-lei pretendesse disciplinar toda a tributação do lucro das pessoas jurídicas, o Poder Executivo optou pela edição de um Decreto-lei mais sucinto, com apenas as normas consideradas imprescindíveis para a harmonização da legislação tributária ao novo regime jurídico das sociedades anônimas[9].

A proximidade entre o lucro contábil e o lucro tributário foi acentuada com as disposições do Decreto-Lei nº 1.598/1977. O art. 6º do diploma dispõe que "*lucro real é o lucro líquido do exercício ajustado pelas adições, exclusões ou compensações prescritas ou autorizadas pela legislação tributária*" (caput), enquanto que o lucro líquido do exercício "*deverá ser determinado com observância dos preceitos da lei comercial*" (§ 1º).

Portanto, já nesta época o ponto de partida para o lucro real era o lucro líquido, assim entendido como a soma algébrica do lucro operacional, dos resultados não operacionais e das participações, devendo ser determinado com observância dos preceitos da lei comercial e conforme os princípios contábeis. Como visto, embora o lucro real seja distinto do lucro líquido, subordina-se a este último como ponto de partida para a sua apuração.

Ademais, a relevância do Decreto-lei nº 1.598/1977 pode ser atestada por algumas de suas inovações, como foi o caso da criação do Livro de Apuração do Lucro Real (LALUR) como o "registro auxiliar" disposto pela Lei das S.A, e que passou a servir à apuração extracontábil do lucro real sujeito à tributação pelo Imposto de Renda em cada período de apuração, contendo, também, os valores passíveis de influir em resultados futuros, conforme o art. 8º, I, "c" do Decreto-Lei nº 1.598/1977. Com isso,

[9] Tavares Guerreiro, José Alexandre. O conceito de lucro tributável à luz do Decreto-lei 1.598 de 1977. In: *Revista de Direito Tributário*. v 5. São Paulo; Revista dos Tribunais, 1978. p. 179.

consolidou-se na prática tributária a solução do "registro auxiliar" apresentada pelo referido Decreto-lei.

Contudo, ao longo do tempo, as autoridades tributárias demonstraram em algumas situações resistência a tal prática, em razão de que a plena conciliação das diferenças entre as normas tributárias e contábeis era realizada apenas no LALUR. Nesse cenário, determinados ajustes contábeis a serem realizados no LALUR não eram aceitos pela Administração Tributária, que demandava o cumprimento dos critérios fiscais já na escrituração contábil.

Os autores do *Manual de Contabilidade Societária* descreviam essa interferência como *indireta*, ao levar as empresas a abandonarem a melhor contabilidade para não ter que, com isso, adiantar o pagamento de tributos: seria o caso da depreciação do imobilizado, cuja dedutibilidade fiscal estava condicionada ao reconhecimento contábil da despesa segundo os limites aceitos pelo fisco, mesmo que tais valores fossem superiores aos preconizados pela realidade econômica e contábil[10]. Outro exemplo que poderia ser citado é o das regras de amortização fiscal do ágio por expectativa de rentabilidade futura, em processos de aquisição de investimentos seguidos de reorganização societária, que requeriam o despesamento de tal ágio no resultado do exercício, quando as práticas contábeis já em vigor não secundavam esse expediente.

Em decorrência dessa resistência do Fisco, iniciou-se um processo de distorções nas informações contábeis destinadas ao público em geral, considerando que muitos critérios contábeis exigidos pelas autoridades tributárias estavam em sentido oposto ao dos princípios contábeis.

Características do processo brasileiro de convergência ao padrão IAS/IFRS

Determinados fatores contribuíram para o processo de convergência das práticas contábeis brasileiras ao padrão internacional IAS/IFRS antes da edição da Lei 11.638/2007.

No contexto macroeconômico, o advento do "Plano Real" em 1994 e a superação da hiperinflação contribuíram para o crescimento econômico

[10] Gelbke, Ernesto Rubens et al. *Manual de contabilidade societária: aplicável às demais sociedades de acordo com as normas internacionais e do CPC*. 3 ed. São Paulo: Atlas, 2018. p. 21.

e para o desenvolvimento do mercado de capitais, possibilitando o crescimento da discussão acerca da contabilidade[11].

No âmbito regulatório, por sua vez, a criação do Comitê de Pronunciamentos Contábeis (CPC) pela Resolução nº 1.055, de 2005, do Conselho Federal de Contabilidade (CFC), representou um passo importante na adoção dos padrões internacionais, justamente porque tinha como objetivo a emissão de pronunciamento técnicos sobre procedimentos da contabilidade já considerando o processo de convergência da contabilidade brasileira. Também podem ser citados como pano de fundo da convergência: a) o Comunicado do BACEN – Banco Central do Brasil nº 14.259, de 2006, que objetivou a adoção de procedimentos para a elaboração e publicação de demonstrações contábeis consolidadas das instituições financeiras em consonância com os pronunciamentos do IASB a partir de 31 de dezembro de 2010; e b) no âmbito do mercado de capitais, a a Deliberação da CVM nº 520, de 2007, para permitir a aceitação em ato próprio, no todo ou em parte, dos pronunciamentos emitidos pelo CPC, e a Instrução nº 457, de 2007, para obrigar as companhias abertas, a partir do exercício findo em 2010, a apresentar as suas demonstrações financeiras consolidadas com a adoção do padrão contábil internacional, de acordo com os pronunciamentos emitidos pelo IASB.

Nesse contexto, e com a preocupação de um marco legal para a convergência da contabilidade brasileira aos padrões internacionais, a Lei nº 11.638, afinal publicada em 28/12/2007. A lei se origina de um anteprojeto que tramitava no Senado desde 2000 e que buscava a reforma da Lei 6.404/1976 (Lei das S.A.), com a finalidade de adaptar as normas societárias brasileiras às práticas contábeis internacionais, processo tido como inadiável para que o Brasil ingressasse, de forma eficiente, no contexto de globalização econômica[12].

[11] Carvalho, Nelson; Salotti, Bruno; Murcia, Fernando Dal-Ri. Convergência da Contabilidade Brasileira às Normas Internacionais de Contabilidade (IFRS): Retrospectiva Histórica e Desafios para o Futuro. In: *IFRS no Brasil – Temas Avançados Abordados por Meio de Casos Reais*. São Paulo: Atlas, 2014.

[12] Câmara dos Deputados. *Exposição de Motivos*. Disponível em: <http://imagem.camara.gov.br/Imagem/d/pdf/DCD10NOV2000.pdf#page=38>. Acesso em: 24 abr. 2022.

Nesse contexto, a implementação dos princípios, normas e padrões de contabilidade e auditoria internacionais fortaleceria o mercado de capitais e teria como consequência a maior qualidade das informações contábeis, o que facilitaria o processo de tomada de decisão na alocação de recursos, promovendo o desenvolvimento econômico do país. Daí afirmar-se que o processo de convergência foi baseado, também, em fundamentos constitucionais, como o objetivo fundamental de garantir o desenvolvimento nacional, conforme prevê o art. 3º inciso II, da Constituição Federal de 1988, além da observância dos princípios da ordem econômica, baseada na valorização do trabalho e na livre iniciativa, especialmente a livre concorrência, conforme o art. 170, caput e inciso IV, da Constituição[13].

Não obstante, como adiantado, em razão de o processo de convergência brasileiro ter se dado por meio de veículo legislativo, certas características merecem destaque.

Dentre elas, há o fato de que, ao contrário de outros países, que adotam o padrão IFRS tão-somente quanto às demonstrações consolidadas, no Brasil, as demonstrações contábeis sujeitas à convergência também incluem as individuais[14]. O Brasil, acompanhado da Itália, foi o primeiro país do mundo a ter balanços individuais e consolidados obrigatoriamente conforme o padrão IAS/IFRS[15].

A opção do legislador pela aplicação do IFRS aos balanços individuais trouxe variados reflexos jurídicos: primeiramente, na visão societária, contribuiu para apuração do lucro a ser destinados aos sócios, inclusive à parcela a ser distribuída como dividendos; do ponto de vista contratual, impactou o cumprimento de cláusulas contratuais, especialmente

13 CHARNESKI, Heron. *Normas internacionais de contabilidade e direito tributário brasileiro...* op. cit. p. 97.

14 São exceções as instituições financeiras reguladas pelo Banco Central do Brasil e as empresas seguradoras, que apresentam apenas demonstrações financeiras consolidadas segundo o padrão IAS/IFRS (Resolução CMN nº 3.786, de 2010, e Circular SUSEPE nº 430, de 2012).

15 GELBKE, Ernesto Rubens et al. *Manual de contabilidade societária: aplicável às demais sociedades de acordo com as normas internacionais e do CPC.* 3 ed. São Paulo: Atlas, 2018. p. 22.

em relação àquelas destinadas a proteger o crédito; e, inevitavelmente, impactaria a apuração dos tributos sobre o lucro e sobre a receita[16].

Outra característica advinda da positivação do padrão IAS/IFRS fez surgir questões relativas à apropriação da contabilidade pelo direito, isto é, o próprio caráter jurídico-positivo atualmente revestido pelas normas contábeis, e os conflitos normativos que daí poderiam ocorrer.

Nesse norte, o § 5º do art. 177 da Lei das S.A., incluído pela Lei nº 11.638/07, pavimentou o poder regulatório da CVM, ao estatuir que as normas expedidas pela autarquia para as companhias abertas "deverão ser elaboradas em consonância com os padrões internacionais de contabilidade adotados nos principais mercados de valores mobiliários". Quanto às companhias fechadas, fora da regulação da CVM, o § 6º do mesmo dispositivo permitiu a estas "optar por observar as normas sobre demonstrações financeiras expedidas pela Comissão de Valores Mobiliários para as companhias abertas". Ainda, em relação às sociedades de grande porte, ainda que não constituídas sob a forma de sociedades por ações, o art. 3º da Lei nº 11.638/07 estabeleceu a aplicação das disposições da Lei das S.A. sobre escrituração e elaboração de demonstrações financeiras[17]. Vale observar que a própria Lei das S.A. sofreu diversas alterações, que positivaram os novos critérios contábeis.

Mesmo no caso de sociedades que não as por ações e que não se caracterizem como de grande porte, a observância ao padrão IAS/IFRS se estende por outras frentes. O já citado Decreto-Lei nº 1.598/1977 (norma tributária) segue dispondo que o lucro real, para as empresas sujeitas a esse regime de apuração, independente do seu regime societário, seja determinado "com base na escrituração que o contribuinte deve manter, com observância das leis comerciais e fiscais" (art. 7º), e que o lucro líquido, para efeitos de incidência do IRPJ, seja apurado "com

[16] Fernandes, Edison Carlos. Breve Introdução ao estudo sobre a dependência do IRPJ ao IFRS. In: Silva, Fábio Pereira da; Murcia, Fernando dal Ri; Vettori, Gustavo Gonçalves; Pinto, Alexandre Evaristo. *Controvérsias jurídico-contábeis*. v. 2. São Paulo: Atlas, 2021. p. 132.

[17] Segundo o art. 3º da Lei nº 11.638/07, "considera-se de grande porte, para os fins exclusivos desta Lei, a sociedade ou conjunto de sociedades sob controle comum que tiver, no exercício social anterior, ativo total superior a R$ 240.000.000,00 (duzentos e quarenta milhões de reais) ou receita bruta anual superior a R$ 300.000.000,00 (trezentos milhões de reais)".

observância das disposições da Lei nº 6.404, de 15 de dezembro de 1976" (art. 67, XI). E as pequenas e médias empresas (PMEs), caracterizadas como aquelas que não têm obrigação pública de prestação de contas, nem sejam consideradas de grande porte conforme a Lei nº 11.638/2007, utilizam o padrão IAS/IFRS simplificado, mas também podem optar por seguir o padrão completo, como previsto na Resolução CFC nº 1.255, de 2009, atualmente NBC TG 1.000 (R1) – Contabilidade para Pequenas e Médias Empresas.

A ampliar esse arcabouço legal, tem-se ainda a edição da Lei nº 10.249, de 2010, que selou a competência do Conselho Federal de Contabilidade (CFC) para "regular acerca dos princípios contábeis" e "editar Normas Brasileiras de Contabilidade de natureza técnica e profissional", as quais são de observância obrigatória para os profissionais habilitados e atualmente também se encontram alinhadas ao padrão internacional. Isso sem falar no Código Civil de 2002, que também já dedicava um capítulo à escrituração das sociedades em geral (arts. 1.179 a 1.195), mas que diante da convergência se tornou obsoleto, com normas de linguagem imprecisa ou impróprias (como a exigência de elaboração de um balanço de resultado econômico do art. 1.179) ou em franca contrariedade com o novo padrão contábil (como a previsão única do custo histórico na avaliação de bens, prevista no art. 1.187).

A ancoragem legislativa trouxe segurança jurídica ao processo de convergência brasileira ao padrão IAS/IFRS, mas, como se percebe, essa opção também atrai inúmeros desafios aos intérpretes. E, uma vez que a convergência se estendeu às demonstrações financeiras individuais, há divergências específicas que se observam em razão de certa concorrência legislativa na regulação das sociedades e até mesmo em razão de diferenças entre o padrão local e o padrão internacional. Exemplo dessas diferenças é a opção de reavaliação de ativos tangíveis (sob a *IAS 16 – Property, Plant and Equipment*) e intangíveis (sob a *IAS 38 – Intangible Assets*), prevista no padrão internacional, mas formalmente revogada no Brasil pelo art. 6º da Lei nº 11.638/07.

Do quadro normativo exposto e das diferenças estabelecidas pelo padrão contábil nacional, é de se reconhecer que o processo brasileiro se caracteriza como de convergência ao padrão IAS/IFRS, mas não de adoção. Nos processos de adoção, a legislação nacional é deixada de lado e substituída por uma exigência ou uma permissão de uso do padrão IAS/IFRS diretamente[18]. Ao revés, não sendo as normas jurídico-contábeis adotadas no Brasil uma mera tradução ou adoção das normas emitidas pelo IASB, chega-se a aludir até a um padrão "BIFRS", ou padrão IAS/IFRS conforme aplicado no Brasil[19].

Modelos de relacionamento entre "lucro tributário" e "lucro contábil": vantagens e desvantagens e características brasileiras

O grau de proximidade entre critérios contábeis e tributários é uma opção do legislador, que, segundo a doutrina, parte das diferenças estruturais entre os sistemas contábeis, causadas pela diversidade das fontes de financiamento da atividade empresarial[20]. Assim, tem-se, de um lado, nos países em que prevaleceu o financiamento das empresas por instituições financeiras, a predominância de padrões contábeis voltados à proteção do credor (*stakeholder-oriented accountig model*), evidenciados nos princípios do conservadorismo e do custo histórico como base de valor, com um possível reporte de lucros menores[21]. Acredita-se que esse modelo tenderia a associar-se melhor aos princípios tributários, como os da segurança jurídica e legalidade, e, por isso, levaria a uma maior proximidade entre o lucro fiscal e o lucro contábil, mas também a uma possível maior influência do Fisco sobre a normatização contábil.

De outro lado, nos países em que que prevaleceu o financiamento de empresas pelo capital de investidores, houve a predominância de padrões contábeis destinados à informação do mercado e à valorização do capital

[18] Nobes, Christopher; Parker, Robert. *Comparative international accounting*... op. cit. p. 104.

[19] Mcmanus, Kieran John. Desafios contábeis e fiscais decorrentes do processo de harmonização contábil. In: Rocha, Sergio André (Coord.). *Direito tributário, societário e a reforma da Lei das S.A.*: alterações das Leis 11638/07 e 11941/09. São Paulo: Quartier Latin, 2010. p. 356.

[20] Derzi, Misabel Abreu Machado; Fonseca, Fernando Daniel de Moura. A transparência fiscal e o controle da concorrência tributária como fatores de harmonização, em busca de globalização econômica mais eficiente e socialmente mais justa: uma análise do processo brasileiro de convergência ao padrão contábil internacional. In: Santi, Eurico Marcos Diniz de. *Transparência fiscal e desenvolvimento*: homenagem ao professor Isaias Coelho. São Paulo: Fiscosoft, 2013. p. 422-426.

[21] Charneski, Heron. *Normas internacionais de contabilidade e direito tributário brasileiro*... op. cit. p. 58-59.

(*shareholder-oriented accountig model*). Nesse modelo, entram em cena conceitos como essência econômica e valor justo, com o eventual reporte de lucros maiores e um conservadorismo abrandado, com maior responsabilidade dos administradores. Ao dissociar-se dos princípios tributários clássicos, tal modelo contábil tenderia a um maior distanciamento entre os resultados tributário e contábil.

Nesse contexto, as relações entre o "balanço tributário" e o "balanço fiscal" (termos também utilizados na doutrina comparada) podem ser explicadas, de um ponto de vista teórico, por determinados "modelos de conexão".

No modelo de Lamb, Nobes e Roberts, por exemplo, há cinco categorias: (i) desconexão: regras contábeis e regras fiscais são distintas; (ii) identidade: regras contábeis e fiscais são as mesmas; (iii) liderança da contabilidade: quando há regra contábil clara, esta tem predominância para todos os fins (contábil e tributário); (iv) liderança do Direito Tributário: quando há regra tributária clara, esta tem predominância para todos os fins (contábil e tributário); e (v) dominância do Direito Tributário: as regras contábeis são superadas pelas regras tributárias, caso ocorra um conflito.

Pesam as críticas no direito comparado aos modelos de identidade e de desconexão no sentido de sua pequena identificação com a realidade normativa, sendo muito mais explicações teóricas ao grau de identificação ou não entre regras que levam a resultados contábeis e tributários distintos[22].

Fato é que, embora os modelos teóricos nem sempre se adaptem aos graus de dependência e autonomia efetivamente verificados na realidade, essas classificações servem para apresentar as características dessas relações e para explicar determinados objetivos utilizados nas decisões do legislador.

[22] Zornoza e Pérez, Juan José; Baéz Moreno, Andrés. Modelos comparados de relación entre normas contables y normas fiscales em la imposición sobre el beneficio de las empresas. In: Piza Rodriguez, Julio Roberto; Sarmiento Perez, Pedro Enrique (Coords.). *El impuesto sobre la renta y complementários: consideraciones teóricas y prácticas*. 2. Ed. Bogotá: Universidade Externado de Colombia, 2011. p. 439.

Nesse sentido, a defesa do "modelo de desconexão" está fundada basicamente nos diferentes objetivos das regras tributárias e contábeis.

Por sua vez, a defesa do "modelo de identidade" entre os balanços contábil e tributário estaria baseada em duas principais justificativas.

A primeira delas seria a simplificação, que decorre da utilização de uma única escrituração para ambos os fins, tributário e contábil, o que, por consequência, reduziria os custos de conformidade[23]. Levado ao extremo, no entanto, a justificativa não reconhece que, na atualidade, a tecnologia da informação torna relativamente mais fácil (embora não barato) superar as dificuldades de preparar duas demonstrações baseadas em regras distintas. Seja como for, o argumento em si não passou despercebido pelo legislador brasileiro, quando a Exposição de Motivos da Medida Provisória nº 627/13, de que resultou a Lei nº 12.973/14, declarou que "a possível adoção da Contabilidade Fiscal segregada da Contabilidade Societária (*two books of account*)" "elevaria o custo Brasil para as empresas".

A segunda justificativa se desenvolve nos Estados Unidos, em direção oposta ao modelo local de desconexão. A *crise contábil* que afrontou o país a partir de fraudes corporativas no início dos anos 2000, em empresas como Enron e Worldcom[24], propiciou um ambiente ideal para a defesa de uma conformidade dos balanços que diminuísse a prática do *tax sheltering*[25].

Nesse contexto, com um único método para apuração de resultados, as vantagens seriam a diminuição da pressão aos executivos para, de um lado, reportarem ao mercado lucros maiores e, de outro, minimizarem os lucros tributáveis, considerando que qualquer diminuição dos últi-

[23] FREEDMAN, Judith. Aligning taxable profits and accounting profits: accounting standards, legislators and judges. *eJournal Tax Research*, 7, 2005. p. 74-96. Disponível em: < https://www.business.unsw.edu.au/research-site/publications-site/ejournaloftaxresearch-site/Documents/paper2_v2n1.pdf>. Acesso em: 30 abr. 2022.

[24] GROSSFELD, Bernhard. International financial reporting *standards*: European Corporate Governance. In: Câmara, Francisco de Sousa da; SANCHES, J.L. Saldanha; GAMA, João Taborda da (Orgs.). *O direito do balanço e as normas internacionais de relato financeiro*. Coimbra: Coimbra Ed, 2007. p. 45.

[25] WHITAKER, Celia. Bridging the book-tax accounting gap. *The Yale Law Journal*, v. 115, nº 3, p. 725, 2005-2006.

mos teria impacto na distribuição de dividendos. A identidade entre os "balanços", seria, dessa forma, um objetivo de melhora da governança corporativa, tendo em vista que os administradores das empresas perderiam, em razão do efeito da tributação, os motivos para superdimensionarem resultados contábeis[26].

Este argumento favorável ao "modelo de identidade", especialmente tratado na doutrina norte-americana, deve ser visto com cautela. Em primeiro lugar, se levado às últimas consequências, ele restringiria a flexibilidade do legislador tributário e dos normatizadores contábeis, que passariam a depender de normas uniformes. Em segundo lugar, se aplicável, o argumento estaria direcionado apenas àquelas empresas de grande porte com ações negociadas em bolsa, em que o "conflito de agência" (a possibilidade de o executivo colocar interesses individuais à frente dos interesses coletivos) é mais nítido, sendo no mínimo temerário pressupor que acionistas controladores ou sócios de empresas de capital fechado teriam interesse em reduzir os seus próprios dividendos para economizar impostos[27].

Seja como for, o argumento em si não deve ser totalmente desprezado, já que, a depender da situação, a identidade entre os balanços pode implicar, de fato, melhoria da qualidade da informação contábil – por exemplo, a eventual tributação do valor justo (se isso fosse juridicamente possível, por certo), nesse particular, poderia funcionar como um mecanismo de controle da verdade contabilística, ao reprimir a tentação de exagero dessa forma de mensuração[28].

Como se vê, de um ponto de vista teórico, existem vantagens e desvantagens potencialmente atribuíveis a um ou outro modelo de relacionamento entre os "balanços" tributário e contábil, sendo o movimento geral na direção de um modelo de conexão *parcial*, em que as demonstra-

[26] Shaviro, Daniel. The optimal relationship between taxable income and financial accounting income: analysis and a proposal. *NYU Law and Economics Research Paper*, n. 7-38, p. 62. Disponível em: <http://ssrn.com/abstract=1017073>. Acesso em: 27 abr. 2022.

[27] Zornoza Pérez, Juan José; Báez Moreno, Andrés. Modelos comparados de relación entre normas contables y normas fiscales en la imposición sobre el beneficio de las empresas... op. cit. p. 443.

[28] Tavares, Tomás Cantista. *IRC e contabilidade*: da realização ao justo valor. Coimbra: Almedina, 2011. p. 97.

ções contábeis seriam o ponto de partida da base de cálculo dos tributos, complementadas por correções do próprio sistema tributário, em maior ou menor grau, para atender a razões governamentais de políticas econômicas e sociais e às exigências do mesmo sistema[29].

Com essas considerações, somadas à evolução legislativa já mencionada, é possível avaliar como o legislador tributário brasileiro se houve diante dos modelos de relacionamento entre o "balanço contábil" e o "balanço fiscal".

No caso brasileiro, pode-se dizer que, a partir do Decreto-Lei nº 5.844/1943, que introduziu a tributação das pessoas jurídicas de acordo com os lucros reais verificados anualmente em demonstrações contábeis, em resposta às novas normas das sociedades por ações do Decreto-Lei nº 2.627/1940, a tendência geral legislativa tem sido efetivamente a de utilização de um modelo de *conexão parcial*, em que as demonstrações contábeis seriam o ponto de partida da base de cálculo dos tributos incidentes sobre a renda das pessoas jurídicas.

É verdade que, como dito, no período anterior ao processo de convergência, a Administração Tributária demandava o cumprimento de critérios fiscais já na escrituração contábil, ou seja, a legislação tributária, em certa medida, regulava condutas para apuração do resultado contábil. Nesse cenário, poder-se-ia sustentar que o modelo de relacionamento entre o balanço contábil e o fiscal, antes da convergência ao padrão IAS/IFRS, teria sido o de *balanço único com liderança do direito tributário*, na classificação de Lamb, Nobes e Roberts[30], mas ainda com o "balanço contábil" servindo de ponto de partida para o "balanço tributário", sendo aquele mais impactado que este.

Vale lembrar, ainda, que, após a convergência ao padrão IAS/IFRS, surgiu um "período intermediário", com a instauração pela Lei nº 11.941,

[29] Neste sentido: FREEDMAN, Judith. Aligning taxable profits and accounting profits: accounting standards, legislators and judges... op. cit. p. 71; e ZORNOZA PÉREZ, Juan José; BÁEZ MORENO, Andrés. Modelos comparados de relacion entre normas contables y normas fiscales em la imposición sobre el beneficio de las empresas ...op. cit., p. 454.

[30] POLIZELLI, Victor Borges. Balanço comercial e balanço fiscal: relações entre o direito contábil e o direito tributário e o modelo adotado pelo Brasil. In: *Revista de Direito Tributário Atual*. v. 24. São Paulo: IBDT, 2010. p. 594-600.

de 2009, do Regime Tributário de Transição (RTT) para "neutralizar os efeitos tributários e remover a insegurança jurídica"[31] em razão da adoção dos novos métodos e critérios contábeis. Uma primeira análise poderia levar ao entendimento no sentido da desconexão entre o "balanço contábil" e o "balanço fiscal" (modelo de autonomia) nesse período. Afinal, o RTT estabelecia ajustes ao lucro líquido contábil do período de apuração, para chegar a um lucro real tributável baseado nas regras tributárias vigentes em 31 de dezembro de 2007, ou seja, antes da edição da Lei nº 11.638/2007 e das demais normas contábeis que, desde então, entraram em vigor. Para controle dos ajustes a serem lançados na apuração fiscal, foi instituída nova obrigação acessória pela IN RFB nº 949/2009: o Controle Fiscal Contábil de Transição (FCONT), uma escrituração das contas patrimoniais e de resultado, em partidas dobradas, que considerava os métodos e critérios contábeis aplicados pela legislação tributária em 31 de dezembro de 2007.

Nesse período de vigência do RTT, uma primeira aproximação poderia levar a ver uma desconexão entre os balanços comercial ("contábil") e fiscal (do FCONT, na prática), e a descrever o sistema como de *balanço duplo sem conexão normativa*, isto é, um regime de *desconexão* entre o contábil e o tributário, seguindo a classificação de Lamb, Nobes e Roberts.

Contudo, a referida classificação não é possível caso se considere que o FCONT não era uma nova demonstração financeira, mas apenas uma escrituração auxiliar para ajustes fiscais[32]. Ademais, durante o RTT, não houve uma total desconexão entre os resultados contábil e fiscal que justificasse esta classificação, visto que o lucro real continuava tendo como ponto de partida o resultado contábil. Assim, diante das características do regime transitório, parece mais acertado considerar que o RTT manteve o modelo de *balanço único*, ainda que com maior *liderança do direito*

[31] Conforme a Exposição de Motivos da MP nº 449/2008, que deu origem à Lei nº 11.941/2009.

[32] Bifano, Elidie Palma. As novas normas de convergência contábil e seus reflexos para o contribuinte. In: Mosquera, Roberto Quiroga; Lopes, Alexsandro Broedel (Coords.). *Controvérsias jurídico-contábeis (aproximações e distanciamentos)*. São Paulo: Dialética, 2011. v. 2, p. 58.

tributário, seguindo a classificação de Lamb, Nobes e Roberts, mas ainda assim um modelo de *conexão parcial*[33].

Posteriormente, com a conversão da Medida Provisória nº 627/2013 na Lei nº 12.973/2014, que buscou adequar a legislação tributária à legislação societária e às normas contábeis, volta-se à sistemática do Decreto-Lei nº 1.598/77: o lucro real parte do lucro líquido do período, apurado conforme todas as regras contábeis do padrão IAS/IFRS vigentes até a edição da lei, mas o legislador tributário traz uma série de correções e ajustes extracontábeis, via registro auxiliar eletrônico (o "e-LALUR"), para chegar ao resultado fiscal conforme prescrito pela legislação tributária.

A análise da já citada Exposição de Motivos da MP nº 627/2013, quando alude ao custo dos "dois balanços", somada à manutenção dessa sistemática de "conexão parcial", poderia apontar nesse período contemporâneo para a existência de um modelo de *balanço único com ajustes*, e não para um *balanço duplo*. Não obstante, as regras consolidadas na Lei nº 12.973/14 são bastante complexas, existindo um notável volume de disposições que buscam distinguir o tratamento tributário da aceitação pura e simples dos novos efeitos contábeis, e outras disposições que não os acolhem.

Em relação às regras de desconexão, surgem as diferenças temporárias e permanentes para mensuração da renda, diante das quais prevalecem os critérios que vigoravam antes do RTT, com o ajuste extracontábil no LALUR. Neste grupo, fica nítida a importância atribuída pelo legislador tributário à necessidade de realização da renda como critério de tributação. Nesse cenário, os ganhos e perdas reconhecidos pela contabilidade antes de uma transação somente produzem efeitos tributários quando do evento de realização, como, por exemplo, é o caso das regras que neutralizam a tributação de Avaliações a Valor Justo – AVJ (arts. 13 e 14) e de Ajustes a Valor Presente (arts. 4º e 5º)

De outro lado, existem regras que têm como finalidade explícita uma aproximação entre o direito tributário e a contabilidade – ainda que a sua interpretação na prática venha causando muitas dúvidas. Como exemplo desse grupo tem-se as novas regras de contabilização do valor patrimonial do investimento quando da aquisição da participação. Com a nova

[33] Charneski, Heron. *Normas internacionais de contabilidade e direito tributário brasileiro...* op. cit. p. 77.

redação do art. 20 do Decreto Lei 1.598/1977, a diferença entre o custo de aquisição e o valor patrimonial, em um primeiro momento, é classificada como mais ou menos valia, de tal sorte que somente o valor residual será considerado como ágio por rentabilidade futura (*goodwill*) ou como deságio (ganho por compra vantajosa), sendo ao menos a terminologia inequivocamente uma busca de aproximação com critérios contábeis.

O fato de a Lei 12.973/2014 fazer remissão às normas que dispõem acerca da escrituração comercial para regular a base de cálculo do imposto seria outro fator revelador da aproximação entre os "balanços". Primeiramente, porque o ponto de partida para apuração da base de cálculo do imposto de renda continua sendo o lucro líquido do exercício, conforme disposto no Decreto-Lei 1.598/1977. Ainda, pois o art. 1º da Lei nº 12.973/2014 estabelece que a determinação do IRPJ, da CSLL, da Contribuição ao PIS e da COFINS será realizada de acordo com as normas até então vigentes juntamente com as alterações promovidas pela mesma lei.

Esses dispositivos, se considerados isoladamente, poderiam sugerir aceitar que as modificações das normas contábeis em vigor até então, e que não foram especificamente disciplinadas pelos dispositivos da Lei nº 12.973/2014, teriam reflexo automático no direito tributário, revelando uma maior conexão entre direito tributário e contabilidade. No entanto, a Lei 12.973/2014, em verdade, trouxe tanto regras que demonstram um distanciamento entre a contabilidade e o direito, quanto regras que vão no sentido da aproximação, o que expõe um modelo híbrido de relacionamento entre os balanços contábil e fiscal, mas ainda assim um modelo de *conexão parcial*[34].

1. Valor justo e realização

A abordagem informacional do balanço, típica do padrão IAS/IFRS, tende ao reconhecimento de receitas e despesas em função do reconhecimento de mutações patrimoniais sobre ativos e passivos, e não apenas em função de eventos ou transações.

Essa abordagem resulta, sobretudo, da adoção do conceito de "valor justo" (*fair value*) pelo padrão IAS/IFRS, baseado no pilar da "essência

[34] Charneski, Heron. *Normas internacionais de contabilidade e direito tributário brasileiro...* op. cit. p. 83.

sobre a forma", ou simplesmente "substância econômica". Como a definição de valor justo se concentra em ativos e passivos (§ 4 do Pronunciamento CPC 46 – Mensuração do Valor Justo, aprovado pela Deliberação CVM nº 699/12 e pela NBC TG 46(R1), trata-se de critério de mensuração de elementos patrimoniais[35]. Valor justo, assim, é definido pela norma como "o preço que seria recebido pela venda de um ativo ou que seria pago pela transferência de um passivo em uma transação não forçada entre participantes do mercado na data de mensuração" (§9, CPC 46).

No ordenamento contábil brasileiro, diversos são os exemplos de utilização do valor justo como base de mensuração. As aplicações em instrumentos financeiros, inclusive derivativos, e em direitos e títulos de créditos devem ser avaliadas pelo seu valor justo, quando se tratar de aplicações destinadas à negociação ou disponíveis para venda, conforme redação dada pela Lei nº 11.941/2009 ao art. 183, I, "a", da Lei das S.A. O Pronunciamento Técnico CPC 29 – Ativos Biológicos, aprovado pela Deliberação CVM nº 596/2009 e pela Resolução CFC nº 1.187/2009, prevê o reconhecimento a valor justo dos chamados ativos biológicos e produtos agrícolas (definidos pelo Pronunciamento, respectivamente, como um animal e/ou uma planta, vivos, e o produto colhido de ativo biológico da entidade), devendo as respectivas mudanças no valor justo ser contabilizadas como ganhos ou perdas no resultado do exercício em que tiverem origem (§26). Pode-se ilustrar ainda a utilização do valor justo com o Pronunciamento CPC 28 – Propriedades para Investimento, aprovado pela Deliberação CVM nº 584/2009 e pela NBC TG 28 (R2), que exige a mensuração a valor justo das propriedades mantidas para auferir renda (aluguel) ou para valorização do capital, ou para ambas.

Se o valor justo de um ativo ou passivo pode ser observado em um mercado ativo, a sua mensuração é considerada simples e fácil de entender, e o valor justo é verificável segundo técnica de "marcação a mercado" (*mark-to-market*); se tal observação não é possível, técnicas de avaliação

[35] A mensuração é a etapa do processo contábil que consiste em determinar os montantes monetários por meio dos quais os elementos das demonstrações contábeis (ativos, passivos e patrimônio líquido) devem ser reconhecidos e apresentados no balanço patrimonial e na demonstração do resultado (CPC 00, §4.54).

(por vezes incluindo medidas baseadas em fluxos de caixa) podem ser necessárias para estimar o valor justo (*mark-to-model*).

Um aspecto importante é que a norma contábil *hierarquiza* o valor justo, conforme o grau de confiabilidade da sua avaliação. Nessa linha, o CPC 46 trabalha com três técnicas de avaliação do valor justo (abordagens de mercado, de custo e de receita), e estabelece uma hierarquia de valor justo que classifica em três níveis as informações (*inputs*) aplicadas nessas técnicas de avaliação. Informações de Nível 1 são preços cotados (não ajustados) em mercados ativos para ativos ou passivos idênticos a que a entidade possa ter acesso na data de mensuração (§76, CPC 46). Como exemplo, ativos financeiros negociados em bolsa. Informações de Nível 2 são informações que são observáveis para o ativo ou passivo, seja direta ou indiretamente, exceto os preços cotados incluídos no Nível 1 (§81, CPC 46). E Informações de Nível 3 são dados não observáveis para o ativo ou passivo (§86, CPC 46), o que virá a requerer a construção de modelos de avaliação.

Como se vê, não são todas as contas do balanço patrimonial, preparado com base no padrão IAS/IFRS, que se mensuram inicialmente a valor justo. Apesar de ser comum a afirmação de que o padrão IAS/IFRS seja integralmente baseado em mensurações a "valor justo", o próprio IASB tem feito esforços para demonstrar que as aplicações desse conceito se restringem a temas específicos, ou seja, o custo histórico ainda é uma base de mensuração amplamente utilizada e uma escolha viável quando a aplicação do "valor justo" é considerada inadequada ou impraticável[36].

O valor justo se contrapõe ao custo histórico como critério de mensuração, mas não o revoga. Ao contrário, o custo histórico ainda é a base de mensuração mais comumente adotada na contabilidade societária. Em razão desse aspecto, das restrições nas próprias normas contábeis ao uso do valor justo, acima sinteticamente comentadas, e ainda da ampla aplicação das imparidades para testar o valor recuperável de ativos (um "valor justo negativo"), a possibilidade apresentada pelo padrão IAS/IFRS não

[36] PETTERSSON, Maria Helena; ALMEIDA, Sérgio Barcelos Dutra de; SANTINI, Cinthia Cássia; COSTA, Fábio Moraes da. Valor justo (fair value measurements). In: ERNST & YOUNG, FIPEACFI. Manual de normas internacionais de contabilidade: IFRS versus normas brasileiras. São Paulo: Atlas, 2009. p. 253-254.

deve ser entendida como um abandono completo da prudência, e sim como um aprimoramento informacional, aplicado ao balanço, da abordagem de realização meramente associada a uma transação.

Como já indicado, sob a ótica tributária, no tratamento das Avaliações a Valor Justo – AVJ, o legislador brasileiro privilegiou a realização da renda como critério de tributação, ao optar por neutralizar os efeitos tributários do *fair value* enquanto não houver um evento de realização dos ativos, ou enquanto não houver baixa ou liquidação dos passivos.

Tal opção envolve uma avaliação de conveniência econômica e política, por certo, mas, sob a ótica jurídica, pode-se dizer que foi feita de forma a não violar o art. 43 do Código Tributário Nacional (CTN), que descreve o fato gerador do imposto sobre a renda como a aquisição da disponibilidade econômica ou jurídica de renda. Ainda que sejam inúmeras e profundas as discussões doutrinárias em torno do art. 43 do CTN, observa-se da sua evolução a consideração, por parcela considerável da doutrina, da expressão "aquisição de disponibilidade" do CTN como alusiva a um *princípio de realização da renda*, ainda que não explícito[37].

Esse é o escólio de Ricardo Mariz de Oliveira, para quem "se dá a realização da renda quando o respectivo valor tiver entrado na disponibilidade do titular do patrimônio aumentado, afastada, para a exigência do imposto, a necessidade do recebimento financeiro (...)"[38]. Com isso, prossegue o jurista, o conceito de "realização" impediria a incidência do imposto no mero acréscimo de valor do ativo, requerendo que esse acréscimo potencial se transforme em realidade por algum negócio ou ato jurídico de alienação.

E, efetivamente, as avaliações a valor justo de ativos realizam um adiantamento no reconhecimento do valor do respectivo ativo, mas, por

[37] Sobre o histórico da compreensão de Rubens Gomes de Sousa, autor do anteprojeto do Código, a respeito do tema, ver: Machado, Brandão. Breve exame crítico do art. 43 do CTN. In: Martins, Ives Gandra da Silva (Coord.). *Imposto de renda*: conceito, princípios, comentários. 2. ed. São Paulo: Atlas, 1996. p. 122.

[38] Oliveira, Ricardo Mariz de. *Fundamentos do imposto de renda*. São Paulo: Quartier Latin, 2008. p. 385.

mais fidedignas que sejam, isso se dá mesmo que juridicamente o patrimônio ainda não tenha sofrido este acréscimo[39].

Assim, dadas as previsões da legislação vigente (Lei nº 12.973/14) e a tradicional construção da norma do art. 43 do Código Tributário como alusiva à necessidade de realização da renda, as discussões em torno da eventual possibilidade de tributação das avaliações a valor justo são, no direito brasileiro, no geral, *de lege ferenda*[40].

Apesar disso, dispositivos específicos da Lei nº 12.973/2014 e interpretações mais recentes das normas pelas autoridades tributárias estão gerando discussões no que diz respeito a impactos tributários pontuais das avaliações a valor justo, principalmente em face do critério da realização da renda.

Uma dessas controvérsias diz respeito à condição estabelecida pela legislação para que o critério da realização da renda seja respeitado, ou seja, para que não haja uma tributação automática do valor justo quando reconhecido nas demonstrações financeiras. A referida condição é a rastreabilidade dos ajustes a valor justo por meio de *subcontas* na escrituração, até que ocorram os eventos de realização. Exatamente nesse sentido dispõe o art. 13 da Lei nº 12.973/2014, ao permitir que o ganho decorrente da avaliação com base no valor justo tenha a tributação diferida, desde que o aumento no valor do ativo ou a redução no valor do passivo sejam evidenciados em subconta vinculada ao respectivo ativo ou passivo. Dessa forma, apenas com o cumprimento dessa formalidade é que o ganho advindo da AVJ será tributado de acordo com a sua realização, ou quando o passivo for liquidado ou baixado.

[39] Malpighi, Caio Cezar Soares. O Princípio da Realização da Renda e a Avaliação a Valor Justo na Operação de Redução de Capital com Entrega de Ativos aos Sócios ou Acionistas. In: *Revista Direito Tributário Atual*. vol. 45. São Paulo: IBDT, 2020. p. 113-135.

[40] Para uma discussão mais teórica sobre as eventuais possibilidades de tributação do valor justo em face do princípio da capacidade contributiva, dos níveis distintos de avaliação do valor justo e até mesmo da contabilização dessas variações em conta de patrimônio líquido ou resultado, remete-se ao seguinte texto do autor: Charneski, , Heron. Contabilidade Societária do padrão IAS/IFRS vs. Contabilidade Fiscal no contexto da realização da renda. In: Zilveti, Fernando Aurelio; Fajersztajn, Bruno; Silveira, Rodrigo Maito da (coords.). *Direito tributário: princípio da realização no imposto sobre a renda – estudos em homenagem a Ricardo Mariz de Oliveira*. São Paulo: IBDT, 2019. p. 186-211.

Do ponto de vista jurídico, a questão que surge diz respeito justamente à validade da geração de efeitos tributários dos ajustes a valor justo no caso de as subcontas não serem escrituradas ou serem escrituradas indevidamente[41]. Isso porque a rastreabilidade (que pode ser entendida como a possibilidade de reconstituição, por parte da autoridade fiscal, da transação a partir da contabilidade, de maneira a isolar ou identificar os direcionadores bem como o cálculo do montante deduzido ou tributado especificamente, transação a transação[42]) poderia ser obtida por outras vias, como, por exemplo, a utilização de controles auxiliares.

Diante disso, na ausência da subconta prevista na Lei 12.973/2014 e desde que verificada a possibilidade de rastreabilidade por outros meios, poder-se-ia entender como indevida a tributação dos ajustes a valor justo reconhecidos na escrituração mercantil que não concretizem o fato gerador do imposto de renda.

Outra recente celeuma se deu em razão de operação societária comumente praticada, pela qual a sociedade que reduz o seu capital, considerado excessivo em face do objeto social, entrega bens e direitos do seu ativo a sócio ou acionista, a título de devolução de sua participação no capital social. Nessas operações, a legislação permite há bastante tempo que os bens e direitos do ativo da pessoa jurídica, entregues aos sócios, sejam avaliados "pelo valor contábil ou de mercado" (art. 22 da Lei nº 9.249, de 1995).

Contudo, uma mais recente manifestação vinculante das autoridades tributárias passou a considerar que o "valor contábil" inclui, após a convergência ao padrão IAS/IFRS, o ganho decorrente de avaliação a valor justo controlado por meio de subconta vinculada ao ativo (Solução de Consulta COSIT nº 415, de 2017). Dessa forma, na visão das autoridades tributárias, a transferência dos bens e direitos aos sócios em devolução

41 Bifano, Elidie Palma. Reflexões sobre alguns aspectos da lei 12.973/2014. In: Rodrigues, Daniele Souto; Martins, Natanael (Coords.). *Tributação atual da renda: estudo da Lei 12.973/2014: da harmonização jurídico contábil à tributação dos lucros do exterior*. São Paulo: Noeses, 2015. p. 87.

42 Lopes, Tatiana. Rastreabilidade contábil *versus* custo de conformidade: o caso das subcontas da Lei 12.973/2014 e seus potenciais impactos tributários. In: Mosquera, Roberto Quiroga; Lopes, Alexsandro Broedel (Coords.). *Controvérsias jurídico-contábeis (aproximações e distanciamentos)*. v. 6. São Paulo: Dialética, 2015. p. 573.

de capital seria um evento de realização da renda vinculada à avaliação a valor justo – portanto, passível de imediata sujeição à tributação. Contra essa posição, no entanto, argumentam os contribuintes que o "valor contábil" de que trata a Lei nº 9.249/95 se referia ao paradigma contábil anterior do custo histórico, não podendo a interpretação da norma tributária ser atualizada para refletir nesse custo o "valor justo". Argumentam, além disso, que situações de reorganizações societárias ou de transferências de ativos (aumento ou redução de capital, ou permuta) seriam de continuidade, mas não de realização, da renda.

Como regra geral, portanto, a legislação brasileira optou por neutralizar os efeitos da tributação do resultado positivo decorrente de valor justo, baseado no padrão IAS/IFRS, mediante correções (ajustes de adições e exclusões) ao lucro líquido contábil que tenha sido impactado por tais mensurações, para que a inclusão no lucro contábil ocorra apenas mediante um evento de realização dos ativos. Não obstante, os exemplos acima citados sugerem que, dada a opção brasileira por convergir ao padrão IAS/IFRS nos balanços individuais, somada à exigência de criação de subcontas nos próprios registro contábeis para controlar a parcela do ativo relativa ao valor justo, ainda podem remanescer situações pontuais de atrito entre as normas contábeis, que preveem tal mensuração, e o direito tributário local, que empresta prestígio jurídico à necessidade de realização da renda como condição da incidência tributária.

Conclusões

Os aspectos acima expostos permitem verificar que, por força de uma relativamente complexa teia legislativa iniciada com a Lei nº 11.638, de 2007, a contabilidade no Brasil convergiu ao padrão IAS/IFRS para todas as empresas abertas e também, com algumas diferenças e ressalvas, para as empresas fechadas constituídas sob os mais diversos tipos societários. Ao fazê-lo tanto para as demonstrações financeiras consolidadas e separadas (individuais), e ao continuar tomando a escrituração mercantil como ponto de partida para a apuração dos tributos sobre a renda das empresas, o país tem assistido a uma renovada atenção dos tributaristas para as questões surgidas das normas que conformam o padrão contábil internacional.

Recentemente, inclusive, surgiram posições em favor do abandono da conexão formal entre a apuração do imposto de renda das pessoas jurídicas no lucro real e a escrituração mercantil baseada nas demonstrações financeiras individuais[43]. Aduz-se que, na vigência do IAS/IFRS, as adaptações extracontábeis necessárias para ajustar a base de cálculo do imposto à legislação tributária tornam muito complexa a sua apuração, além de imputarem ao Fisco a necessidade de acompanhamento permanente de normas contábeis tão dinâmicas, mutáveis e complexas como as originadas no IASB.

Essa problemática é particularmente afetada pelo mecanismo de neutralização de efeitos tributários de normas contábeis futuras, trazido pelo art. 58 da Lei nº 12.973/14. Com efeito, segundo essa regra, a modificação ou a adoção de métodos e critérios contábeis, por meio de atos administrativos emitidos com base em competência atribuída em lei comercial, que sejam posteriores à publicação da Lei nº 12.973/14, não terá implicação na apuração dos tributos federais até que lei tributária regule a matéria. Para tanto, seguindo a previsão do parágrafo único do dispositivo, compete à Secretaria da Receita Federal do Brasil identificar os atos administrativos e "dispor sobre os procedimentos para anular os efeitos desses atos sobre a apuração dos tributos federais". O objetivo declarado da norma era, diante da edição de uma nova regra contábil, com base na adoção de novos padrões emitidos pelo IASB, "dar segurança jurídica ao contribuinte, estabelecendo a neutralidade dos efeitos tributários decorrentes de modificações de métodos e critérios contábeis que sejam introduzidos por ato infralegal até que a matéria seja regulada pela legislação tributária", conforme previsão da Exposição de Motivos da Medida Provisória nº 627/13[44].

[43] Watanabe, Marta; Torres, Fernando. Governo assusta empresas com mudança no IR. *Valor Econômico*. São Paulo, 29/08/2019. Disponível em: https://valor.globo.com/brasil/noticia/2019/08/29/governo-assusta-empresas-com-mudanca-no-ir.ghtml. Acesso em: 29 out. 2021.

[44] BRASIL. **Presidência da República.** Exposição de Motivos. *EM nº 00187/2013 MF, de 07/11/2013.* Disponível em: <http://www.planalto.gov.br/ccivil_03/_ato2011-2014/2013/Mpv/mpv627.htm>. Acesso em: 30 abr. 2022.

Em face dessa previsão, em um primeiro momento, as autoridades tributárias editaram o Ato Declaratório Executivo COSIT nº 20, de 2015, que relaciona os atos administrativos emitidos pelo Comitê de Pronunciamentos Contábeis (CPC) que não contemplam modificação ou adoção de novos métodos ou critérios contábeis.

Depois, seguindo o esforço de identificar os efeitos das novas regras contábeis sobre a apuração de tributos, houve a edição, em 2017, da Instrução Normativa RFB nº 1.753, a qual dispõe sobre os procedimentos para anular os efeitos tributários dos atos administrativos emitidos com base em competência atribuída por lei comercial, posteriores a 12 de novembro de 2013, que contemplem a modificação ou a adoção de novos métodos ou critérios contábeis.

Essa neutralização *prospectiva* dos efeitos tributários dos atos administrativos de caráter contábil emitidos após 12 de novembro de 2013 (publicação da Medida Provisória que resultou na Lei nº 12.973/14), até que lei formal regule a matéria, pode ser avaliada sob duas perspectivas. De um lado, como era o objetivo do art. 58, tem trazido segurança jurídica ao sistema, pois a edição de uma nova determinação contábil não deve implicar imediatos efeitos na apuração dos tributos sobre a renda. De outro lado, dada a dinâmica e a contumácia de edição de novas regras contábeis baseadas no padrão IAS/IFRS de 2013 para cá, essa sistemática tem demandado das autoridades tributárias a necessidade de atualização contínua sobre as mudanças nas normas contábeis e, por consequência, na normatização de procedimentos extrafiscais ou mesmo contábeis cada vez mais numerosos e detalhados para anular os potenciais efeitos tributários dessas normas.

Ainda que não se deixe de concordar com a relativa operosidade desse sistema, há que se ponderar, no entanto, que a simplificação não deve ser necessariamente o único objetivo da norma tributária, se houver outras razões para a segregação dos "lucros", como visto. Ademais, no caso brasileiro, possivelmente a maior parte das diferenças entre o resultado de acordo com o novo padrão contábil e o resultado para fins tributários são diferenças temporárias (como as taxas de depreciação e amortização), o que atualmente torna até mesmo mais difícil uma eventual transição de modelos.

Nesse sentido, passados já quase quinze anos da convergência brasileira ao padrão IAS/IFRS, com toda uma nova geração de contadores formada sob essa cultura, parece cada vez mais distante uma reviravolta nas características desse processo, que viesse a impor as regras internacionais apenas às demonstrações contábeis consolidadas e até mesmo apenas às companhias abertas (eventualmente, até, com uma "deslegalização" mais arrojada da matéria contábil).

Ao mesmo tempo, também parece cada vez mais consolidada no direito tributário brasileiro a tradição iniciada ainda em 1977 pelo Decreto-Lei nº 1.598, isto é, o lucro real, base de cálculo dos tributos sobre a renda, parte do lucro líquido do período, apurado conforme todas as regras contábeis aplicáveis, e cabe ao legislador tributário trazer as correções e ajustes extracontábeis necessários, via registro auxiliar, para chegar ao resultado fiscal passível de tributação.

Sendo o quadro atual de relativa complexidade e de certos conflitos interpretativos em razão dos aspectos comentados, não se pode, todavia, deixar de notar muitas evoluções positivas. Ao contrário, a manutenção do modelo de apuração dos tributos sobre a renda a partir do cálculo do lucro contábil, com os ajustes necessários, tem apresentado vantagens na experiência brasileira, a saber: segue uma tradição histórica, que consolidou a formação de várias gerações de profissionais que operam esses sistemas; evita questionamentos quanto à origem da renda a partir de conceitos meramente legais; provoca a contínua atualização da regulamentação tributária; e, mesmo em tempos de padrão IAS/IFRS, reduz o custo operacional do Fisco e dos contribuintes, caso existissem duas contabilidades, ou caso fossem desprezados os investimentos já realizados para adequação à legislação vigente.

Sob esses aspectos favoráveis e dos conhecimentos acumulados ao longo do processo, é possível dizer-se até que o relacionamento entre contabilidade e tributação se consolidou e que, desde que respeitadas de parte a parte as diferenças individuais, essa relação pode perdurar.

Referências

BALEEIRO, Aliomar. *O imposto sobre a renda: prática, doutrina e legislação.* Bahia: Editora Baiana, 1938.

BIFANO, Elidie Palma. As novas normas de convergência contábil e seus reflexos para o contribuinte. In: MOSQUERA, Roberto Quiroga; LOPES, Alexsandro Broedel (coords.). *Controvérsias jurídico contábeis (aproximações e distanciamentos)*. v. 2. São Paulo: Dialética, 2011. p. 51-68

BIFANO, Elidie Palma. Evolução do regime contábil tributário no Brasil. In: MOSQUERA, Roberto Quiroga; LOPES, Alexsandro Broedel (coords.). *Controvérsias jurídico contábeis (aproximações e distanciamentos)*. v. 3. São Paulo: Dialética, 2012. p. 140-156.

BIFANO, Elidie Palma. Reflexões sobre alguns aspectos da lei 12.973/2014. In: RODRIGUES, Daniele Souto; MARTINS, Natanael (Coords.). *Tributação atual da renda*: estudo da Lei 12.973/2014: da harmonização jurídico contábil à tributação dos lucros do exterior. São Paulo: Noeses, 2015. p. 79-108.

BRASIL. **Presidência da República.** Exposição de Motivos. *EM nº 00187/2013 MF, de 07/11/2013.* Disponível em: <http://www.planalto.gov.br/ccivil_03/_ato2011-2014/2013/Mpv/mpv627.htm>. Acesso em: 30 abr. 2022.

BRASIL. Câmara dos Deputados. *Exposição de Motivos*. Disponível em: <http://imagem.camara.gov.br/Imagem/d/pdf/DCD10NOV2000.pdf#page=38>. Acesso em: 24 abr. 2022.

CARVALHO, Nelson; SALOTTI, Bruno; MURCIA, Fernando Dal-Ri. Convergência da Contabilidade Brasileira às Normas Internacionais de Contabilidade (IFRS): Retrospectiva Histórica e Desafios para o Futuro. In: *IFRS no Brasil – Temas Avançados Abordados por Meio de Casos Reais*. São Paulo: Atlas, 2014.

CHARNESKI, Heron. *Normas internacionais de contabilidade e direito tributário brasileiro*. Série Doutrina Tributária Vol. XXIV. São Paulo: Quartier Latin, 2018.

CHARNESKI, Heron. Contabilidade Societária do padrão IAS/IFRS vs. Contabilidade Fiscal no contexto da realização da renda. In: ZILVETI, Fernando Aurelio; FAJERSZTAJN, Bruno; SILVEIRA, Rodrigo Maito da (coords.). *Direito tributário: princípio da realização no imposto sobre a renda – estudos em homenagem a Ricardo Mariz de Oliveira*. São Paulo: IBDT, 2019. p. 186-211.

CHARNESKI. Heron. O regime de diferenças temporárias na tributação da renda das pessoas jurídicas e a questão da isenção dos lucros e dividendos distribuídos. *Revista de Direito Tributário Atual*. v. 32. São Paulo: Dialética, 2014. p. 142-158.

DERZI, Misabel Abreu Machado; FONSECA, Fernando Daniel de Moura. A transparência fiscal e o controle da concorrência tributária como fatores de harmonização, em busca de globalização econômica mais eficiente e socialmente mais justa: uma análise do processo brasileiro de convergência ao padrão contábil internacional. In: SANTI, Eurico Marcos Diniz de. *Transparência fiscal e desenvolvimento*: homenagem ao professor Isaias Coelho. São Paulo: Fiscosoft, 2013. p. 422-426.

FERNANDES, Edison Carlos. Breve Introdução ao estudo sobre a dependência do IRPJ ao IFRS. In: SILVA, Fábio Pereira da; MURCIA, Fernando dal Ri; VETTORI, Gustavo Gonçalves; PINTO, Alexandre Evaristo. *Controvérsias jurídico-contábeis.* São Paulo: Atlas, 2021. V. 2, p 131-140.

FREEDMAN, Judith. Aligning taxable profits and accounting profits: accounting standards, legislators and judges. *eJournal Tax Research*, 7, 2005. p. 74-96. Disponível em: < https://www.business.unsw.edu.au/research-site/publications-site/ejournaloftaxresearch-site/Documents/paper2_v2n1.pdf>. Acesso em: 30 abr. 2022.

GELBKE, Ernesto Rubens et al. *Manual de contabilidade societária: aplicável às demais sociedades de acordo com as normas internacionais e do CPC.* 3 ed. São Paulo: Atlas, 2018.

GROSSFELD, Bernhard. International financial reporting *standards*: European Corporate Governance. In: Câmara, Francisco de Sousa da; SANCHES, J.L. Saldanha; GAMA, João Taborda da (Orgs.). *O direito do balanço e as normas internacionais de relato financeiro.* Coimbra: Coimbra Ed, 2007. p. 11-50.

HOPE, Ole-Kristian; JIN, Justin; KANG, Tony. Empirical evidence on jurisdictions that adopt IFRS. *Social Science Research Network (SSRN)*, may 24, 2006.

LAGE, Carlos; WEFFORT, Elionor Farah Jreige. Estrutura conceitual para a elaboração e apresentação das demonstrações financeiras. In: ERNST & YOUNG, FIPEACFI. *Manual de normas internacionais de contabilidade*: IFRS versus normas brasileiras. São Paulo: Atlas, 2009. p. 1-13.

LOPES, Tatiana. Rastreabilidade contábil *versus* custo de conformidade: o caso das subcontas da Lei 12.973/2014 e seus potenciais impactos tributários. In: MOSQUERA, Roberto Quiroga; LOPES, Alexsandro Broedel (Coords.). *Controvérsias jurídico-contábeis (aproximações e distanciamentos).* v. 6. São Paulo: Dialética, 2015. p. 570-584.

MACHADO, Brandão. Breve exame crítico do art. 43 do CTN. In: MARTINS, Ives Gandra da Silva (Coord.). *Imposto de renda*: conceito, princípios, comentários. 2. ed. São Paulo: Atlas, 1996. p. 95-108.

MALPIGHI, Caio Cezar Soares. O Princípio da Realização da Renda e a Avaliação a Valor Justo na Operação de Redução de Capital com Entrega de Ativos aos

Sócios ou Acionistas. In: *Revista Direito Tributário Atual*. vol. 45. São Paulo: IBDT, 2020. p. 113-135.

MCMANUS, Kieran John. Desafios contábeis e fiscais decorrentes do processo de harmonização contábil. In: ROCHA, Sergio André (Coord.). *Direito tributário, societário e a reforma da Lei das S.A.*: alterações das Leis 11638/07 e 11941/09. São Paulo: Quartier Latin, 2010.

MILLS, Lilian. F; PLESKO, George A. Bridging the reporting gap: a proposal for more informative reconciling of book tax income. *National Tax Journal*, v.56, nº4. P.865-893, Dec, 3.

NOBES, Christopher; PARKER, Robert. *Comparative international accounting*. 10th ed. London: FT Prentice Hall, 2008.

OLIVEIRA, Ricardo Mariz de. *Fundamentos do imposto de renda*. São Paulo: Quartier Latin, 2008.

PETTERSSON, Maria Helena; ALMEIDA, Sérgio Barcelos Dutra de; SANTINI, Cinthia Cássia; COSTA, Fábio Moraes da. Valor justo (fair value measurements). In: ERNST & YOUNG, FIPEACFI. Manual de normas internacionais de contabilidade: IFRS versus normas brasileiras. São Paulo: Atlas, 2009.

POLIZELLI, Victor Borges. Balanço comercial e balanço fiscal: relações entre o direito contábil e o direito tributário e o modelo adotado pelo Brasil. In: *Revista de Direito Tributário Atual*. v. 24. São Paulo: IBDT, 2010. p. 586-608.

SHAVIRO, Daniel. The optimal relationship between taxable income and financial accounting income: analysis and a proposal. *NYU Law and Economics Research Paper*, n. 7-38, p. 62. Disponível em: <http://ssrn.com/abstract=1017073>. Acesso em: 27 abr. 2022.

TAVARES, Tomás Cantista. *IRC e contabilidade*: da realização ao justo valor. Coimbra: Almedina, 2011.

TAVARES GUERREIRO, José Alexandre. O conceito de lucro tributável à luz do Decreto-lei 1.598 de 1977. In: *Revista de Direito Tributário*. v 5. São Paulo; Revista dos Tribunais, 1978. p. 179-185.

WATANABE, Marta; TORRES, Fernando. Governo assusta empresas com mudança no IR. *Valor Econômico*. São Paulo, 29/08/2019. Disponível em: https://valor.globo.com/brasil/noticia/2019/08/29/governo-assusta-empresas-com-mudanca-no-ir.ghtml. Acesso em: 29 out. 2021.

WHITAKER, Celia. Bridging the book-tax accounting gap. The Yale Law Journal, v. 115, nº 3, p. 725, 2005-2006.

ZORNOZA E PÉREZ, Juan José; BAEZ MORENO, Andrés. Modelos comparados de relacion entre normas contables y normas fiscales em la imposición sobre el beneficio de las empresas. In: PIZA RODRIGUEZ, Julio Roberto; SARMINTO PEREZ, Pedro Enrique (Coords.). *El impuesto sobre la renda y complementários: consideraciones téoricas y práticas*. 2. Ed. Bogotá: Universidade Externado de Colombia, 2011.

10.
O LUCRO E SEUS ADJETIVOS CONTÁBIL E TRIBUTÁRIO (OU FISCAL)

EDISON CARLOS FERNANDES

Introdução

Não cabe à Contabilidade e tampouco ao Direito Tributário conceituar institutos do ambiente de negócios. Assim como acontece em outras atividades humanas e outras áreas do conhecimento, os institutos surgem por necessidade e se consolidam quando recebem aceitação da sociedade envolvida e interessada[1]. Dessa forma aconteceu com o desenvolvimento do comércio (prática mercantil) e, por decorrência, dos marcos regulatórios e das disciplinas do conhecimento pertinentes. Nesse processo, a hiperespecialização epistemológica conduziu ao equívoco da cisão do objeto de estudo em partes analíticas distintas e incomunicáveis, reduzindo o conhecimento sobre esse mesmo objeto[2]. A compartimentação das disciplinas do conhecimento, então, fez se perder os conceitos originais dos institutos. O que deveria ser um *adjetivo* – contábil, tributário ou fiscal –, com função circunstancial e conjuntural, acabou por incorporar ao próprio conceito. Conclusão: discute-se hoje o "conceito contábil de lucro" e o "conceito tributário (fiscal) do lucro".

[1] NEALE, Walter. Instituições *in* SALLES, Alexandre Ottoni Teatini e outros (organizadores). *Economia institucional.* São Paulo: Editora Unesp, 2017, capítulo 4.

[2] MORIN, Edgar. *Conhecimento, ignorância, mistério.* 2ª edição. Rio de Janeiro: Bertrand Brasil, 2020.

O *lucro* é um instituto histórico, apropriado pela prática comercial com uma delimitação bastante precisa: trata-se da remuneração do capital social, investido, originalmente, por pessoas físicas para constituir o patrimônio da pessoa jurídica. Portanto, lucro é o incremento do capital social, num primeiro momento, e do próprio patrimônio da pessoa jurídica de maneira geral.

Vale aqui lembrar que o patrimônio da pessoa jurídica é formado pelo conjunto interrelacionado dos "contratos" por ela firmados[3], tanto aqueles que representam direitos (prestações a receber) quanto os que representam deveres (prestações a cumprir). Derivado de um processo lógico, o *lucro* será o resultado da movimentação dos direitos e dos deveres, identificando aumentos e reduções desses elementos que, ao fim e ao cabo, resultarão em incremento ou em consumo do capital social. Nesse contexto, somente se poderá terá a certeza do lucro na extinção da pessoa jurídica; porém, como os diversos interessados no desenvolvimento da atividade econômica pela pessoa jurídica (*stakeholders*) não podem aguardar *eternamente* por esse momento[4], a regulamentação jurídico-societária estabeleceu o exercício social, geralmente, em intervalo de doze meses. Na mesma disciplina jurídico-societária, normalmente, encontra-se a composição do lucro (e sua demonstração) referenciada à disciplina contábil, ao lucro apontado nas demonstrações financeiras. Nesse sentido, é comum que o conceito ontológico de lucro[5] seja apresentado como lucro contábil ou lucro societário. Ocorre que mesmo aqui o "contábil" e o "societário" são adjetivos a qualificar a forma de apuração do lucro e a sua fundamentação institucional, respectivamente. Quanto ao lucro tributário (fiscal), trata-se de outro adjetivo que qualifica outra forma de apuração, observante da legislação tributária, que, todavia, não pode se afastar do conceito ontológico, devendo eventuais diferenças serem devida e institucionalmente justificadas.

[3] Coase, Ronald H. *A fima, o mercado e o direito*. Rio de Janeiro: Forense Universitária, 2016, página 42; e Sunder, Shyam. *Teoria da contabilidade e do controle*. São Paulo: Atlas, 2014.

[4] De maneira lúdica, podemos nos referir ao *princípio Vinicius de Moraes*: "que seja eterno enquanto dure"; a pessoa jurídica é eterna enquanto dura.

[5] Por "conceito ontológico" quer-se definir o objeto em si, portanto, o *lucro em si*, o instituto na sua origem, então, *lucro original*.

Com base nessa introdução conceitual, será comentada a adoção dos *International Financial Reporting Standards* – IFRS como marco regulatório das demonstrações financeiras (relatórios financeiros) no Brasil, relacionando-a aos impactos causados na apuração dos tributos sobre o lucro, quais seja, Imposto sobre a Renda das Pessoas Jurídicas – IRPJ e Contribuição Social sobre o Lucro Líquido – CSLL.

1. Contabilidade e tributação no Brasil: os primórdios

A legislação societária-contábil brasileira passou por duas significativas transformações no intervalo de praticamente trinta anos. Em 1976, foi publicada a Lei nº 6.404, promovendo a evolução do marco regulatório contábil, especialmente no que diz respeito às demonstrações financeiras e, em decorrência, na composição do lucro. Tentou-se, com a citada lei, trazer autonomia à disciplina contábil, muito influenciada e determinada pela legislação tributária.

Como resposta, no âmbito da legislação tributária, foi publicado o Decreto-lei nº 1.598, em 1977. Desse instrumento legislativo, vale destacar a definição de *lucro real*, já escolhido como base de cálculo do imposto sobre a renda pelo Código Tributário Nacional (CTN, 1966): lucro comercial (societário-contábil), ajustado por adições, exclusões e a compensação de saldos negativos de períodos anteriores. Note-se que a legislação tributária não pretendeu estabelecer um sistema de informações específico para a finalidade de apuração dos tributos, especialmente sobre o lucro, com os mesmos critérios e métodos das demonstrações contábeis, tais como regime de competência e a escrituração por partidas dobradas. O objetivo do *lucro real* foi reconhecer as diferenças de tratamentos entre a legislação contábil e a legislação tributária, procedendo a ajustes na demonstração do resultado do exercício (DRE) para calcular a base de cálculos dos tributos sobre o lucro (IRPJ/CSLL). Sem, contudo, abandonar a escrituração contábil, cujo resultado continuou (e continua) sendo a base do lucro para efeito das relações societárias.

2. Contabilidade e tributação no Brasil: a adoção dos IFRS

Quase três décadas depois, em 2007, foi publicada a Lei nº 10.638, com vigência a partir de 1º de janeiro de 2008, adotando o padrão internacional de relatório financeiro (IFRS) como marco regulatório das demonstrações contábeis no Brasil. Nova mudança cultural na forma de compor e divulgar (evidenciar) o patrimônio da pessoa jurídica, com inescapável reflexo na demonstração do lucro.

Fator de complicação e agravamento quanto às diferenças na relação entre disciplina contábil e tributação foi o fato de os IFRS terem sido adotados nas *demonstrações individuais das pessoas jurídicas brasileiras*. Enquanto o substrato para a elaboração dos IFRS é a *entidade econômica*, o que implica considerar o balanço consolidado, isto é, as demonstrações financeiras do grupo de empresas no seu conjunto, no Brasil, a implementação dos IFRS ocorreu na *entidade jurídica*, quer dizer, no balanço individual. Considerando que no Brasil, assim como ocorre na maioria dos países, a legislação tributária indica como sujeito passivo a pessoa jurídica individual (*entidade jurídica*), e não o grupo empresarial (*entidade econômica*), a adoção dos IFRS teve inexoravelmente um reflexo tributário. Coube, como deveria ser, à legislação tributária decidir sobre esse reflexo[6].

2.1 Período de transição: neutralidade tributária (fiscal)

Dada a abrangência da alteração na disciplina contábil, a legislação tributária optou por estabelecer um período de transição, para que houvesse oportunidade de serem estudados os IFRS e seus impactos. Durante esse período, com termo inicial (*2008*), mas sem um termo final previamente previsto (*quando a legislação tributária incorporasse as mudanças ocorridas na disciplina contábil*), foi estabelecido o Regime Tributário de Transição (RTT).

O RTT foi marcado pela *neutralidade* entre as novidades da regulamentação contábil e a apuração dos tributos sobre o lucro (IRPJ/CSLL) e sobre a receita (PIS/COFINS). Nesse período de transição, a apuração do lucro real (tributário ou fiscal) não se distanciou da sua base na escrituração contábil, porém, adotou a disciplina contábil vigente em 31 de dezembro de 2007, ou seja, antes da implementação dos IFRS. Isso significou que as mudanças legais trazidas pela Lei nº 10.638 não seriam consideradas para efeito de aplicação da legislação tributária; nesse sentido, a legislação tri-

[6] Para um histórico mais detalhado, conferir FERNANDES, Edison Carlos. *Novo imposto de renda das empresas*. São Paulo: Trevisan, 2017, introdução.

butária seria *neutra* em relação à adoção do IFRS. A *neutralidade tributária (fiscal)* vigente no período do RTT representou a total desconsideração dos registros contábeis efetuados com base nas normas juscontábeis em vigor desde 2008. Contudo, o lucro comercial (societário-contábil) manteve o respeito ao marco regulatório das demonstrações contábeis, acompanhando a adoção dos IFRS – como, por exemplo, o lucro passível de deliberação pelos sócios, inclusive, quanto à distribuição de dividendos, isenta de tributos no Brasil.

2.2 Convergência das disciplinas contábil e tributária (fiscal): critério da realização

A separação entre a disciplina contábil baseada nos IFRS e a legislação tributária mostrou-se insustentável. À luz das considerações conceituais introdutórias, pode-se dizer que essa separação não pode mesmo durar muito tempo, sob pena de afronta à segurança jurídica e à capacidade contributiva da pessoa jurídica como sujeito da obrigação tributária. O lucro apurado nas demonstrações contábeis é aquele referido como *ontológico*, ou seja, o lucro em si. Isso não quer dizer que a legislação tributária deve necessariamente adotar o mesmo resultado de valor para a apuração dos tributos sobre o lucro; ao contrário, ajustes se fazem necessários dadas as circunstâncias da relação comercial, da relação societária e da relação tributária que envolvem o lucro. Entretanto, esses ajustes devem ter justificação da mesma forma institucional.

No contexto do IFRS, a principal justificação institucional de ajuste é a observância do *critério (ou "princípio") da realização.*

O objetivo das demonstrações contábeis é apresentar o montante e a qualidade do patrimônio da pessoa jurídica, de acordo com os julgamentos da sua administração e considerando a sua perenidade[7]. Dessa finalidade, decorre duas regras contábeis de natureza geral: a avaliação econômica e a continuidade.

Por um lado, a avaliação econômica requer que os direitos (ativos) e os deveres (passivos) da pessoa jurídica sejam mensurados de acordo com valores atuais, o que inevitavelmente pressupõe a utilização de estimati-

[7] Novamente a referência ao *princípio Vinicius de Moraes.*

vas. De outro lado, a continuidade exige que os saldos dos direitos (ativos) e dos deveres (passivos) remontem à constituição da pessoa jurídica, vale dizer, esses saldos precisam representar o histórico da pessoa jurídica no desenvolvimento da sua atividade econômica. Uma regra decorre da outra: a avaliação econômica será confirmada ou ratificada por transações independentes futuras, variando, portanto, no tempo, com seus reflexos no patrimônio da pessoa jurídica "corrigidos" exercício social a exercício social, exatamente em razão da continuidade. Uma mensuração *estimada* positivamente em determinado exercício social, gerando lucro, pode sofrer alteração por uma *estimativa* negativa no exercício social seguinte, adequado o resultado acumulado dos dois exercícios sociais. Essas estimativas são verificadas tanto em direitos – valor justo, valor presente, por exemplo – quanto em deveres – provisões, valor presente, por exemplo.

Por seu turno, o recolhimento de tributo é imediato e, pode-se afirmar, definitivo. Caso haja necessidade de "correção" no crédito tributário que deveria ter sido recolhido: a diferença sendo desfavorável à Administração Tributária, haverá aplicação de penalidades (juros e multa) e sendo em desfavor do sujeito passivo, o indébito será recuperado de acordo com a legislação tributária aplicável, podendo, inclusive, provocar a emissão de precatório. A definitividade do recolhimento do tributo é incompatível com às estimativas e à regra da continuidade a que o patrimônio da pessoa jurídica está submetido. Para "corrigir" esse conflito, institucionalmente deve se adotar o critério (ou "princípio") da realização.

Pelo critério da realização, o lucro apurado nas demonstrações contábeis somente pode sofrer a incidência tributária quando exequível[8], ou seja, inquestionável, revestido de liquidez e certeza, enfim: *realizado*. Note que, como o padrão internacional de relatório financeiro (IFRS) expressamente demonstra, o critério da realização não se confunde com o regime de competência ou com o regime de caixa, conquanto possa coincidir com um deles[9]. A realização do direito (ativo) ou do dever

[8] Essa é a leitura do artigo 43 do CTN e, mais ainda, da referência constitucional ao termo *renda*.

[9] Em sentido diverso, de forma a coincidir *realização* com *regimes contábeis* (competência e caixa), conferir: POLIZELLI, Victor Borges. *O princípio da realização da renda*. São Paulo: Quartier Latin, 2012.

(passivo) ocorrerá no momento em que houver a sua confirmação por meio da prática de uma transação de mercado independente. A realização está próxima das regras de mensuração e afastada das regras de reconhecimento (regime de competência e regime de caixa). Nesses termos, a realização é a justificação institucional dos ajustes ao lucro comercial previstos pela legislação tributária, por exemplo, para as despesas de provisão (*adição*) e para as receitas de mensuração a valor justo (*exclusão*).

Inserida nesse contexto, a Lei nº 12.973, de 2014, ao extinguir o RTT, extinguiu, da mesma forma, a *neutralidade fiscal*, substituindo-a pelo critério da realização. Com a entrada em vigor desta última lei citada, não há mais que se falar em desconsideração das normas juscontábeis ou do estorno dos lançamentos contábeis baseados nos IFRS. Deve-se averiguar se o aumento do direito (ativo/receita) ou do dever (passivo/despesa) ou, ainda, a redução do direito (ativo/despesa) ou do dever (passivo/receita) realizou-se, isto é, tornou-se exequível (líquido e certo) por parte do credor, seja a pessoa jurídica ou seu contraparte contratual.

2.3 Controle dos ajustes ao lucro comercial para efeito de determinação do lucro tributário

Como visto anteriormente, a necessária observância do critério da realização para os efeitos da tributação implica a possibilidade de ajustes ao lucro comercial (societário ou contábil) quando da apuração do lucro tributário (fiscal). Há ainda outras causas para tais ajustes, como a previsão legal de benefícios fiscais e a vedação da dedutibilidade de gastos que afrontam a governança corporativa, no sentido de são serem relacionados ao desenvolvimento da atividade econômica da pessoa jurídica (despesas não necessárias).

No Brasil, para esses ajustes, a legislação tributária não exige a preparação de demonstrações do patrimônio exclusivamente para efeitos fiscais; em outras palavras, é corrente o entendimento de que as pessoas jurídicas brasileiras não possuem "duas contabilidades", uma para fins societários e outra para fins tributários (fiscais). A contabilidade financeira (comercial ou empresarial) é o único conjunto de demonstrações do patrimônio da pessoa jurídica e da sua movimentação. Os ajustes ao lucro comercial determinados pela legislação tributária são escriturados em livros fiscais próprio, particularmente, o Livro de Apuração do Lucro

Real (LALUR), tendo em vista que *lucro real* é a denominação brasileira do lucro tributário (fiscal).

Os ajustes fiscais normalmente são efetuados de forma a eliminar a repercussão de receitas ou despesas, reconhecidas na demonstração do resultado do exercício (DRE), na apuração da base de cálculo dos tributos sobre o lucro (IRPJ/CSLL). Nesse sentido, despesas consideradas não dedutíveis na apuração do lucro tributário (fiscal) são adicionadas ao lucro comercial (contábil), enquanto as receitas consideradas não tributáveis são excluídas do lucro contábil.

Por meio de uma fórmula básica, pode-se representar a apuração do lucro real (lucro tributário ou lucro fiscal) da seguinte maneira[10]:

Lucro comercial (contábil ou societário)
(+) Adições das despesas não dedutíveis[11]
(–) Exclusões das receitas não tributáveis[12]
(–) Compensação dos saldos negativos de períodos anteriores[13]
(=) LUCRO REAL (lucro tributário ou fiscal)

As adições e as exclusões podem ser classificadas como permanentes ou temporárias. Como regra geral, as adições permanentes têm por fundamento a afronta à governança corporativa (despesas não necessárias, portanto, não dedutíveis para fins tributários) e as exclusões permanentes, a concessão de benefícios fiscais (por exemplo, isenções). Ao presente estudo, interessa as adições e exclusões temporárias, haja vista que elas decorrem do fato de a apuração dos tributos sobre o lucro não cumprirem de maneira absoluta a regra contábil da continuidade. Corolário desse fundamento, tem-se que os ajustes temporários ao lucro contábil

[10] Para mais informações, conferir Fernandes, Edison Carlos. *Imposto sobre a renda das pessoas jurídicas – IRPJ e contribuição social sobre o lucro líquido – CSLL*. São Paulo: Atlas, 2015, item 4.2 (página 64 e seguintes).

[11] As adições também podem ser decorrentes de mecanismos de reversão de exclusões temporárias.

[12] As exclusões também podem ser decorrentes de mecanismos de reversão de adições temporárias ou ainda como forma de operacionalizar o diferimento de tributos.

[13] Esses saldos negativos são denominados pela legislação tributária brasileira como *prejuízo fiscal*, no caso do IRPJ, e de *base de cálculo negativa da CSLL*.

para efeito de apuração do lucro tributário (fiscal) estão diretamente relacionados ao critério da realização.

Os ajustes com fundamento no critério da realização são bastante antigos na legislação tributária brasileira. Pelo menos desde 1979, com o Decreto-lei nº 1.730 (artigo 3º), as despesas escrituradas como contrapartida da constituição de provisões não são dedutíveis na apuração do lucro tributário (fiscal). Como as provisões, enquanto tais, não representam despesas de relações jurídicas exequíveis, pois podem ser alteradas até a concretização do evento futuro e incerto correspondente, as respectivas despesas ainda não são *realizadas*, sendo vedada, portanto, a sua dedução na apuração dos tributos sobre o lucro.

Com a adoção dos IFRS, a legislação tributária deparou-se com uma situação clara e inequívoca de *receita não realizada*: a mensuração a valor justo. E o tratamento tributário (fiscal) não poderia ser outro senão a sua não sujeição aos tributos sobre o lucro, haja vista que a relação jurídica ou a avaliação que deu causa à mensuração do valor justo não é exequível (definitiva). Dada a sua importância, os ajustes pertinentes ao valor justo serão tratados em capítulo próprio, a seguir apresentado.

3. Valor justo e seu tratamento tributário no Brasil

O valor justo foi introduzido na legislação contábil brasileira por meio da Lei nº 11.941, de 2009, embora os elementos do seu conceito já estivessem parte na redação original da Lei das Sociedades por Ações (LSA) e parte nas alterações trazidas pela Lei nº 11.638, de 2007. O artigo 183, § 1º da LSA, em sua redação original, fazia referência ao "valor de mercado" – redação que não foi alterada pela Lei nº 11.638, de 2007. Somente com a Lei nº 11.941, de 2009, é que a expressão "valor de mercado" foi substituída pela expressão "valor justo", expressões que, todavia, não podem ser tomadas absolutamente como sinônimas[14].

Em verdade, já o Decreto-lei nº 2.627, de 1940, fazia referência ao valor de mercado, ao determinar que "os valores mobiliários, matéria prima,

[14] Adaptado de Fernandes, Edison Carlos. Valor justo: conceito jurídico, reconhecimento, mensuração, divulgação e tratamento tributário *in* Mosquera, Roberto Quiroga e Lopes, Alexsandro Broedel (coordenadores). *Controvérsias jurídico-contábeis: aproximações e distanciamentos*. Volume 3. São Paulo: Dialética, 2012.

bens destinados à alienação, ou que constituem produtos ou artigos da indústria ou comércio da sociedade, podem ser estimados pelo custo de aquisição ou de fabricação, ou pelo preço corrente no mercado ou Bolsa" (artigo 129, § 1º, *b*). Interessante notar que, mesmo aceitando algum tipo de marcação a mercado, eventual variação positiva, ou seja, "quando o preço corrente ou venal estiver acima do valor do custo de aquisição ou fabricação, se avaliados os bens pelo preço corrente, a diferença entre este e o preço do custo não será levada em conta para a distribuição de dividendos". Portanto, para fins de pagamento aos sócios, o lucro deveria descontar a receita da avaliação a valor de mercado.

3.1 Conceito de valor justo

Se não é valor de mercado, o que é então o valor justo? De acordo com Alfred M. King, a principal distinção entre os diferentes conceitos de valor é que, para o valor justo, a premissa depende exclusivamente da perspectiva do vendedor, ou seja, o que ele receberia pela venda do ativo; por outro lado, o valor de mercado ("valor justo de mercado"), com seus componentes "comprador interessado" e "vendedor interessado", leva ambas as perspectivas em conta. Além disso, o valor justo não é mensurado pelo que o comprador real pagou de fato, mas, em vez disso, os avaliadores precisam tentar determinar o que algum outro participante hipotético ("imaginário") do mercado pagaria; ou seja, trata-se de um preço teórico[15].

Considerando que o direito mercantil contábil é de natureza privada, a observância da legalidade não é restrita como ocorre nas disposições de ordem pública (por exemplo, direito tributário e direito administrativo). Por esse motivo, as disposições infralegais possuem significativa força normativa, pelo que serão analisadas para compor o conceito jurídico do valor justo. Nesse sentido, o Pronunciamento Técnico do Comitê de Pro-

[15] King, Alfred M. Conceitos de valor justo. *in* Catty, James P. *IFRS – guia de aplicação do valor justo*. Porto Alegre: Bookman, 2013, páginas 15 e 16. Conquanto à análise de Alfred M. King sobre os conceitos do valor justo considere as definições do Fasb, escritas no FAS 157, seus comentários são válidos no contexto dos IFRS, pois o IFRS 13 praticamente adotou a mesma definição.

nunciamentos Contábeis – CPC 46[16] – Mensuração do Valor Justo[17] traz a seguinte definição de valor justo:

> 9. Este Pronunciamento define valor justo como o preço que seria recebido pela venda de um ativo ou que seria pago pela transferência de um passivo em uma transação não forçada entre participantes do mercado na data de mensuração.

De maneira complementar ao conceito apresentado expressamente, o próprio CPC 46 indica algumas características do valor justo, a saber:

Deve ser considerado o mercado principal do ativo ou passivo ou, na ausência de mercado principal, o mercado mais vantajoso para o ativo ou o passivo (parágrafo 16);

Devem ser utilizadas as premissas que os participantes do mercado utilizariam ao precificar o ativo ou o passivo, presumindo-se que os participantes do mercado ajam em seu melhor interesse econômico (parágrafo 22);

Deve ser considerada a capacidade do participante do mercado de gerar benefícios econômicos utilizando o ativo em seu melhor uso possível[18] (parágrafo 27).

Demonstra-se, dessa forma, porque se trata de um valor teórico – e não o valor de mercado. Toma-se por base o "mercado principal" ou o "mercado mais vantajoso" e não o mercado efetivo onde se realiza a transação; presume-se o melhor interesse econômico, o que é bastante subjetivo e invariavelmente altera dependo da posição do participante do mercado (acionista, investidor, credor, gestor etc.); adota-se o melhor uso possível e não o uso efetivo dos agentes envolvidos na transação. Em outras palavras, além de as ações reais da empresa não serem importantes, os motivos por trás do montante pago são desconsiderados por serem

[16] O CPC 46 foi aprovado pela Deliberação CVM nº699/12 e pela Resolução CFC nº 1428/13.

[17] Correlação às normas internacionais de contabilidade – IFRS 13.

[18] "O melhor uso possível de um ativo não financeiro leva em conta o uso do ativo que seja fisicamente possível, legalmente permitido e financeiramente viável" (CPC 46, parágrafo 28).

potencialmente enganosos, gerados se adotadas as premissas específicas da empresa[19].

3.2 Tratamento tributário do valor justo na legislação brasileira

Acontece que há uma distinção substancial na utilização do valor justo para efeito societário e para efeito tributário. No primeiro caso, o valor justo informa a avaliação dos ativos e passivos da empresa num determinado ponto do tempo, sendo que a respectiva valorização (receita) ou desvalorização (despesa) somente será efetiva quando da realização ou da baixa do ativo ou do passivo ou da liquidação da empresa; no segundo caso, ao contrário, a respectiva valorização (receita) ou desvalorização (despesa) servirá para apurar os tributos devidos naquele exercício, e tão somente naquele exercício, já que o período de apuração dos tributos se encerra – sendo, portanto, uma questão temporal. E daí, a evidente falta de conforto na tributação do valor justo, porque suscita intrincados problemas de liquidez[20].

No caso específico da tributação brasileira sobre o lucro das pessoas jurídicas, o tratamento do valor justo deve considerar o texto da citada Lei nº 12.973, de 2014. Juntamente com as demais normas contábeis elaboradas com base nos IFRS, o valor justo também mereceu dispositivos específicos para a determinação do seu tratamento tributário. Em linhas gerais, como mencionado anteriormente, a neutralidade fiscal do RTT foi substituída pelo princípio da realização.

A realização centra-se na certeza e segurança da informação, não pactuando com a álea valorimétrica do valor justo, mantendo-se, assim, irredutivelmente fiel ao registro pelo custo histórico. Os bens não se inscrevem pelo valor de realização estimado (marcação a mercado), porque isso equivaleria a uma antecipação na distribuição de lucros, em prejuízo dos credores[21], e no recolhimento de tributos, em prejuízo da própria empresa. Dessa forma, o ganho gerado pela avaliação a valor justo não

[19] King, obra citada na nota 6, página 16.

[20] Tavares, Tomás Cantista. *IRC e contabilidade – da realização ao justo valor*. Coimbra: Almedina, 2011, página 57.

[21] Tavares, obra citada na nota 19, página 45.

será tributado e a perda não será dedutível – desde que obedecidas algumas condições.

Esta é a disciplina da Lei nº 12.973, de 2014 (regra geral do tratamento tributário do valor justo):

o ganho decorrente de avaliação de ativo ou passivo com base no valor justo não será computado na determinação do lucro real;

a perda decorrente de avaliação de ativo ou passivo com base no valor justo somente poderá ser computada na determinação do lucro real à medida que o ativo for realizado, inclusive mediante depreciação, amortização, exaustão, alienação ou baixa, ou quando o passivo for liquidado ou baixado.

Conquanto não haja qualquer diferença em razão da metodologia de mensuração do valor justo adotada (nível 1, 2 ou 3), em ambos os casos, de acordo com o restrito texto legal, o tratamento tributário somente é garantido se o respectivo aumento no valor do ativo ou redução no valor do passivo e, conforme o caso, a respectiva redução no valor do ativo ou aumento no valor do passivo sejam evidenciados contabilmente em subconta vinculada ao ativo ou passivo. Por sua vez, o ganho evidenciado por meio da subconta de que trata o caput será computado na determinação do lucro real à medida que o ativo for realizado, inclusive mediante depreciação, amortização, exaustão, alienação ou baixa, ou quando o passivo for liquidado ou baixado. Como se vê, claramente houve a adoção do princípio da realização para efeito tributário.

3.3 Controle em subconta contábil (obrigação acessória)[22]

Sabe-se que a relação jurídica tributária pode ser constatada em duas obrigações, a principal e a acessória – até porque o Código Tributário Nacional (CTN) é expresso nesse assunto (artigo 113). Essas obrigações se distinguem pela natureza pecuniária ou patrimonial: a obrigação tributária principal implica pagamento, transferência de recursos financeiros, do sujeito passivo para o Fisco, seja a título de tributo seja a título de penalidade; por seu turno, a obrigação tributária acessória tem por

[22] Adaptado de Fernandes, Edison Carlos. Capacidade colaborativa e o tributo como penalidade: o caso do controle fiscal em subconta contábil *in* Revista Direito Tributário Atual, nº 37 (2017), páginas 107-120.

objeto prestação de fazer ou não fazer, destacando-se o fornecimento de informações, como são os registros na escrituração contábil exigidos pela legislação tributária. Além disso, a primeira encontra justificativa e limite na capacidade contributiva do sujeito passivo; no caso da segunda, ela se justifica e se limita pela capacidade colaborativa, que, em certa medida, também considera limites de contribuição pecuniária. A sanção para eventual descumprimento de qualquer uma delas deve ser a multa administrativa, como penalidade pecuniária.

A inadimplência da obrigação principal (quase sempre) resultará na exigência do tributo que se deixou de recolher, além da sanção acima apontada (multa administrativa). Esse resultado, porém, jamais poderá ser buscado como penalidade pelo descumprimento da obrigação tributária acessória, ou seja, a sanção aplicada à inadimplência da obrigação acessória não poderá ser a exigência de tributo.

Uma vez que se está a analisar a penalidade imposta ao descumprimento da obrigação tributária acessória, é imprescindível que também sejam analisadas as condições para a exigência desses deveres instrumentais. Por esse motivo, dá-se atenção ao princípio da capacidade colaborativa.

Como visto neste estudo, a capacidade colaborativa é o fundamento e o limite da exigência pela legislação tributária para que o sujeito passivo participe da fiscalização e da arrecadação de tributos, particularmente na elaboração de informações que auxiliem a Administração Tributária no desenvolvimento das suas funções. Conquanto se possa vislumbrar um dever de colaborar dos sujeitos passivos, tal dever não é ilimitado. Assim, a capacidade de colaboração ou colaborativa recorre à razoabilidade para conformar a abrangência do referido dever.

Dentre outras limitações, no âmbito da obrigação acessória, a legislação tributária não pode exigir que o sujeito passivo produza informação impossível, excessivamente onerosa em relação ao benefício gerado, ou inútil, quando a mesma informação poderia ser produzida de outra maneira mais simples e menos custosa.

Isso quer dizer que, em alguns casos concretos, o controle fiscal em subcontas contábeis pode vir a respeitar a capacidade colaborativa do sujeito passivo, mas, em outros, tal exigência legal pode ser excessiva, permitindo, então, o seu descumprimento.

Em quaisquer dos casos de descumprimento, isto é, respaldados ou não pela afronta à capacidade colaborativa, a penalidade imposta não poderá ser a exigência de tributo. Tratando-se de um dever instrumental, a colaboração do sujeito passivo ao trabalho da Administração Tributária poderá viabilizar-se de maneira distinta da expressamente prevista na legislação. Essa previsão legal, então, serviria para autorizar a inversão do ônus da prova, sempre de maneira relativa. Nesse sentido, inclusive, é a posição do tribunal administrativo que aprecia questões relacionadas a tributos federais no Brasil, a saber, Conselho Administrativo de Recursos Fiscais – CARF[23].

[23] Conferir Acórdão nº 1402-003.589 e Acórdão nº 1401-003.873.

11.
LUCRO CONTÁBIL E LUCRO TRIBUTÁRIO – DIÁLOGOS ENTRE BRASIL E PORTUGAL

RICARDO MARIZ DE OLIVEIRA
MARIA EUGÊNIA MARTINI MARIZ DE OLIVEIRA

Em diálogos entre irmãos portugueses e brasileiros, e aqui sob organização do Núcleo de Estudos sobre Práticas em IFRS (NEP IRFS) e do Laboratório de Contabilidade Internacional da FEA/USP (LABIN), estão sendo abordadas as relações entre o lucro contábil e o lucro para efeitos tributários, em nosso caso especificamente perante a legislação do Brasil.

Nesta abordagem, preferimos passar diretamente às questões específicas apresentadas pela organização do evento, sem maiores considerações introdutórias, exceto quanto à regra geral de que o lucro contábil é o lucro válido para efeitos societários, isto é, perante as normas brasileiras do direito empresarial. Com esta metodologia temos certeza de que as informações e as opiniões que temos a fornecer estarão suficientemente cobertas.

Passemos, pois, aos temas específicos.

1. Como foi o processo de adoção às normas internacionais de contabilidade no seu país? A adoção se deu de forma obrigatória ou optativa? A adoção se restringiu às demonstrações consolidadas ou também atingiu as demonstrações individuais?

No Brasil, o processo de adoção dos padrões internacionais de contabilidade, conhecidos como *International Financial Reporting Standards* (IFRS), teve início com a edição da Lei n. 11.638, de 28 de dezembro de 2007. Foi a partir dessa lei que o Brasil, com o objetivo de minimizar as divergências entre os critérios e práticas empregados na contabilidade das empresas brasileiras e aqueles utilizados internacionalmente, passou a introduzir modificações na forma de elaboração das demonstrações financeiras.

Assim, a Lei n. 11.638 implementou diversas alterações na Lei n. 6.404, de 15 de dezembro de 1976, sobretudo na parte referente às demonstrações financeiras, e que até então já se constituía no arcabouço legal para a contabilidade no País. Esse processo de harmonização com a contabilidade internacional foi, posteriormente, continuado por meio da Lei n. 11.941, de 27 de maio de 2009, que também introduziu alterações diversas na Lei n. 6.404.

Finalmente, mas agora com vistas aos tributos brasileiros, o reconhecimento da adoção do padrão IFRS foi concluído com a edição da Lei n. 12.973, de 13 de maio de 2014, responsável por introduzir diversos ajustes na legislação tributária, que se mostraram necessários após a importação das novas práticas contábeis.

Interessante destacar que, a partir da harmonização contábil, a contabilidade brasileira passou a empregar uma linha de interpretação econômica dos fatos, acompanhada, ainda, da adoção de uma visão prospectiva da empresa.

Na verdade, antes disso nossa contabilidade já se orientava pela diretriz da primazia da essência econômica sobre a forma jurídica, mas, com a adoção dos IRFS, esse preceito adquiriu mais vigor, inclusive por ser a "bandeira" do IASB em todo e qualquer país que siga suas recomendações.

No que tange à obrigatoriedade da adoção dos padrões internacionais, as supracitadas Leis n. 11.638 e n. 11.941 alteraram os parágrafos 3º e 5º do art. 177 da Lei n. 6.404 passando a determinar que (i) as companhias abertas devem observar as normas regulatórias da Comissão de Valores Mobiliários (CVM) sobre as demonstrações financeiras; e (ii) que tais normas, expedidas pela CVM, devem ser elaboradas em consonância com os padrões internacionais de contabilidade.

A CVM, portanto, edita suas normas com base nos pronunciamentos técnicos, orientações e interpretações emitidos pelo Comitê de Pronunciamentos Contábeis (CPC), o qual segue os padrões IFRS, de modo que basicamente há convergência dessas normas com os padrões internacionais.

Assim, a própria Lei n. 6.404 impõe a obrigatoriedade da adoção dos padrões internacionais no caso das companhias abertas, isto é, pelas que tenham valores mobiliários em bolsas de valores, tendo deixado em caráter optativo o seu emprego pelas sociedades fechadas.

Não obstante, na prática, as mesmas diretrizes acabam sendo aplicadas pelas pessoas jurídicas que não sejam companhias abertas, e mesmo pelas que sejam de outros tipos societários, isto em razão de que as diretrizes emitidas pelo CPC – as quais, como visto, têm como base os padrões internacionais – também são adotadas pelo Conselho Federal de Contabilidade (CFC) e, em consequência, são de observância obrigatória pelos profissionais da contabilidade.

Quanto ao âmbito de aplicação no que tange às demonstrações, por aqui a adoção do padrão IFRS atingiu tanto as demonstrações individuais quanto as consolidadas.

Cabe aqui uma observação a respeito de um dos resultados que se verifica com a adoção do padrão internacional de contabilidade pelo Brasil. Como se sabe, a contabilidade não cria fatos – estes participam de uma realidade externa a ela –, mas é sua função registrá-los fielmente, tais como se encontram na realidade fenomênica.

Essa realidade, por sua vez, é quase que inteiramente composta por fatos, atos e negócios jurídicos, de modo que os lançamentos contábeis devem observar as disposições jurídicas que os regem, sobretudo quando se tem em mente que o reflexo desses fatos, atos e negócios no patrimônio da pessoa jurídica depende do direito, seja no terreno do direito privado, seja no do direito público, inclusive do tributário e do direito falimentar.

Sendo assim, a contabilidade não tem o poder de registrar direitos e obrigações que não existam no patrimônio como universalidade jurídica, nem de deixar de registrar direitos e obrigações nele existentes, e tal como são segundo as respectivas normas legais.

Em resumo, a contabilidade deve apresentar um registro fiel da realidade fenomênica, inclusive dos efeitos do direito sobre esta, de modo que a contabilidade está adstrita a enxergar os acontecimentos econômicos sob as lentes do direito.

Não obstante tais considerações, o que se observa é que, por vezes, a contabilidade acaba por adotar critérios econômicos que não condizem com a disciplina jurídica. Esse descasamento entre o critério adotado pela contabilidade e o regime jurídico que rege determinados acontecimentos do mundo fenomênico passou a ser verificado com maior frequência após a adoção dos padrões internacionais de contabilidade.

Algumas vezes é o tipo jurídico, qualificado legalmente, que é transmudado na escrituração contábil, como é o caso mais emblemático do arrendamento mercantil, que é um contrato tipificado pela lei brasileira – parte locação de um bem, parte opção de compra do mesmo bem –, mas que a contabilidade enxerga com sendo uma aquisição financiada.

Outras vezes não há divergência entre o legal e o contábil quanto à natureza do negócio, mas a distinção surge em algum dos seus elementos, como o preço ou valor da transação, ou o momento em que se integra ao patrimônio.

Além destes, outros tantos exemplos poderiam ser levantados com o intuito de evidenciar as discrepâncias, após a introdução das regras internacionais, verificadas entre a contabilidade e a realidade fática regida juridicamente.

Neste diapasão, embora a harmonização das regras internas à contabilidade internacional certamente traga resultados vantajosos no que tange à facilidade de compreensão e compatibilização de informações num cenário cada vez mais globalizado (é por esta razão que a lei somente exige a adoção dos padrões internacionais pelas companhias abertas), o resultado – muitas vezes indireto ou involuntário – de distanciamento da contabilidade da realidade fática e jurídica deve ser objeto de atenção. Afinal, cabe à contabilidade ser um repositório fiel de dados e informações relativos aos fatos observados no mundo econômico, de tal modo que deve registrá-los de forma invariavelmente neutra, sem adulterar suas realidades fáticas e jurídicas.

Em conclusão, quanto mais neutra a contabilidade for sobre os fatos que registra, e quanto mais se ativer a considerá-los segundo os elementos, valores e efeitos intrínsecos a eles – atribuídos por fatores ou normas externos à contabilidade, inclusive os de natureza jurídica – mais correta e perfeita ela será no cumprimento do seu papel de revelar o patrimônio da pessoa jurídica em momentos específicos e registrar as mutações nele ocorridas.

Neste cenário, a primazia da essência econômica sobre a forma jurídica, praticada na contabilidade em detrimento das normas jurídicas de todos os países, somente pode ser aceita sob a premissa de que as finalidades da escrituração contábil são distintas das finalidades das normas jurídicas, o que requer a devida consideração do peso que cada um desses campos do conhecimento humano e social tenha em relação aos fins a que se destinam.

A este respeito, fazemos duas observações: a primeira é que as relações jurídicas do mundo negocial entre partes residentes em dois estados distintos podem ser regidas pelas leis de um ou de outro, conforme as respectivas normas de direito internacional privado ou conforme as partes elegerem. Portanto, a contabilidade permite-se ser liberta de uma e de outra lei nacional.

E a segunda observação é de que a contabilidade, graças à diretriz da primazia da essência sobre a forma, é uma ciência verdadeiramente apátrida, que se atribui a faculdade de agir sem necessária observância das normas jurídicas aplicáveis aos negócios que contabiliza, sejam tais normas de que países forem. Isto é assim em última instância, pois a compatibilização dos lançamentos contábeis com as regras do direito fica na dependência apenas dos julgamentos exercidos na atividade contábil e nos respectivos padrões.

Enfim, as discrepâncias não significam haver erros de contabilistas ou de juristas, ou ainda de empresários, pois o que ocorre é a adoção, na contabilidade, de uma realidade fática distinta da realidade jurídica, ou ao menos possivelmente distinta desta.

O mesmo pode ser estendido à visão prospectiva que a contabilidade passou a ter, através de registros de fatos ainda inexistentes, mas que tenham forte possibilidade de vir a ocorrer, fatos estes que, contudo, em geral não desencadeiam consequências jurídicas, e certamente não se constituem em fatos geradores tributários.

2. Qual a relação entre o lucro contábil e a apuração do imposto de renda corporativo ('lucro fiscal')? O legislador tributário adotou o lucro contábil como base de cálculo para o imposto de renda ou exigiu ajustes específicos? O lucro contábil segundo o padrão IFRS foi adotado para fins de distribuição de dividendos para investidores?

O legislador brasileiro optou por utilizar o lucro contábil (denominado "lucro líquido") como ponto de partida para a apuração da base de cálculo do imposto de renda das pessoas jurídicas (IRPJ)[1]. Neste sentido, o art. 7º do Decreto-lei n. 1.598, de 26 de dezembro de 1977, estabelece que "*o lucro real será determinado com base na escrituração que o contribuinte deve manter, com observância das leis comerciais e fiscais*".

O lucro real é uma das bases de cálculo do imposto de renda, dentre as legalmente admitidas, sendo outras o lucro presumido e o lucro arbitrado. Todavia, o lucro real é o único que se lastreia na contabilidade como seu ponto de início da determinação da base de cálculo tributária.

Pois bem, embora o lucro fiscal seja determinado "*com base*" na escrituração contábil, o legislador tributário exigiu uma série de ajustes específicos – adições, exclusões e compensações – que devem ser feitos no lucro contábil para que se chegue à base de cálculo do imposto de renda. Por isso mesmo, o *caput* do art. 6º do Decreto-lei n. 1.598 já prescreve que o "*lucro real é o lucro líquido do exercício ajustado pelas adições, exclusões ou compensações prescritas ou autorizadas pela legislação tributária*". Deste modo, o lucro contábil é apenas o primeiro elemento para quantificação do lucro fiscal, ou lucro tributável, não equivalendo a este a não ser por coincidência nos valores dos ajustes positivos e negativos ou por inexistência de ajustes.

O legislador brasileiro deixou claro, ainda, que os ajustes determinados pela legislação tributária não devem afetar a apuração do lucro líquido, realizada conforme os preceitos da lei comercial, que é a Lei n. 6.404. Assim, todos os ajustes de natureza exclusivamente tributária, determinados ou autorizados pela legislação fiscal, devem ser feitos em livros ou registros auxiliares (é o que determina o parágrafo 2º do art. 177 da Lei n. 6.404, bem como o art. 8º do Decreto-lei n. 1.598).

Quanto à distribuição de dividendos para investidores, tem-se que é fato societário e contábil, e não fiscal. Deste modo, a regra geral é de que a distribuição deve ser regida pelas disposições da lei societária (Lei n. 6.404) e tem como base o lucro contábil, apurado segundo o padrão IFRS. Para fins de distribuição de dividendos, portanto, não são tidos em consideração os ajustes ao lucro contábil mencionados acima, deter-

[1] E também para a contribuição social sobre o lucro (CSL), que é um tributo essencialmente igual ao imposto de renda, mas cuja arrecadação é destinada a financiar a seguridade social, enquanto aquele imposto é destinado ao orçamento geral da União Federal.

minados pelo legislador para que se chegue ao lucro fiscal sobre o qual incide o imposto.

Interessante mencionar que, na lei brasileira, existe um tipo específico de distribuição de lucros para os sócios ou acionistas, denominado "Juros sobre Capital Próprio" (JCP), regido pelas disposições do art. 9º da Lei n. 9.249. Contabilmente, o pagamento de JCP pode ser (geralmente é) considerado uma distribuição de lucros, mas, para efeitos tributários, é considerado despesa financeira dedutível da apuração do lucro real tributável.

Importa notar, para o tema ora em discussão, que tal dedutibilidade se dá dentro de limites legalmente definidos, os quais dependem do lucro contábil e do patrimônio contábil. Assim, também para essa forma de remuneração dos investidores é o lucro contábil, apurado conforme o padrão IFRS, que serve de base.

Vale acrescentar que, após a adoção dos padrões internacionais de contabilidade, o lucro líquido contábil passou a sofrer dois tipos de ajustes. De fato, além dos ajustes de natureza estritamente tributária, tais como despesas não dedutíveis ou dedutíveis sob limites de valor ou condições, e receitas não tributáveis, ajustes estes que sempre existiram e estavam previstos nas leis anteriormente em vigor, passou a haver ajustes derivados exclusivamente dos padrões IRFS, seja porque estes não interessem aos objetivos da arrecadação e da fiscalização tributária, seja porque contrariem superiores princípios e normas do Sistema Tributário Nacional delineado na Constituição Federal e no Código Tributário Nacional (CTN).

3. Quais vantagens e desvantagens de um modelo em que o lucro contábil seja integralmente utilizado como "lucro fiscal"?

No que tange às vantagens de um modelo em que o lucro fiscal fosse equivalente ao lucro contábil, as mais evidentes e imediatas seriam, certamente, a maior praticidade da apuração e a redução de custos – tanto do lado das empresas, quanto do lado do fisco.

Assim, a adoção integral do lucro contábil como base de cálculo do imposto de renda não só seria mais prática (porquanto não seriam necessários quaisquer registros auxiliares adicionais, bastando a contabilidade), como também certamente acarretaria diminuição do custo para cumprimento das obrigações tributárias pelas pessoas jurídicas (custos de *compliance*). No mesmo sentido, seria reduzido também o custo governamental para acompanhamento e fiscalização do cumprimento de tais obrigações.

Ademais, tal modelo abriria menos espaço para discussões – e consequente judicialização – acerca de cada ajuste efetuado ao lucro líquido, bem como da interpretação das inúmeras normas que os determinam, ao mesmo tempo em que menos obrigações acessórias (instrumentais) seriam necessárias e, por consequência, menos infrações em relação a elas. Haveria, portanto, uma diminuição do campo potencial de litígios.

Não obstante tais vantagens, é possível identificar algumas grandes desvantagens que seriam ocasionadas com a adoção de um sistema no qual o lucro contábil fosse integralmente utilizado como lucro fiscal.

Uma primeira desvantagem que pode ser identificada é o fato de que as diretrizes da contabilidade apresentam uma volatilidade muito maior daquela que pode ser admitida dentro de um ordenamento jurídico. Com efeito, a frequência da introdução de modificações nas diretrizes contábeis, caso afetasse diretamente a apuração do imposto de renda, acabaria por criar um sistema desprovido da segurança jurídica necessária à atuação confortável das pessoas jurídicas, no qual a simples introdução de uma modificação em uma diretriz contábil poderia acarretar variação do montante do imposto devido em determinado período de apuração, ferindo, portanto, o princípio constitucional da legalidade.

Além disso, existe ainda outra desvantagem que merece posição de destaque, e deriva do fato de que os padrões contábeis e as normas jurídicas não são equivalentes e, muitas vezes, não enxergam determinado evento da mesma forma. Conforme já mencionado, essa discrepância cresceu ainda mais após a harmonização da contabilidade brasileira com os padrões internacionais, inclusive porque o registro contábil se tornou muito mais prospectivo.

Sendo assim, como existe um hiato entre as perspectivas da contabilidade, que tem por objetivos a avaliação econômica da empresa e suas possibilidades futuras, e os objetivos perseguidos pelas leis, quais sejam, a regulação de comportamentos e relações intersubjetivas (hiato esse que fica ainda mais evidente quando se considera que as leis tributárias têm por objetivo a tributação sobre fatos efetivamente ocorridos), a adoção de um modelo em que o lucro contábil fosse integralmente utilizado como lucro fiscal acabaria por impor certos efeitos tributários que não são compatíveis com os objetivos buscados pelo nosso sistema.

O mais evidente desses efeitos incompatíveis seria, certamente, a tributação da lucros não realizados, decorrente do reconhecimento, pela contabilidade, de resultados que ainda não teriam sido efetivamente concretizados pela pessoa jurídica. Enquanto, no sistema atual, tais resultados devem ser excluídos da base de cálculo do IRPJ, em um sistema que adotasse integralmente o lucro contábil como lucro fiscal, ocorreria a inevitável tributação desses lucros antes de sua realização.

Ocorre que tal tributação é absolutamente incompatível com o sistema constitucional tributário brasileiro atual, dado que a impossibilidade de tributação de lucros não realizados tem índole constitucional, na medida em que eventual tributação desses resultados fere o princípio da capacidade contributiva por alcançar uma renda ainda não consumada que, como tal, não pode ser usada, empregada, consumida ou transferida.

Essas considerações estão refletidas no art. 43 do Código Tributário Nacional, que, ao definir o fato gerador do imposto de renda, prescreve que este ocorre com a "*aquisição da disponibilidade econômica ou jurídica*" de renda e proventos de qualquer natureza. Assim, a adoção de um sistema que acarretasse tributação de renda ainda não realizada – o que inevitavelmente ocorreria caso o lucro contábil fosse adotado integralmente como base de cálculo do IRPJ – representaria tamanha ofensa a princípios constitucionais basilares do ordenamento jurídico-tributário que tal modelo de apuração do imposto de renda apenas poderia ser cogitado após profunda reforma no sistema tributário brasileiro, inclusive em nível constitucional.

4. Quais são as vantagens e desvantagens de um modelo em que o lucro fiscal seja indiferente ao lucro contábil?

No entendimento destes autores, um modelo no qual o lucro fiscal fosse definido exclusivamente pela lei tributária, sem que tivesse como ponto de partida o lucro contábil, seria extremamente vantajoso, porquanto não só tornaria a apuração mais prática, reduzindo os custos incorridos pelas empresas e pelo fisco, como também minimizaria o contencioso tributário.

Certamente seria preciso recorrer à contabilidade para a subtração de elementos indispensáveis à quantificação do lucro fiscal, mas não seria mais necessário efetuar a infinidade de ajustes que hoje têm que ser feitos para expurgar do lucro tributável os efeitos indesejáveis dos IRFS.

5. Quais são os critérios usados pelo legislador para definir os ajustes a serem feitos ao lucro contábil para se chegar no "lucro fiscal", isto é, na base de cálculo do imposto de renda?

Como visto, o legislador determinou a realização de adições, exclusões e compensações ao lucro contábil para se chegar ao "lucro fiscal", denominado "lucro real", o qual em regra serve de base à incidência do IRPJ. Nessa sistemática, as exclusões correspondem às receitas isentas ou que estejam fora do campo de incidência do imposto e as adições correspondem às despesas, custos ou encargos não dedutíveis. Além disso, o legislador também permite a compensação de prejuízos fiscais apurados em períodos anteriores, com o limite de 30% do lucro líquido ajustado que for apurado no período em que houver a compensação.

Além das acima, há alguns ajustes temporários, tanto para mais quanto para menos, no lucro líquido, o que ocorre quando, por regras legais, alguns fatores positivos ou negativos de mutação patrimonial, reconhecidos contabilmente segundo o regime de competência, devem ser computados no lucro real apenas em períodos futuros.

A respeito de todos esses ajustes, o primeiro ponto que deve ser destacado é o fato de que todos eles, sejam ajustes para mais, sejam ajustes para menos, decorrem sempre e necessariamente de alguma norma legal. Este aspecto, inclusive, está prescrito pelo já citado art. 6º do Decreto-lei n. 1.598, segundo o qual o "*lucro real é o lucro líquido do exercício ajustado pelas adições, exclusões ou compensações prescritas ou autorizadas pela legislação tributária*".

Um segundo aspecto, que também merece destaque no que tange aos ajustes no lucro líquido, é o fato de que todos estes ajustes decorrem de alguma distinção entre os critérios empregados na contabilidade e as normas legais tributárias, posto que, por óbvio, não há necessidade de ajuste se na contabilidade houver uma receita que segundo a lei deva ser tributada no mesmo período de apuração ou, ainda, se na contabilidade houver um custo, despesa ou encargo que segundo a lei deva ou possa ser deduzido no mesmo período de apuração.

6. Tendo em vista que é comum que haja algum grau de comunicação entre o lucro contábil e o lucro fiscal, como foi operacionalizada a realização de ajustes ao lucro contábil? O que é melhor entre a realização de ajustes extracontábeis na apuração da base de cálculo do imposto de renda em livros fiscais ou a realização de uma contabilidade tributária?

Conforme mencionado acima, o lucro contábil é o ponto de partida para a apuração do lucro fiscal. Assim, o legislador determinou que a realização dos ajustes legalmente previstos deve se dar em livros ou registros auxiliares, que não integram a escrituração comercial.

Da previsão contida no já citado art. 177, parágrafo 2º, da Lei n. 6.404, no sentido de que os registros necessários à observância da lei tributária que, por sua natureza estritamente fiscal, não devam constar da escrituração comercial, nasceu o "Livro de Apuração do Lucro Real" (LALUR), atual e-LALUR (Livro Eletrônico de Apuração do Lucro Real). Esse livro, responsável por controlar os ajustes extracontábeis necessários à apuração do lucro fiscal, é dividido em duas partes.

Na primeira parte – Parte A – são lançadas as adições, exclusões e compensações autorizadas ou permitidas expressamente pela legislação do imposto de renda. É a partir dessa Parte A que é realizada a transcrição da demonstração do lucro real, feita quando completado o período-base, na qual devem ser discriminados: (i) o lucro líquido do período-base; (ii) os ajustes do lucro líquido, com indicação, se for o caso, dos registros correspondentes na escrituração comercial; e (iii) o lucro real, que serve de base à incidência do IRPJ.

Já na segunda parte – Parte B – são mantidos os registros de valores que devam ou possam influenciar a apuração do lucro real de períodos-base futuros, a exemplo do saldo de prejuízos fiscais a compensar, ou ainda das depreciações aceleradas a título de incentivos fiscais.

Após a harmonização contábil, a Lei n. 12.973 passou a condicionar alguns ajustes no lucro líquido, para determinação do lucro tributável, a registros em subcontas na própria contabilidade, a exemplo dos ajustes a valor justo debitados ou creditados ao resultado. Essas exigências formais são requisitos para os respectivos ajustes, e correm paralelamente aos lançamentos feitos no livro fiscal e-LALUR, mas com a diferença de que, nestes casos, o controle da computação desses valores no lucro real é feito através da própria contabilidade, e não na Parte B do livro fiscal.

Sob o ponto de vista estritamente jurídico, não há prevalência de um sistema de ajuste e controle sobre o outro, e, sob o ponto de vista instrumental, ambos requerem cuidados para serem performados corretamente.

7. A adoção do padrão IFRS na contabilidade alterou o lucro contábil, que passou a refletir em alguns casos resultados de avaliações a valor justo. De acordo com a legislação de seu país, há fundamentação jurídica para a tributação do valor justo, incluindo situações de reorganizações societárias (incorporação, cisão ou fusão) e transações de transferências do ativo (aumento ou redução de capital, permuta)? Os diferentes níveis de hierarquia do valor justo alteram a conclusão no que tange à tributação ou distribuição do resultado positivo decorrente da avaliação a valor justo?

Em passagens anteriores, já tratamos de alguns aspectos emergentes destas indagações. Deste modo, vamos repetir alguns e acrescentar algo mais que agora se apresenta.

A legislação brasileira não tributa os resultados decorrentes da avaliação de ativos ou passivos a valor justo, conforme determinado pelos art. 13 e 14 da Lei n. 12.973. Neste sentido, eventual ganho decorrente da avaliação a valor justo pode ser excluído da base de cálculo do IRPJ, caso seja controlado em subconta vinculada ao ativo ou passivo a que ele se refere (como será melhor abordado na resposta à próxima questão); da mesma maneira, eventual perda decorrente de tal avaliação não pode ser deduzida para fins de apuração da base tributável.

E não poderia ser de outra modo. Afinal, ainda que o legislador ordinário pretendesse tributar os resultados decorrentes da avaliação a valor justo, tal não poderia ocorrer no sistema brasileiro, porquanto representaria patente violação ao princípio da realização da renda, que no âmbito do imposto de renda é reflexo do princípio constitucional da capacidade contributiva.

Conforme já mencionado em respostas às perguntas anteriores, a incidência do imposto de renda apenas pode se dar após a realização da renda em questão, isto é, após a verificação da existência de renda consumada, após, nos dizeres do art. 43 do Código Tributário Nacional, a *"aquisição da disponibilidade econômica ou jurídica da renda"*. Assim, no sistema tributário brasileiro, não pode haver incidência do imposto antes que seja adquirida tal disponibilidade.

Ora, caso o legislador pretendesse tributar um ganho decorrente de avaliação a valor justo, haveria verdadeira tributação de uma renda potencial, ainda não realizada (e que pode, inclusive, nunca vir a se realizar).

Mutatis mutandis, uma perda decorrente da avaliação a valor justo também não pode ser deduzida da base de cálculo do imposto de renda, porquanto não representa uma perda consumada, mas mera previsão ou possibilidade de perda. Trata-se de uma provisão e, na lei brasileira, as provisões não são, via-de-regra, dedutíveis da base tributável do IRPJ (tal como determina o inciso I, do art. 13, da Lei n. 9.249).

Com razão, quanto às perdas derivadas de ajustes a valor justo, ainda não são definitivas e nosso regime legal tributário tem como pilar não admitir perdas não concretizadas, somente permitindo a dedução fiscal de algumas provisões expressamente relacionadas. Estes casos excepcionais são de mais fácil objetivação, por haver regras legais, e se destinam ao emparelhamento de receitas e despesas em cumprimento à visão contábil do regime de competência.

A situação de não ingerência no lucro real, dos ajustes a valor justo, perdura até o momento em que os respectivos bens do ativo ou obrigações do passivo sejam realizados. A realização pode se dar total ou parcialmente, no primeiro caso, através de perda ou alienação do bem, ou de extinção da obrigação, e, no segundo caso, em decorrência de depreciações, amortizações ou exaustões, ou de algum modo de extinção parcial de obrigação.

A impossibilidade de tributação do valor justo simplesmente contabilizado subsiste também nos casos de reorganizações societárias, uma vez que, nas hipóteses de incorporação, fusão ou cisão, há sucessão universal da situação patrimonial da pessoa jurídica sucedida para a pessoa jurídica sucessora, não havendo, portanto, realização de ganhos ou perdas. Deste modo, o legislador brasileiro corretamente determinou, no art. 26

da Lei n. 12.973, que tais ajustes não podem ser considerados, na sucessora, como integrantes do custo do bem ou direito que lhes deram causa; ao contrário, tais ganhos ou perdas devem receber o mesmo tratamento tributário que teriam na pessoa jurídica sucedida – ou seja, apenas terão efeitos fiscais na hipótese de realização do bem.

Além disso, o legislador brasileiro optou por também não tributar os ajustes decorrentes de avaliação a valor justo nos casos de transferência de ativos – é o que determina o art. 17 da Lei n. 12.973, que trata de eventuais ganhos decorrentes de avaliação a valor justo de bem do ativo incorporado ao patrimônio de outra pessoa jurídica na subscrição de capital social com integralização em bens. Nesta hipótese – e desde que o ajuste seja controlado em subconta vinculada à participação societária, com discriminação do bem ao qual ele se refere – eventual ganho decorrente do ajuste não é tributado no momento da transferência do ativo, para sê-lo na medida da realização do bem pela pessoa jurídica ao qual foi transferido.

Não obstante, cumpre destacar que, no caso específico de transferências de ativos, a não tributação do ajuste foi verdadeira opção do legisladora ordinário, e não obrigação, como foi visto acima em relação às demais hipóteses. Isto porque, no momento da transferência de ativo, pode haver efetiva realização da renda, isto é, o ganho referente ao valor justo do ativo, que até então era meramente potencial, pode ser efetivamente consumado quando da sua transferência para outra pessoa jurídica.

Sendo assim, muito embora o legislador tributário tenha optado por não tributar o resultado decorrente de ajuste a valor justo nas referidas transferências de ativos, nesse caso específico, poderia ter optado pela tributação.

Por fim, no que tange aos diferentes níveis de hierarquia do valor justo, a legislação societária brasileira tem algumas definições de valor justo (isto é, diferentes critérios que podem ser empregados para que se chegue ao valor justo de determinado bem, conforme o parágrafo 1º do art. 183 da Lei n. 6.404). Por seu lado, a contabilidade pode "hierarquizar" tais critérios ou outros, mas, seja como for, não altera o tratamento tributário delineado na presente resposta.

8. No caso da não tributação do resultado positivo decorrente de valor justo, qual a solução adotada pela legislação de seu país para operacionalização de tal controvérsia? Há alguma exigência de controle da parcela do ativo relativa ao valor justo para que haja rastreabilidade de tal montante? O eventual descumprimento de tal controle pode ensejar a tributação do valor justo?

Conforme mencionado na resposta à pergunta anterior, o art. 13 da Lei n. 12.973 determina que o ganho decorrente da avaliação a valor justo não seja computado na base de cálculo do imposto de renda. Assim, quando contabilizado tal ganho, ele deve ser excluído da base de apuração do IRPJ.

Ademais, a legislação brasileira também determina que, para que o ganho decorrente da avaliação a valor justo não seja tributado, este deve ser controlado em subconta vinculada ao ativo ao qual o ganho se refere (ou seja, não deve ser adicionado diretamente ao custo de aquisição pelo qual o ativo está registrado na contabilidade).

Um exemplo numérico simples auxilia a compreensão da operacionalização dessa não tributação: imagine-se um ativo cujo custo de aquisição, registrado na contabilidade, seja de 100. Feita a avaliação, verifica-se que o valor justo desse ativo é 120, havendo, portanto, um ganho de 20. Este ganho decorrente da avaliação a valor justo, como visto, deve ser controlado numa subconta vinculada ao referido ativo, de modo que devem ser feitos os seguintes lançamentos contábeis: um lançamento a débito, no valor de 20, na subconta vinculada ao ativo, e um lançamento a crédito, no valor de 20, na conta de receita[2].

Note-se que, neste momento, o ajuste a valor justo terá impactado o lucro contábil, aumentando-o em 20. No entanto, como tal ganho não deve ser computado no lucro real, é necessário efetuar uma exclusão, de igual valor, no momento da apuração da base de cálculo do imposto de renda.

Conforme visto anteriormente, a tributação desse valor apenas irá ocorrer se e quando houver a realização do bem e se, neste momento, for

[2] Na verdade, a Lei n. 6.404 nunca prevê o crédito ao resultado, mas, sim, ao patrimônio líquido em uma conta de ajuste de avaliação patrimonial (art. 183, parágrafo 3º). Todavia, as práticas contábeis muitas vezes registram a contrapartida do aumento do ativo em receita.

apurado efetivo ganho ao menos igual ou superior ao que foi reconhecido antes a título de ajuste a valor justo. Isto é assim porque, para efeitos tributários, o custo dedutível é o preço histórico de aquisição.

Assim, no mesmo exemplo, se houver alienação do bem por 120, por exemplo, haverá a tributação do ganho que, fiscalmente, é de 20 (venda por 120, menos custo de 100). Não obstante, caso não se realize o ganho de 20, o que ocorreria, por exemplo, na hipótese de alienação do ativo por 90, o ajuste a valor justo de 20, registrado na contabilidade, nunca seria tributado, e haveria perda dedutível fiscalmente de 10 (venda por 90, menos custo de 100). Ou, se o bem fosse vendido por 110, apenas 10 seriam sujeitos à tributação (venda por 110, menos custo de 100), isto é, parte do ajuste a valor justo de 20 não seria tributada.

Percebe-se, por conseguinte, que a lei tributária considera os valores ou preços efetivos dos atos ou negócios jurídicos pelos quais um bem ingressa no patrimônio da empresa e pelos quais deixem esse mesmo patrimônio. Em outras palavras, o ajuste a valor justo deve ser absolutamente neutro perante o lucro tributável.

Finalmente, importa mencionar que a legislação determina que o descumprimento da obrigação de controlar o ajuste a valor justo em subconta vinculada ao bem ao qual ele se refere enseja a incidência de tributação no momento do ajuste (e não somente no momento da realização); é o que determina o parágrafo 3º, do art. 13 da Lei n. 12.973.

Não obstante, isso não pode favorecer a pessoa jurídica quanto à compensação de prejuízos fiscais (parágrafo 4º do mesmo art. 13). Esta é uma precaução da lei com vistas a impedir a erosão da base tributária, uma vez que prejuízos fiscais somente são compensáveis, em cada período-base, até 30% do lucro líquido ajustado deste. Destarte, se o contribuinte antecipa a computação do ajuste a valor justo no lucro real, ele pode estar eliminando ou diminuindo prejuízo fiscal do respectivo período-base e livrando-se total ou parcialmente do limite de 30% que impactaria seu lucro a tributar no período seguinte.

A solução da lei para essa situação é não permitir a redução do prejuízo no valor do ajuste creditado ao resultado e não neutralizado fiscalmente através da subconta.

Conclusões

Para encerrar estes breves comentários em respostas às questões apresentadas, precisamos dizer que, evidentemente, eles não esgotam todos os aspectos envolvidos em cada um dos temas, tendo-se limitado ao necessário para cumprir as finalidades ora perseguidas neste diálogo entre Portugal e o Brasil.